辽宁大学应用经济学系列丛书·学术系列

此书受辽宁省社科基金项目：L13AZZ001 资助

共享视域下财政调控收入分配效应研究

Research on the Effects of Fiscal Regulation on Income Distribution in the View of Sharing Economics

赵桂芝　著

中国财经出版传媒集团

经济科学出版社
Economic Science Press

图书在版编目（CIP）数据

共享视域下财政调控收入分配效应研究/赵桂芝著.
—北京：经济科学出版社，2017.6
（辽宁大学应用经济学系列丛书·学术系列）
ISBN 978 - 7 - 5141 - 8218 - 7

Ⅰ.①共… Ⅱ.①赵… Ⅲ.①财政调控 - 国民收入
分配 - 研究 - 中国 Ⅳ.①F124.7

中国版本图书馆 CIP 数据核字（2017）第 168017 号

责任编辑：于海汛 王 莹
责任校对：靳玉环
责任印制：潘泽新

共享视域下财政调控收入分配效应研究
赵桂芝 著
经济科学出版社出版、发行 新华书店经销
社址：北京市海淀区阜成路甲 28 号 邮编：100142
总编部电话：010 - 88191217 发行部电话：010 - 88191522
网址：www.esp.com.cn
电子邮件：esp@esp.com.cn
天猫网店：经济科学出版社旗舰店
网址：http://jjkxcbs.tmall.com
北京汉德鼎印刷有限公司印刷
三河市华玉装订厂装订
710×1000 16 开 16.25 印张 230000 字
2017 年 8 月第 1 版 2017 年 8 月第 1 次印刷
ISBN 978 - 7 - 5141 - 8218 - 7 定价：48.00 元
（图书出现印装问题，本社负责调换. 电话：010 - 88191510）
（版权所有 侵权必究 举报电话：010 - 88191586
电子邮箱：dbts@esp.com.cn）

总　序

　　这是我主编的第三套系列丛书。前两套丛书出版后，总体看效果还可以：第一套是《国民经济学系列丛书》（2005 年至今已出版 13 部），2011 年被列入"十二五"国家重点图书出版物；第二套是《东北老工业基地全面振兴系列丛书》（共 10 部），在列入"十二五"国家重点图书出版物的同时，还被确定为 2011 年"十二五"规划 400 种精品项目（社科与人文科学 155 种），围绕这两套系列丛书还取得了一系列成果，获得了一些奖项。

　　主编系列丛书从某种意义上说是"打造概念"。比如说第一套系列丛书也是全国第一套国民经济学系列丛书，主要为辽宁大学国民经济学国家重点学科"树立形象"；第二套则是在辽宁大学连续获得国家社科基金"八五""九五""十五""十一五"重大（点）项目，围绕东北（辽宁）老工业基地调整改造和全面振兴进行系统研究和滚动研究的基础上继续进行探索，从而为促进辽宁大学区域经济学建设、服务地方经济不断做出新贡献。在这个过程中，既出成果，也带队伍、建平台、组团队，遂使辽宁大学应用经济学学科建设不断地跃上新台阶。

　　主编第三套丛书旨在使辽宁大学的应用经济学一级学科建设有一个更大的发展。辽宁大学应用经济学学科的历史说长不长、说短不短。早在 1958 年建校伊始，便设经济系、财政系、计统系等 9 个系，其中经济系由原东北财经学院的工业经济、农业经济、贸易经济三系合成，财税系和计统系即原东北财经学院的财信系、计统系。后来院系调整，将经济系留在沈阳的辽宁大学，将财政系、计统系搬到在大连组建的辽宁财经学院（即现东北财经大学前身），对工业经济、农业经济、贸易经济三个专业的学生培养到毕业为止。由此形成了辽宁大学重点发展理论经济学（主要是政治经济学）、辽宁财经学院重点发展应用经济学的大体格局。实际上，后来辽宁大学也发展应用经济学，东北财经大学也发展理论经济学，发展得都不错。1978年，辽宁大学恢复招收工业经济本科生，1980年受人民银行总行委托、经教育部批准招收国际金融本科生，1984年辽宁大学在全国第一批成立经济管理学院，增设计划统计、会计、保险、投资经济、国际贸易等本科专业。到20世纪90年代中期，已有西方经济学、世界经济、国民经济管理、国际金融、工业经济5个二级学科博士点，当时在全国同类院校似不多见。2000年，辽宁大学在理论经济学一级学科博士点评审中名列全国第一；2003年，在应用经济学一级学科博士点评审中并列全国第一；2010年，新增金融、应用统计、税务、国际商务、保险等全国首批应用经济学类专业学位硕士点；2011年，获全国第一批统计学一级学科博士点，从而成为经济学、统计学一级学科博士点"大满贯"。

在二级学科重点学科建设方面，1984年，外国经济思想史即后来的西方经济学、政治经济学被评为省级重点学科；1995年，西方经济学被评为省级重点学科，国民经济管理被确定为省级重点扶持学科；1997年，西方经济学、国民经济管理、国际经济学被评为省级重点学科和重点扶持学科；2002年、2007年国民经济学连续两届被评为国家重点学科；2007年，金融学被评为国家重点学科。

在一级学科重点学科建设方面，2008年应用经济学被评为第一批一级学科省级重点学科，2009年被确定为辽宁省"提升高等学校核心竞争力特色学科建设工程"高水平重点学科，2014年被确定为辽宁省一流特色学科第一层次学科。

在"211工程"建设方面，应用经济学一级学科在"九五"立项的重点学科建设项目是"国民经济学与城市发展""世界经济与金融"；"十五"立项的重点学科建设项目是"辽宁城市经济"；"211工程"三期立项的重点学科建设项目是"东北老工业基地全面振兴""金融可持续协调发展理论与政策"，基本上是围绕国家重点学科和省级重点学科而展开的。

经过多年的学科积淀与发展，辽宁大学应用经济学、理论经济学、统计学"三箭齐发"，国民经济学、金融学、世界经济三个国家重点学科"率先突破"，由长江学者特聘教授、"万人计划"第一批入选者、全国高校首届国家级教学名师领衔，中青年学术骨干梯次跟进，形成了一大批高水平的学术成果，培养出一批又一批优秀人才，多次获得国家级科研、教学奖励，在服务东北老工业基地全面振兴等方面做出了积极的贡献。

这套《辽宁大学应用经济学系列丛书》的编写，主要有三个目的：

一是促进应用经济学一级学科全面发展。以往辽宁大学主要依托国民经济学、金融学两个国家重点学科和区域经济学省级重点学科进行建设，取得了重要进展。这个"特色发展"的总体思路无疑是正确的。进入"十三五"时期，根据高校和区域特色，本学科确定的目标是优先发展国家重点学科国民经济学、金融学，重点发展地方特色学科区域经济学、产业经济学、财政学和国际贸易学，协同发展重点支持学科经济统计学、数量经济学和劳动经济学，努力把本学科建设成为重点突出、地域特色鲜明、为国家经济建设和东北老工业基地全面振兴做出重大贡献、具有较大国际影响的一流学科。因此，本套丛书旨在为实现这一目标提供更大的平台支持。

二是加快培养中青年骨干教师茁壮成长。目前，本学科已建成长江学者特聘教授、"万人计划"第一批入选者、全国高校首届国家级教学名师领衔，教育部新世纪优秀人才、教育部教指委委员、省级教学名师、校级中青年骨干教师为中坚，以老带新、新老交替的学术梯队。本丛书设学术、青年学者、教材三个子系列，重点出版中青年教师的学术著作，带动他们尽快脱颖而出，力争早日担纲学科建设。与此同时，还设立了教材系列，促进教学与科研齐头并进。

三是在经济新常态、新一轮东北老工业基地全面振兴中做出更大贡献。对新形势、新任务、新考验，提供更多具有原创性的科研成果，具有较大影响的教学改革成果，具有更高决策咨询价值的"智库"成果。

这套系列丛书的出版，得到了辽宁大学校长潘一山教授和经济科学出版社党委书记、社长吕萍总编辑的支持，得到了学校发展规划处和计划财务处的帮助，受辽宁省一流特色学科和辽宁省 2011 协同创新中心建设经费共同资助。在丛书出版之际，谨向所有关心支持辽宁大学应用经济学建设和发展的各界朋友、向辛勤付出的学科团队成员表示衷心的感谢！

林木西

2016 年国庆节于蕙星楼

前　言

　　经过 30 多年的市场经济改革和经济高速增长，我国的经济发展取得了世界瞩目的伟大成就。然而，随着世界经贸形势的恶化以及国内经济发展诸多困难与矛盾凸显，作为上连生产、下接消费的居民收入分配领域，存在多元分化特征，收入差距扩大，收入分配结构未能实现中间大两头小的"纺锤形"合理结构。收入分配领域矛盾重重，严重影响和制约经济发展和社会稳定，制约百姓福祉的切实有效提高。

　　如何让经济发展的成果由人民共享，使全体人民在共建共享发展中有更多获得感是我国进入"十三五"时期面临的重要议题。这一议题不仅是各级政府高度关注的焦点与重点，也是财政履行其公平职能的内在要求，也是实现社会公平正义和共同富裕的政府责任所在。如何做出更有效的制度安排促进共享发展，增加城乡居民福祉意义深远，本书正是在这样的背景下确定的。

　　我国作为一个转轨经济国家，随着市场机制作用的恢复与加强，居民收入分配也由原来的单一按劳分配不断发展为按劳分配与按生产要素分配相结合，居民收入来源变得更加广泛，收入渠道不断增多，收入水平也持续提高。与此同时，社会财富的分配相对比较集中，收入分配差距的不断扩大并且此趋势不减的现象也愈发严重。如何审视和评价我国这种收入水平大幅提高而收入差距也不断扩大的收入分配态势，政府作为社会经济的参与者和管理者并具的角色，如何以共享发展为理念，不断提高百姓福祉，这是本书的主要内容也是本书的核心宗旨。全书根据其内容共分为五篇：

第一篇为绪论部分，即本书的第一章。以我国进入"十三五"时期经济社会发展的新常态对财政公平功能履行的全新要求，提出本研究的选题背景与研究意义，在此基础上对本书的研究思路与方法进行说明阐述，对本书的内容框架给予呈现。

第二篇为理论原理部分，即为本书的第二章~第四章。第二章国内外研究演进与文献分析，对国内外学者财政调控收入分配理论与实践的研究文献进行梳理和总结，对国内外学者对财政调控收入分配的研究轨迹和演进历程进行总结和评析；第三章收入分配理论原理。对收入及收入分配的相关概念进行界定，对收入的构成要素、决定模式给予阐释，在此基础上，对我国居民收入分配的具体形式及主要特征进行总结；第四章财政调控收入分配理论机理。首先界定财政分配的内涵及特征，论述财政调节居民收入分配的主要依据，在此基础上阐释财政调节收入分配的机理与主要方式以及财政调节收入分配的目标与原则，为后期的实证研究奠定理论基础。

第三篇为实证分析部分，这部分为本书的第五章~第八章。第五章居民收入分配格局演变与收入差距状况分析。对我国市场经济改革以来，特别是1990年以来我国居民收入格局演变及居民收入差距程度、产生根源进行阐释和分析；第六章财政调控收入分配效应实证分析（上），对以税收为代表的财政收入手段调节我国居民收入差距进行多重分析，首先定性分析现行税制对居民收入分配差距的调节，在此基础上对我国现行税制对居民收入差距总体调控效应以及对各阶层居民收入调节的具体效应进行测度与分析，并且对我国税收调控收入分配效应弱化的根源给予剖析；第七章财政调控收入分配效应实证分析（中），对财政支出制度调节收入分配差距、促进收入分配公平的效应进行分析，包括转移性财政支出、社会保障支出以及财政教育支出对公平收入分配效应进行实证分析；第八章财政调控收入分配效应实证分析（下），将居民收入水平引入本书研究范畴，即将收入水平提高和收入差距扩大两个变量纳入同一研究框架下，从福利优势的维度给予测度和比较，并且通过收入分配的福利指数测算与比较对财政调控收入分配的效应给予全面、客观的全新界定与分析。

　　第四篇为国际比较部分，即本书的第九章。首先通过对美国、日本、德国、巴西等国家利用税收调控收入分配的做法给予梳理和总结；其次从社会保障制度及财政教育支出促进收入分配公平的成功经验和启示进行论述和分析。

　　第五篇为对策构建部分，该篇是本书的收官篇，即本书的第十章。结合我国经济社会发展进入新常态面临的诸多矛盾与问题，提出财政助推共享发展的对策体系构建，主要包括行政体制改革进一步深化、税收制度与政策不断优化、财政支出制度改革与创新、提高中等收入群体比重以及强化城乡居民收入分配福利效应等。

目　　录

第一章

绪　　论

第一节　选题背景与研究意义

一、选题背景

经过 30 多年的市场经济改革和经济高速增长，我国的经济发展取得了世界瞩目的伟大成就。然而最近几年，随着世界经贸形势的恶化以及国内经济发展诸多困难与矛盾凸显，特别是居民收入分配作为上连生产、下接消费的关键环节，存在多元分化特征，矛盾重重亟待关注。居民收入占比低、居民收入差距不断扩大的现象长期多层面存在，以及中等收入群体未能有效形成等，严重影响和制约经济社会的可持续发展，制约百姓福祉的切实有效提高。

如何让经济发展的成果由人民共享，使全体人民在共建共享发展中有更多获得感，是我国进入"十三五"时期面临的重要议题。居民收入分配作为上连生产下接消费，又事关百姓福祉的重要环节，对于增强发展动力、增进人民团结、实现民富国强的宏伟目标重要而关键。这一议题不仅是各级政府高度关注的焦点与重点，也是财政履行其公平职能的内在要求，如何做出更有效的制度安排推进共享发展，财政具有其内在职能和固有责任，本书正是在这样的背景下确定的。

二、研究意义

（一）本书的理论意义

共享视域下财政调控收入分配研究，是将财政的收入分配职能放置于经济发展与百姓福祉提高的框架下进行研究，该书对收入分配理论和福祉经济学以及财政调控理论的丰富与完善具有积极意义。

首先，本书是对财政理论，特别是对财政调控理论的有益充实。财政对经济和社会发展具有其内在的职能，诸如资源配置、经济稳定和收入分配等几个方面。就财政的收入分配调节功能而言，在西方市场经济国家得以广泛重视和较好发挥，而且其相关研究也比较规范与全面。而在发展中国家由于所处的经济发展阶段不同，决定其财政收支目标集中地体现为助推效率提高，促进经济发展功能的履行，财政公平作用的发挥则相对滞后。我国在改革开放以来的 30 多年中，由于致力于市场机制作用的恢复与发挥，因而财政收支的目标更注重经济效率提高，相关的研究广泛而深入。相比之下对财政公平作用的发挥，特别是财政对收入分配公平效应的有效发挥没有得到足够的重视，导致我国财政对收入分配的调节效应弱化，甚至存在逆向调节。因此，关注财政调节收入分配职能的实现，对有关财政调节收入分配研究的理论和实证研究具有深刻的理论意义。本书是对我国财政收支理论和财政调节收入分配理论的有益补充。

其次，本书有益于丰富收入分配理论，特别是收入分配调控理论。长期以来，收入分配是经济学研究的重要主题，收入分配调控则是各国政府关注的重点问题。但是中外学者研究表明各国在经济发展中，收入分配演变规律呈现出不同特征，如在西方一些发达国家中库兹涅茨理论得到验证，而在另一些国家收入分配的变化趋势则与库兹涅茨曲线不完全一致，如在大多数发展中国家，其收入分配变化状况对库兹涅茨理论却没有给予验证，因而收入分配调控的政策体系及作用特点体现各自特征。作为一个经济体制转轨的国家，以往我国的收入分配调控更多的是以行政手段进行直接调节，而在市场经济改革进程中，我国行政调控措施逐日减少，但以间接调控为主的经济、法律手段和财政政策体系没能及时构建与应用。所以，本书从财政视角研究收入分配调节问题，有益于丰富我国收入分配调控理论。

最后，有利于福祉经济学内容的进一步推新。政府影响百姓福祉的机制与路径，增加百姓福祉中政府制度的改革与优化等，如此而言，本书引入福利经济学理论原理，将有益于本书集中于财政调节收入分配职能研究，是针对我国经济改革中财政调节收入分配相对"缺位"而展开的，所形成的成果在于财政从收入和支出角度，通过税收和转移性支出，减少高收入者可支配收入，增加低收入者收入水平以及增强困难群体获取收入的能力，进而缩小收入差距改善收入状况。因此本书的成果对完善财政调节收入分配机制，具有重要的参考价值。

（二）本书的现实意义

本书的意义不仅表现在收入分配理论与财政调控理论，乃至福利经济学理论的丰富与充实方面，更体现于市场经济条件下对我国公共财政发展实践主体导向的明确与优化，具有很强的现实意义。

首先，本书有利于科学制定新时期的效率和公平策略与原则。处理好公平与效率关系是一国经济发展进程中不可回避的问题，而且效率与公平原则的不同侧重，包括财税制度的各种经济制度的目标与宗旨也会有所不同。在我国经济改革走过的 30 多年历程中，"效率优先，兼顾公平"始终是我国经济社会发展的主导思想，我国的经济与社会发展也因此取得了世界瞩目的成就，国民经济持续、高速增长，居民生活水平普遍得到改善。但是伴随着经济增长和收入分配体制改革，我国居民收入分配差距不断扩大且趋势不减的现象在多个方面显现出来，这既不利于经济的可持续发展，又会给社会稳定与政治安定带来危害，党中央指出让百姓共享改革成果是政府的执政宗旨。所以，本书以共享为基准，主张财政服务于效率，回归公平本质，本书重点探讨财政的公平效应发挥问题，有利于效率与公平原则的理性选择。

其次，本书有益于我国社会经济良性运行。市场经济条件下，政府采取有效政策对收入分配予以调控是经济与社会良性运行的重要条件和保障，这已为西方发达国家财政对收入分配的调控实践和经验所证实。在我国30多年的市场经济改革中，经济增长的同时收入分配差距日益扩大，由此以共享为主旋律的财政调控收入分配的研究，必将为我国经济社会运行的矛盾缓解和"瓶颈"的有效突破提供有益支撑，并成为我国经济社会良性发展的基础和保障。所以，本书本着市场重效率、财政促公平的研究宗旨，对我国社会经济的良性运行具有积极的实践意义。

最后，有利于拓展财政政策的系统性推进。本书是在分析我国收入分配格局演进历程和财政调节实践基础上展开的，并统筹收入分配理论、财政职能以及福利经济学核心要素，探讨适合我国国情的调节收入分配的财政政策体系构建及相关外部环境建设和配套措施完善等，因而有利于提升我国财政制度与政策的系统化建设。

所以，共享视域下的财政调节收入分配研究不仅有利于我国宏观调控体系的日益完善和财政制度与政策内容的不断丰富，而且事关我国社会主义市场经济体制的改革与发展，因而本研究具有较深远的理论意义以及重大的现实意义。

第二节　研究思路与方法

一、研究思路

本书的总体思路在于以财政调控收入分配理论为依据，以我国居民收入分配状况和财政调节实践为研究对象，揭示我国收入分配格局演变中收入分配差距特征与警示程度，并进行财政调控作用考察和分析；在此基础上结合我国经济和社会发展实践，提出缩小收入分配差距、改善收入分配状况的财政对策选择。

具体思路是：首先，从我国收入分配格局演变历程入手，总结我国居民收入分配的总量和结构特征，分析我国居民收入分配差距的警示程度，指出缩小收入分配差距，促进收入分配公平的必要性与紧迫性；其次，分别从财政收入和财政支出角度对我国财政调节收入分配实践作全面分析，通过对税收及财政支出政策实施前、后诸多收入差距指标的计算与对比分析，判断我国税收制度、社会保障制度、转移性支出以及教育支出等手段对居民收入分配的调节效果强弱与优劣，并剖析其根源；总结世界典型国家财政调控收入分配的成功经验及启示；在此基础上，对增强我国财政的调控功能、缩小居民收入分配差距、促进社会收入分配公平提出对策构想及制度设计。

二、研究方法

本书采用了多种研究方法，包括定性分析与定量分析法、规范分析与实证分析法、一般分析与局部分析法等，同时注重西方财政调控收入分配的经验与中国经济发展实践相结合、历史与现实相结合等研究方法运用。

首先，在财政调节收入分配理论部分，根据市场经济体制下政府职能理论，运用理论分析和逻辑推理方法，阐述财政调节居民收入分配的主要原理和客观依据，结合政府与市场的关系论证财政调节收入分配的不可替代性以及财政调节收入分配的科学定位。

其次，在对我国收入分配状况演变历程的阐述中，主要运用历史与现实相结合，根据我国经济改革阶段性特征及其对收入分配的影响，将我国的收入分配格局分阶段地予以回顾和总结；并运用总量与结构分析相结合的方法分析和阐述我国收入分配的变化历程。

最后，在对我国财政调节收入分配差距实践考察分析中，主要运用比较法和统计与计量分析法等多种研究方法。其一，通过对城镇居民税前、税后基尼系数、收入均等指数、收入不良指数等收入差距指标的计算与比较，揭示和评判税收调控效应的强弱，并分析其效应弱化的根源；其二，运用广义熵理论，通过财政支出政策实施前、后的广义熵指数、收入不良指数、阿鲁哇利亚指数等收入差距指标的测度与对比分析，揭示和论证我国社会保障制度、财政转移支付等财政支出政策对我国区域收入差距、城乡收入差距、农村及城镇内部收入差距调控效应；同时，还从起点公平角度分析探讨我国财政教育支出对收入差距的影响。

第三节　主要内容与基本框架

一、主要内容

全书根据其内容共分为五部分：

绪论部分即本书的第一章，以我国进入"十三五"时期经济社会发展的新常态对财政公平功能履行的全新要求，提出本选题背景与研究意义，在此基础上对本研究的研究思路与方法进行说明阐述，对本研究的内容框架给予呈现。

理论原理部分为本研究的第二章至第四章；第二章财政调控居民收入分配文献分析。对国内外学者对财政调控收入分配理论与实践的研究国内外文献进行梳理和总结，揭示国内外学者对财政调控收入分配的研究轨迹和演进历程，并对其进行总结和评析。第三章收入分配理论原理，阐述三次收入分配原理及财政参与和影响收入分配的路径，为财政调节收入分配的路径选择提供依据。第四章财政收入分配职能理论机理。对财政调控收入分配的内在属性与作用机理，财政调控收入分配的路径与方式以及财政调控收入分配的目标与基准进行阐释，为后续的实证研究奠定理论基础。

实证分析部分，这部分为本书成果的第五章至第八章；在第五章对我国市场经济改革以来，特别是1990年以来我国居民收入格局演变及居民收入差距程度、产生根源进行阐释和分析；第六章财政调控收入分配效应实证分析（上），对以税收为代表的财政收入手段对我国城乡居民收入差距调节进行总体效效应和结构优化成效给予计量测度和分析，包括用基尼系数、均等指数及不良指数等指标衡量财政对总体差距和不同收入阶层的收入差距的调节与控制给予解释和分析；第七章财政调控收入分配效应实证分析（中），对财政支出制度调节收入分配差距，促进收入分配公平的效应进行分析，包括财政性转移支出、财政教育支出以及社会保障支出对收入分配的调节效应实证分析；第八章财政调控收入分配效应实证分析（下），将居民收入水平引入本研究范畴，即将收入水平提高和收入差距扩大并行两个变量纳入同一研究框架下，从福利优势的维度给予测度和比较，并且通过收入分配的福利指数测算与比较对财政调控收入分配的效应给予全面、客观的全新界定与分析。

国际比较部分，为本书的第九章，首先，通过对美国、日本、德国、巴西等国家利用税收调控收入分配的做法给予梳理和总结；其次，从社会保障制度以及教育制度在促进收入分配公平的成功经验和启示。

对策构建部分，该篇是本书成果的第十章，也是收官篇。财政助推共享发展的对策体系构建，结合我国经济社会发展进入新常态面临的诸多矛盾与问题，特别是收入分配作为集政治、经济和社会特征为一身的重要范畴，从共享理念的树立与坚守，初次分配制度层面的改革与调整、税收和财政支出为主要手段的再分配政策的策略优化以及精准扶贫制度的构建等方面提出对策建议和实施设想。

二、本研究的主体框架

依据本书各部分研究内容的逻辑关系，研究框架具体如图 1 - 1 所示。

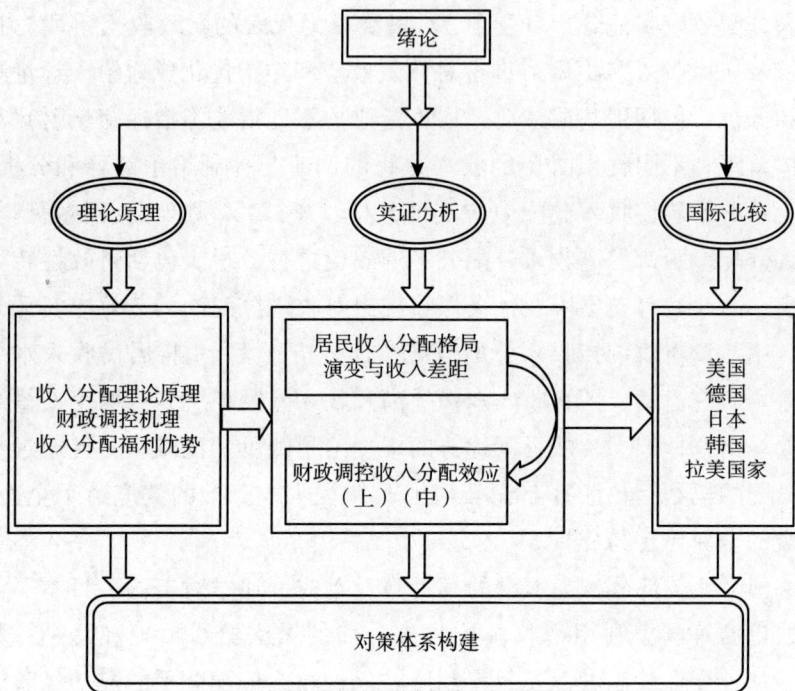

图 1 - 1   研究框架结构

第二章

财政调控收入分配国内外研究演进与文献分析

第一节 国外研究演进与文献分析

在西方发达市场经济国家中，由于其具有悠久的市场经济历史，政府的公共职能定位是常态，政府作为满足公共需要、提供公共产品的主体，活动于市场失灵领域，财政突出体现为公共财政特征。对此，在西方市场经济演变历程中有诸多学者对财政的收入分配予以研究并形成具有重要价值和影响的研究成果，国外多数文献对财政收入分配调控功能的研究与其市场经济发展阶段相适应，从自由竞争阶段的提倡小政府，弱化政府对市场的影响，到凯恩斯时期的加强政府在经济发展中的调控作用，以及后来罗尔斯、马斯格雷夫等福利经济学代表，强调政府通过税收和财政支出等手段对收入分配调控以促进提高社会福祉水平和公平状况等。

一、自由竞争时期提倡小政府，弱调节

在西方古典经济学中，以效率为中心的理论崇尚市场自由竞争，强

调"看不见的手"所发挥的自动调节市场作用，提倡"小政府"，即政府对企业和居民有效率的行为应当不偏不倚，不加干预，进而政府对收入分配的影响和干预，包括对收入分配调控的作用都居于次要地位。

古典经济学流派的学者们对于财政在社会经济中作用的认识，在主体一致的基础上，存有不同的看法，著名学者瓦格纳认为，"从社会政策的意义上来看，财政应通过赋税以纠正国民所得的分配和国民财产的分配，并且通过征税来矫正社会财富分配不均的现象，修正贫富的两极分化弊端，进而缓和产生的阶级矛盾，以达到通过税收政策进行改革的目的"①。

二、凯恩斯时期加强政府对收入分配调控职能

1929 年西方世界大危机的产生以及当时政府对大危机进行的拯救，凯恩斯时代开始在西方经济崭露头角，凯恩斯的有效需求理论成为西方经济政策思想的核心理论，该理论提出扩大有效需求的补救办法是加强政府对经济的宏观干预与调控，政府开始通过财政政策大规模干预经济。凯恩斯关于财政促进收入分配公平的政策主张，是由两方面逐渐展开的：一是通过加大直接税对收入分配的调节；二是通过财政补贴等转移性支出改善低收入者收入和生活状况，加强财政对收入分配的有效调节，促进社会公平和经济发展。凯恩斯的收入分配理论与政策主张也相继被新凯恩斯学派、新古典综合派、新剑桥学派的代表加以发展。

新凯恩斯学派又进一步发展了国家运用财政手段调节经济、社会收入分配的凯恩斯理论，并认为财政调控政策中累进税和财政补贴具有"内在稳定器"作用，对稳定与公平具有重要影响。

新古典综合派的代表人物萨缪尔森，坚持并发展了凯恩斯的增强国家干预经济调控的宏观经济思想，他指出关于收入分配的问题在所有经济学中是最具有争论性的。国家行使它的收入再分配权力应通过税收以

---

① 转引自王传纶、高培勇著：《当代西方财政经济理论》，商务印书馆 1998 年版。

及政府的转移支付来实现。为此，萨缪尔森主要强调税收的自动稳定器作用，并指出税收的相关制度是有力的而且作用迅速的一个内在稳定器，尽管税收的内在稳定作用只能减轻经济的波动，而不能完全地消除波动。同时他主张，必须把通过财政支出政策而实现的收入再分配，纳入现代福利国家的活动之内。

新剑桥学派认为：资本主义社会的经济增长更加不利于工资收入者集团，而是更有利于利润收入者集团（或称非工资收入者集团）。于是新剑桥学派得出如下结论：资本主义的经济增长必然会带来所谓的"富裕中的贫困"。而收入分配的失衡也正是资本主义社会"病症"的所在。因而要把对收入分配制度的改进放在首要的地位。新剑桥学派认为，资本主义主要弊病的根源就在于收入分配的严重失调，因此琼·罗宾逊等人便极力地主张，对资本主义经济状况的调节措施应主要放在收入分配和其他有可能影响收入分配格局的领域，比如通过建立合理的税收制度（如累进所得税制）以改进收入分配的不均等状态、通过相应的财政支出政策给予低收入家庭以适当补助等。

货币学派对于经济政策的主张，主要是以现代货币数量说为基础，弗里德曼——货币学派的代表人物，他从主张自由主义的思想出发，反对通过税收手段调节人们的收入分配现状，并提出"负所得税"理论。负所得税是指按一定的比率，对低于一定收入水平的人提供补助的办法。在"负所得税"的制度构想中，低收入者们得到政府发给的"负所得税"，也就是政府补助，可支配收入便增加了。严格来说，弗里德曼的"负所得税"是一种类似于财政转移支付制度，但又区别于财政转移支付制度，体现其财政调节收入分配的独特思路。

三、社会福利意识增强及政府调控收入的强化

相对于多数学者的注重效率、关注自由有所不同，罗尔斯认为："西方社会的自由问题从理论到实践都已解决了，现在是解决社会不平

等问题的时候。"[1] 不平等源于人们在自然禀赋和社会文化条件方面的差异，罗尔斯提出通过收入再分配的手段来解决不平等问题，包括税收制度和财政支出政策两个方面。

从税收制度实现公平而言，拉姆齐的税收优化理论和税收优化研究是西方税收理论研究中的一个重要领域。"最优税制论就是对传统税收理论的深化。"[2] 由拉姆齐最初在 20 世纪 20 年代提出，该理论从效率的角度阐明了对不同的产品进行税收时应采用差别税率，也就是对弹性较小的产品采用较高税率，对弹性较大的产品则采用较低税率。到了 70 年代，米尔利斯对最优所得税的理论研究有了较大进展。此后，斯特恩等人又进一步发展了最优税制论，得出了社会为了实现收入再分配的目标，可通过选择较低所得税累进税率来实现的理论。

马斯格雷夫则认为："在公共政策决策中，分配问题却是一个主要的（往往是唯一主要的）长期需要考虑的重点之一。"[3] 斯蒂格利茨从福利经济学的第二定理对收入再分配理论开始分析。福利经济学第二定理表明，若市场所进行的收入分配被社会不可接受，那么政府要做的便是再分配最初的禀赋。

米尔利斯于 1971 年创立了数学模型，尝试利用数量关系阐明在所得税中如何能够最适当地处理公平与效率的关系。他认为在过去的一些工业化国家，他们所奉行的高额累进税制与公平、效率的目标以及"激励性相容"的原则相背离。米尔利斯认为，当实行可以自由选择边际税率的非线性所得税制时，对于最高所得课税的最佳边际税率应当是零。据此，他进一步提出了"倒 U 型"的优化所得税税率模式。具体的内容是，对中等收入阶层所实行的边际税率可以进行适当的提高，由于提高这些人的税率能比提高高收入阶层的税率带来更多的税收收入，并保持高收入阶层创造财富的积极性；而低收入阶层、高收入阶层，他们的边际税率可以进行适当的降低，由于降低低收入阶层的边际税率，对于

---

①② 张馨等：《当代财政与财政学主流》，东北财经大学出版社 2000 年版。

③ 马斯格雷夫：《财政理论与实践》（中译本），商务印书馆 1998 年版。

增加穷人的福利是有利的，能够体现公平的社会分配；降低高收入阶层的边际税率可以强化对这部分人的刺激，提高效率，增加社会的总福利。

第二节　国内研究文献分析

随着收入分配差距的不断扩大以及收入分配中许多不合理现象的存在与蔓延，我国对于收入分配调节问题的研究也逐渐开始。收入分配差距过大不仅影响经济的均衡增长，制约人们劳动积极性，同时给社会带来不安定因素。为此我国学者对市场经济发展中调节收入分配问题进行广泛研究。研究文献及成果主要体现在收入分配与收入差距调节研究、财政调节收入差距理论与政策研究以及税收和财政支出对收入分配的调节等。

一、收入分配与收入差距调节研究

长期以来，我国有许多学者不仅在理论上，而且在实践上开始探索和研究居民收入分配的演变规律，构思相关调节的政策。其中多数的研究集中于对我国经济改革进程中的收入分配变化趋势、特点进行客观描述并分析收入差距的形成路径以及主要表现等。

陈宗胜（1994）在其《经济发展中的收入分配》一书中，以库兹涅茨倒"U"理论为基础，在分别研究了私有经济的发展、公有经济的发展对收入分配影响变化的一般规律以后，对收入分配差距的衡量指标和测度方法进行了仔细探讨，在其第六章对我国收入分配差距的现状、产生的根源分别作了具体分析，对于缩小收入分配差距的手段中税收政策的运用给予了简要阐述。

张向达（1996）《中国收入分配与经济运行》依据收入分配理论，在对我国收入分配进行宏观分析的基础上，对我国收入分配的现实状况进行定性分析，并在政府收入分配职能中提出通过合理的个人所得税进行收入分配差距的调节与控制。

王道臣（1998）在其《市场经济条件下的收入分配》一书中，阐述了市场经济条件下我国收入分配的新变化，从国民收入分配格局中分析我国收入分配差距的产生和克服；杨灿明（2002）的《转型经济中的宏观收入分配》，则从国民收入的宏观分配角度对我国经济转型中的收入分配进行分析，并对我国城乡间、行业间和地区间的收入分配差距进行揭示，主张从市场化改革及政府宏观调控两个方面来改善收入分配的现状。

李实、张平（2000）认为中国经济改革是一个渐进的制度变革过程，这样反映在居民收入分配格局的演变上，也就表现为居民间收入分配的差异逐渐显现和收入分配差距逐渐扩大。同时，中国经济改革又是一个分阶段向前推进的过程，指出中国现阶段经济增长会带来收入差距扩大，但二者间的关系是收入差距的边际上升率随着经济增长的上升而递减，这为许多发达国家和发展中国家的实践历程所证实。

同时，张平还指出，我国1978～1984年农村经济改革不仅没有扩大收入分配差距，反而起到缩小收入差距的作用。所以，经济改革市场化调整对收入分配的效应也并非总是单一取向的。同时，研究结果还表明尽管我国人均 GDP 水平不断提高，但洛伦兹曲线仍没有出现拐点的迹象。这警示我们不能盲目地等待经济增长使收入分配差距自动缩小。李实、张平在解决收入分配的政策思考中指出，导致中国收入分配差距的原因很复杂，不能全部归因于政府的再分配政策。但政府的税收政策调整过程相对滞后，社会保障制度不完善等因素也的确是导致收入分配差距的扩大趋势没有得到及时、有效控制的重要原因之一。

高培勇（2002）在其《规范政府行为：解决中国当前收入分配问题的关键》中，首先是对我国目前的收入分配差距状况、特点进行概述，然后便从政府政策的角度全面分析了在计划经济体制下，政府是如何通过政策来缩小收入分配差距以及改革后收入分配差距又是怎样日渐扩大的，最后说明我国目前要充分利用财税手段，挖掘财政税收政策的"潜能"，在再分配层面解决好收入分配差距问题。

杨云善（2001）在其有关收入分配差距的论文中，重点强调政府在缩小收入分配差距中有着重大的责任与义务，政府不仅要对初次收入分配环节进行完善，更要运用以税收和公共支出为主要的再分配政策来实现收入分配的经济公平、社会公平。

赵涛（2000）在《经济研究参考》发表论文《收入分配不公状况亟待扭转》，他在该文中指出，从 1996～1998 年中国基尼系数已达 0.4，超过国际惯例中的 0.39，指出我国应高度关注收入分配差距问题；叶子荣、杨萍在《社会科学研究》刊载论文《税收公平、效率原则与税收调控》，指出市场经济改革中，旧的分配秩序已逐渐被打破、新的分配体制还有待完善的情况下，收入格局变化、收入分配差距扩大引发人们对公平的思考和呼唤，同时进一步指出了我国收入分配差距过大对经济社会发展的威胁与挑战。

龙玉其（2001）在其《中国收入分配制度的演变、收入差距与改革思考》一文中，通过对改革开放以来中国收入分配制度的演变进行全面分析，认为这些变革，总体上适应了市场经济的发展，但不同城乡、地区、部门、行业之间的收入差距依然明显。强调要加强公平共享的价值理念，确保不同要素公平分配，加强对农村的投入，推动城乡统筹发展等来缩小收入差距。

茂路（2014）在《收入分配差距研究》中对我国收入分配差距状况进行实证研究，对我国收入分配失衡的深层次原因进行了深入剖析。同时选取国外收入差距较小和较大的国家进行研究，了解这些国家收入分配状况、收入分配差距对经济社会发展的影响以及这些国家解决收入差距问题的政策措施，为我国调节过大的收入分配差距提供了借鉴参考，提出了构建和谐收入分配体系应该坚持的原则、难点分析及若干改革建议。

二、财政调节收入分配依据与机制研究

曹荣庆在其《中国政府职能转型的财政学透视》中，根据政府职能转型的目标、路径等方面要求，指出在政府转型中财政职能的发挥具有主体作用和核心地位。吴亚明在其《完善财政宏观调控体系研究》中，从市场与政府关系的理性思考中提出财政在我国宏观调控体系中的地位与作用，从中国财政调控的制度变迁探讨了现今财政调控体系面临的挑战，提出税收调控体系和财政转移支付体系改革与完善的必要性以及具体改革目标等；安福仁在其《政府职能与税收问题研究》一书中指出政府调节经济是弥补市场失灵的必然选择，政府是解决收入分配不公的重要主体，财政是促进收入分配公平的核心载体，矫正市场收入分配失灵是财政再分配的内在职能，并详细阐述了财政在收入分配中与市场调控比较而言的主要优势等。

张馨在《当代财政与财政学主流》著作中从经济学说史的角度对收入再分配理论进行了总体阐述，对收入再分配与财政以及社会公平与当代西方财政学等进行了分析；刘乐山在其博士论文《财政调节收入差距的现状分析》中，提出了财政在三次分配中参与收入分配的原理，定性阐述了税收、社会保障收入、义务教育对收入差距调节的机制与措施体系；樊纲等学者在《收入分配与公共政策》中，论述了公共教育、医疗支出、社会保障以及农村扶贫等财政支出手段对收入差距调节作用的发挥，提出收入分配公平要靠多重而系统的公共政策制定与实施，包括政府管理体制与政策、农村劳动力转移政策以及社保政策等；袁宝华、纪宝成等在《中国经济发展研究报告 2008》中，对促进和谐社会的税制优化、调节收入分配的财政制度保障以及关注民生的财政支出结构优化等进行了论述和分析。其中对财政公平收入分配的原理予以阐释，对财政的收入分配功能弱化问题及原因进行分析，同时对税收制度优化以及财政支出结构优化提出政策建议。景天魁在其《收入差距与利益协调》一书中，在分析我国收入差距状况以及国外市场经济国家调节

收入差距促进收入公平的成功经验基础上，围绕完善社会保障制度调节居民收入分配进行深刻论证。

苏明在《中国包容性发展与财政政策选择》中从"包容性发展"，即要寻求社会和经济的协调、稳定和可持续的发展的角度，客观论述了我国财政政策支持包容性发展的进程和成效，进一步提出了促进我国充分发挥财政调节功能，推动社会收入分配从失衡向公平迈进的对策研究。李吉雄在其博士论文《强化我国财政的收入再分配职能作用问题研究》中，通过对财政收入再分配职能进行理论探讨并归纳总结西方国家财政的收入再分配的实践经验，明确在新形势要求下财政收入再分配体系建设的基本原则，对完善中国财政的收入分配体系进行对策性研究并提出政策建议。

三、税收对收入分配差距调控的研究

税收作为缩小收入差距、调节收入分配的重要手段，日益受到关注和重视，成为我国诸多学者研究的内容。许建国（1998）在其《中国经济发展中的税收政策》中指出，收入分配不均衡是市场机制和工业化阶段的必然结果，处在经济"起飞"阶段的我国更是如此。由于我国地大物博，地区经济不可能均匀发展，经济增长带来的福利也不可能均匀分布，相应地作为经济增长的副产品，收入分配不均衡甚至贫富差距扩大，在一定时期内是不可避免的。这种结果——经济增长中的收入分配差距扩大，在许多发展中国家都曾出现；卢仁法（1996）从税收调节和社会公平的角度指出，税收通过对居民收入分配差距的调节以实现公平，就是要通过多税种相互协调与配合的税收调控体系对不合理收入有效地矫正；邓子基（2001）认为收入分配的相关政策应确保在初次分配领域打造一个公平竞争的市场环境。但我国处于转轨时期，初次分配领域秩序比较混乱，我国首先要解决初次分配领域的平等竞争问题，而后才是运用再分配调控手段，促进收入分配公平；郭庆旺（1995）认为税收作为调节收入分配的有效工具不断受到关注是必然也是必需的。因为政府通过税收不仅可以对高收入者课以高税，以减少高收入者的可支配收入，而且可通过税收筹集足额的财政资金，为把资源用于贫困低收入者以改善其收入分配状况提供可能；郭庆旺在《税收与经济发展》中研究了税收对公平分配收入的效力，并且对调节收入分配的税收体系做了分析。樊丽明（1999）在《税收调控研究》中同样阐述了税收调控收入分配的目标以及不同税种的配置机制等。周文兴（2005）对于收入分配的税收调控作用提出了与许多学者相悖的观点，即最优资本税率应当为零，认为税收应该主要来源于资本以外的收入，虽然现实中很难做到为零，但应尽量达到相对较低，这不仅有利于实现经济增长，同时也会拥有充足的税收。对于个人所得税而言，周文兴更支持莫里斯及其搭档戴蒙德（1996年诺贝尔奖得主）的观点——所得税最优边际税率应该设计呈倒"U"型，商品税也应将生产型增值税转变为消费型增值税，同时要扩大消费税的征税范围。周文兴（2004）在其《中国：收入分配不平等与经济增长》一书中指出，不仅要从战略角度审视地区之间的差距，而且要正视收入分配问题的二元结构性质，通过制度创新来协调经济增长过程中出现的收入分配不均等的问题。他指出，我国收入分配差距的形成主要来源于初次分配环节，政府对收入分配的调控重点应当是建立、健全初次分配制度和政策，如消除垄断、消除城乡二元结构等，我国也有学者进行税收调控收入分配研究，如吴云飞（2001）在其著作《我国个人收入分配税收调控研究》中，指出我国20世纪80年代~90年代，居民收入分配的差距便出现了较为明显的扩大，说明政府调控居民收入分配的认识已经迫在眉睫，而且对产生我国收入分配差距的环节进行剖析，对税收调控收入分配的作用进行理论分析和定性判断，指明应加强税收对居民收入分配的调控，并阐述了相关政策的发展方向。

王秀云（2010）在《借鉴国际经验缩小我国收入分配差距的思考》中通过对西方国家调节收入分配的税收手段研究，针对我国税收调节机制中存在的问题提出推进个人所得税制度改革、扩大对收入的征税范围（如遗产税、赠与税等）以对过高的收入进行调节，同时健全相关法律法规的重要性与急迫性。熊艳（2012）在《中国收入分配差距的税收调节研究——基于基尼系数的计量模型分析》中通过对衡量我国收入分配公平程度的基尼系数时间序列数据进行实证分析，发现本应成为调节居民收入差距的税收杠杆没有发挥其应有的作用，而且还在某种程度上扩大了贫富之间的差距。认为我国现如今的税制结构存在不合理现象，税收制度缺位，征管效率较低，提出了改革的方向。周克清、毛锐（2014）认为我国现在的税制结构并不利于居民收入分配差距的缩小，尚需进行较为全面的改革。提出要在"营改增"的背景下逐步降低增值税的税率并扩大消费税的征税范围及影响力，而且要完善所得税制度，扩大个人所得税对高收入阶层的影响，提高财产税在税收收入中所占的比重。

四、财政支出调节收入分配差距研究

随着收入分配差距日益扩大以及我国以商品税为主体税的税制结构对调控收入差距的"力不从心"，运用财政支出制度与政策调节收入差距以履行财政公平功能的研究日益增多，研究视角与研究方法也不断丰富和更新。曾国安的《论中国城市偏向的财政制度与城乡居民收入差距》分析了财政支出政策偏向城市的种种表现，提出调整财政支出政策取向，关注对农村的财政支持是缩小城乡收入差距的有效路径；孙文祥的《财政支出结构对经济增长与社会公平的影响》就我国财政支出对经济增长和社会公平的影响进行实证分析，通过计量分析论证得出我国财政支出的政府级次划分中，地方政府支出对经济增长与效率提高作用突出，但提高地方政府的财政支出比例反而会加剧不公平程度，中央政府支出比例的提高将有助于改善社会福利和收入分配状况，因此提出在经济增长较快而社会不公平程度持续严峻的情况下，适度提高中央财政支出比重，加强中央政府对国民收入再分配的调控力度是有效选择，不仅对社会公平产生明显改进，也会为扩大消费、促进经济增长奠定基础；寇铁军的《财政支出规模、结构与社会公平关系》依据财政支出对社会公平作用的理论分析，通过对财政支出水平、结构与基尼系数的关系分别对我国财政支出总体水平、福利性支出以及财政公共教育和公共医疗支出与基尼系数的关系进行实证研究，并提出改善财政支出政策，增强其公平效应的对策建议。金双华的《财政教育支出政策与收入分配》对教育不均等导致收入不平等给予定量研究。杜鹏、黄祖辉、冯星光、林鞠红等分别运用广义熵对浙江省等地区财政转移性支出对居民区域收入差距的调节效应进行了定量研究，以揭示财政转移性支出对收入差距调节效应的弱化，甚至具有一定范围、一定程度的"逆向调节"。龙玉其在《中国社会保障财政支出成效与问题》中提出，我国社会保障财政投入与人民群众的社会保障需求还有较大的差距，财政支出的总量不仅存在不足，支出结构也不是很合理，社会保障支出调节收入分配的作用也不理想，并提出完善社会保障支出的建议等。

总之，财政在缩小收入分配差距中的"作为空间"和"作用力度"的研究，成为我国经济发展和公共政策的热点和焦点问题之一。完善财政制度、调整财政政策、缩小我国收入分配差距的研究成为经济领域和财政界专家学者重要的研究内容，并形成有价值的研究文献与成果。

第三节 国内外现有研究综述与评析

有关财政在公平收入分配中作用的研究由来已久，国内国外都曾有诸多专家、学者从事相关领域的研究。在财政的收入分配职能和政策取向方面，前人的研究取得了许多有价值的成果，但在研究思路及方法上仍存在某些方面的不足与缺陷。

一、国外学者对财政调控收入分配研究述评

国外学者对财政调控收入分配研究主要从两条思路进行。

其一，来自西方发达国家的研究文献普遍关注工资和报酬水平的公

平问题，对于收入差距的调节主要通过健全的税收体系对高收入者进行调节，特别是累进的个人所得税、财产税以及社会保障税对居民收入差距进行调节且效果显著，如美国、德国、加拿大等国家的税后基尼系数比税前基尼系数下降较为明显，其中加拿大 1974 年纳税人的税前基尼系数是 0.38，税后基尼系数是 0.34。到 1993 年纳税人的税前基尼系数变为 0.37，税后基尼系数变为 0.33，说明加拿大多年来收入分配状况未发生剧烈变动，税收对收入分配的调控效果明显而稳定。对不同收入群体的税后和税前基尼系数变化与比较，更能反映税收对收入分配调控的具体效应，如加拿大退休家庭原始收入的基尼系数为 0.66，税后收入的基尼系数为 0.32，表明税收对不同收入群体的收入分配调控效果，因政策取向不同而存在差异。同时，专家学者对发达国家社会保障税的研究，表明了社会保障税对促进收入分配公平的不可或缺性，揭示了发达国家财政再分配制度对减少贫困，促进收入分配公平发挥的显著效果。

其二，来自印度等发展中国家的研究文献，对收入差距财政调节问题的研究范围更广泛。相对于发达市场经济国家而言，发展中国家，不仅是初次分配基础上分配差距调节问题，还涉及初次分配层面的不合理、不合法、不公正的克服与矫正，其对策的选取较为复杂和困难，效果的测度也具有不确定性。但总体而言，财政调节收入分配基本上围绕着收入分配起点公平、过程公平和结果公平而展开。

二、国内文献关于财政对收入分配调控研究评析

国内文献有关财政对收入分配调控研究多着重于一般理论与政策取向的阐述。特别是税收对收入分配的调节问题多是如此，如卢仁法的《中国税收调控》、樊丽明的《税收调控研究》，包括吴云飞的《中国个人收入分配税收调控研究》，主要研究就税收调控的理论依据、作用原理、主要形式、影响因素及政策取向等方面进行定性阐述与分析；刘乐山的《我国财政调节收入分配现状分析》从税收、社会保障制度、转

移支付制度、扶贫政策等方面对我国财政的收入调节职能进行定性阐述与分析；李荣山的《中美两国居民转移性收入格局变动比较分析》，从居民转移性收入占 GDP 比重以及在居民收入中所占比例的中美比较，阐述分析我国财政转移性支出存在的问题，并相应提出政策建议等。关于财政支出对收入分配调节进行定量分析的文献伴随着收入差距定量研究以及财税制度的改革和调整而逐渐增多。如苑林娅在 2008 年撰文《中国收入差距不平等状况的泰尔指数分析》，刘志伟 2003 年撰文《收入分配不公平程度测度方法综述》，赵晓峰等 2007 年撰文《中国农村内部区域之间收入差距分析》，林菊红 2003 年撰文《从均等化角度看转移性收入的效应》，指出城市偏向的财政支出制度加剧了城乡收入不平等，各地区财政收支能力的差异成为地区间居民收入差异的重要诱因，提出改变财政的城乡二元制的收入再分配制度，加强政府间的财政转移支付制度改革，缩小地区间居民转移性收入差距建议，闫坤、程瑜 2010 年撰文《促进我国收入分配关系调整的财税政策研究》从公平收入分配的角度出发，认为在初次分配时便完善机会均等、建立公平竞争机制以实现起点公平、过程公平，并且认为政府应在再分配领域充分发挥出财政对于收入分配的调节作用，实现结果公平，通过财政收入和财政支出两种手段，进一步完善现行的财税政策，金双华 2013 年撰文《财政转移支付制度对收入分配公平作用的研究》通过对离均差等指标的运用，分析了转移支付对省际之间财力不均等的调节作用，并利用相关分析方法对转移支付结构与分配公平的关系进行了实证研究，发现财政转移支付从总体看在一定程度上遵从了均等化原则，但对不同省份的作用是不一样的。郑尚植 2016 年撰文《中国式财政分权、公共支出结构与收入分配》通过建立面板门槛模型实证考察了 1995～2012 年中国式财政分权对收入差距的影响效应，提出要进一步推进地方财政体制改革，理顺中央与地方间的收支关系，使地方政府更为有效地执行再分配政策；以民生改善为导向，根据区域的不同特点优化公共支出结构，对地方政府再分配政策进行相应的约束与规范，通过对财政透明度的提高、公共支出监管的加强，尽量减少再分配的不公平和非正义现象，以此来规避收入再分配的逆向调节等。

三、国内外研究文献综合评析

综观国内外学者的诸多研究文献，关于财政调节收入分配问题存在多种理论内核与政策主张，并且随着经济社会发展变化而演进。这充分表明加强财政对收入分配调控是市场经济体制运行的客观选择，依靠财政对收入分配的调节作用，熨平市场分配机制在收入分配领域带来的矛盾与问题。在财政调节居民收入分配方面，国内外的诸多学者和专家进行了广泛深入研究，取得了可喜成果，但也存在一定范围和一定程度的缺陷与不足。

首先，在国内外以往研究中，对财政调节收入分配的研究文献不少，但定性的理论研究较多，实证和定量研究的较少。在税收的调控职能方面，为数不多的定量研究主要集中在宏观税负确定、税收征管中的征税与纳税博弈等方面。全面衡量财政支出调节居民收入差距"作为"大小与功能强弱的计量研究，所见不多。

其次，对财政调节收入分配的对策研究文献不断增多，有些文献就某一方面进行揭示和分析，另有学者著书对居民收入分配的财政调控进行研究，但多数学者更集中对某一层面收入分配差距的调节与控制，而对居民收入差距全方位扩大财政调控进行系统、深入的可行性分析和论证，相对欠缺，这是国内外现有研究之不足，也是本研究力图创新与突破之处。

最后，长期以来，对收入水平提高与差距扩大并存的局面，多数学者的研究充分体现为对收入差距扩大的批评与厌恶有余，对收入增长所带来的社会福利水平改善的认知与论证则相对不足。而将两者纳入同一研究框架，测度与分析我国居民收入增长与收入差距扩大共同影响下社会福利效应的动态变化趋势与特征的研究相对稀缺，特别是以城乡居民的收入状况为视角的研究更是尚未见到，而这又的确是我国下一步收入分配制度改革不可逾越，但由于其隐蔽性而极易被忽略的问题。本书通过综合运用著名的阿特金森定理（Atkinson，1970）、舒罗克斯定理（Shorrocks，1983），依据森（1976）提出的社会福利函数，通过洛伦兹曲线、基尼系数、广义洛伦兹曲线以及社会福利指数的测算与比较，揭示我国城乡居民收入水平提高与收入差距扩大并行中社会福利效应的动态特征与趋势，对我国收入分配改革的路径与策略进行创新性尝试与探索，这是本书的创新所在。

第三章

收入分配的理论原理

第一节　收入与收入分配相关概念的界定

市场经济条件下，居民收入分配的理论原理首先从收入分配的概念比较与界定开始。

一、收入与收入分配的内涵

收入的定义通常都是受到统计目的所支配，个人和公司的收入被规定为对个人和公司征税的标准，这个规定背后的基本原则是对处于同一经济体系而拥有不同收入来源和效率的人们做到公平与合理。国民经济核算角度的收入一般采用下列几种方式：一是国民收入，即全部生产要素的收入；二是国民生产总值，即是所有商品和服务的产出价值；三是国民支出，即每个国民所消费的商品和服务的总和。这三者在没有折旧、间接税或补贴的情况下是相等的。收入统计也是对不同地区、不同产品和不同职业进行对比分析的基本依据；同时，转换为实际收入后，他们就成为测定经济增长率的基础。

所谓收入分配，是指经济发展的成果在不同阶层之间、不同利益集团之间、不同人群之间进行分配，收入分配的具体格局一般是阶层力量对比结果的反映。因此，收入的决定问题和分配的公平问题一直是经济学广泛关注的重点问题，也是社会伦理等很多社会科学理论一直探讨的核心命题之一。

二、收入的分类

（一）微观收入

微观收入是指微观层面的收入，即一个人或一个家庭在一定时期（通常为一年）内的全部进账和现金收入。狭义的收入指的是个人收入或者家庭收入，如汽车工人的工资收入、教师的薪金、雇员的养老金；私营企业家的收入等。广义的收入，则不仅包括经济主体在市场领域通过提供生产要素取得的收入，如提供劳动所获得的工资、提供资本所获得的利息、提供土地所获得的地租、企业家提供管理所获得的利润等，还包括经济主体在非市场领域所获得的收入，如政府转移支付。

微观层面收入研究的重要性表现在：其一，收入的多寡常常是影响个人乃至家庭的行为、世界观、人生观等的一个相当重要的因素，如劳动、资本、土地、经营管理才能等，尽管它不是唯一的因素。其二，对形成收入的各种因素进行的结构性分析，可得出各个要素在形成产品或劳务过程中贡献大小的结论。其三，对收入在个人之间、家庭之间、地区之间、产业之间的分布进行分析，可以了解其差异性。其四，对微观层次的个人收入的研究得出关于宏观层次的国民收入的某些信息，可以为宏观经济政策提供依据。

（二）宏观收入

宏观收入即宏观层面的收入，宏观层面的收入通常指国民收入，亦称"社会净产值""国民所得"，是指一个国家（或地区）的各物质生产部门在一定时期内（通常按一年计算）新创造的价值，即各物质生产部门的净产值之和。在实物形态上，它表现为一定时期所生产的全部消费资料和用于积累的生产资料，等于一定时期内的社会总产品中扣除同期消耗的生产资料后所余下的产品；在价值形态上表现为一定时期内新创造的价值（v + m），等于一定时期内的社会总产值减去同期生产的物质消耗价值的差额。它是由各物质生产劳动部门创造的。这些部门主要有：工业、农业、建筑业、交通运输业、邮电业等。商业部门中的分类、包装、保管等劳动，作为生产过程在流通领域内的继续，也创造一部分国民收入。国民收入的计算方法有生产法和分配法两种。生产法，就是用各物质生产部门的总产值减去生产中的物质消耗价值（如用于生产的原材料以及生产用固定资产的折旧等）后的净产值相加；分配法，从国民收入初次分配的角度出发，将生产部门中劳动者的劳务报酬、利润、税金、利息等相加总和得出国民收入。国民收入的最终使用，分为消费基金和积累基金两大部分。一定时期内的国民收入一般按当年价格计算。如要对国民收入进行动态分析，则可按不变价格计算或用价格指数调整。国民收入是国民经济的一个重要综合指标，能比其他指标更好地衡量一国国民经济的全部活动及其成果的好坏。按人口平均计算的国民收入量，基本反映一国生产力的发展水平，它的增长速度是衡量该国国民经济发展速度的重要指标。国民收入的多少，主要取决于从事物质资料生产的劳动者人数、劳动生产率的高低、生产资料耗费的情况等因素。其中劳动生产率最为重要，它既是决定国民收入总量增长的最重要因素，也是决定人均国民收入增长的最重要因素，因而是增强国力的关键。西方经济学认为，国民收入是一国国民经济中的一定时期（如一年）内用于生产的各种要素所获取的全部报酬，它等于工资、利息、地租和利润的总和。

三、收入分配的类别

1. 功能收入分配

功能收入分配集中讨论劳动、土地和资本等生产要素的收入分配，主要说明要素价格（如工资、利息和利润率）的形成，以及国民收入中生产要素的相应份额。功能收入分配理论基本围绕着两种主要因素展开，即首先确定哪些要素参与分配？参与分配的要素如何定价？在通过对这两个问题的不同解决及回答中衍生出不同的收入分配理论。诸如古典经济学、新古典经济学的功能型收入分配理论、斯拉法的新李嘉图学派、后凯恩斯主义等，这些不同的分配理论分别反映不同人们观察经济的方式，其所使用的分析工具和分析方法自然即把"劳动者"作为一个整体，讨论其与资本、土地所有者对收入的分割，而不是讨论劳动者之间的收入分配，由此功能性分配的对象是宏观经济层次，也可称宏观分配范畴。

功能收入分配格局是指参与对生产成果进行分配的各种生产要素，在收入分配活动结束后所获得的收入在总收入中各自所占的比重，以及由此形成的相互间的分配关系。依据经济学理论，参与收入分配的生产要素主要有土地、资本、劳动，与之相对应的各种要素所有者在分配中相应得到地租、利息、雇员报酬和经营利润。除了新古典经济学将生产要素确定为上述四种外，本书认为，政府为整个社会创造安全、有序的环境所提供的服务也是一种生产要素。政府作为要素所有者从分配中得到的相应收入则为生产税。

2. 规模收入分配

与功能收入分配理论不同，起源于意大利经济学家维弗雷多·帕累托（Vilfredo Pareto）的规模收入分配则与诸如家庭、住户和个人等一系列经济单位的收入分配有关，它研究每一经济单位得到的收入，其中重点分析个人、家庭等的社会特征对收入分配的影响，而忽视生产要素的分配权利，着重研究经济单位在分配后的相对地位，主要研究微观经济单位的收入分配特征及对与此相关的收入不平等现象进行测量等。规模收入分配理论的研究最初来自帕累托，其早期的贡献主要在于给出了收入分配模型。之后，在 20 世纪初期亨得里克·安顿·洛伦兹（Hendrik Antoon Lorentz，1905）在对帕累托的对数曲线进行纠正的基础之上，提出"洛伦兹"曲线；同时，意大利经济学家基尼（Corrado Gini）在

1909 年对帕累托的收入分配模型中收入差距参数的解释进行了修正，在此基础上于 1912 年提出了基尼系数；1920 年道尔顿（Dalton）提出了收入差距指标应该具有的性质，并提出收入差距衡量指标应该满足的原则。1955 年西蒙·史密斯·库兹涅茨（Simon Smith Kuznets）把经济发展与收入差距联系起来进行实证分析，提出了著名的倒"U"型曲线，主要研究并解释经济发展对收入差距的影响。关于收入差距产生原因以及如何应对这两方面问题的研究内容与方法，罗利（1995）和费雷拉（Ferreira，1999）贡献突出。

规模收入分配理论的研究方法与分析工具，至今仍为分析市场经济条件下居民收入分配差距的衡量与适度缩小等研究所使用。规模收入分配格局是由规模分配所形成的各种不同个人或家庭收入在总收入中所占份额，以及由此产生的相互之间分配关系。规模收入以及规模收入分配格局历来是经济学界十分关注的一大热点问题。因此，在这一领域形成的研究方法和评价指标也比较多，比如，人们所熟知的基尼系数法、不良指数法等。

四、本书研究中收入分配的内涵的界定

本书的内容是在既定的"以生产要素分配和按劳分配"相结合的分配制度与宏观收入分配格局下，重点分析各阶层居民收入分配差距与不平等状况，并寻求相应财政政策给予有效调节。不考虑"劳动收入"在国民总收入中与资本等生产要素报酬如何分割问题。因此，本书涉及的收入分配及收入差距的测度、判断及调整的分析方法与工具主要是指规模收入分配。

第二节　收入分配的构成要素

收入分配主要由收入分配主体、收入分配客体、收入分配的机制以

及收入分配的方式方法等构成，具体如下：

一、收入分配的主体

收入分配的主体，简单地说就是指收入分配活动的参与者。理论上讲，收入分配主体可以从两方面理解：一种是以参与生产过程的各种生产要素作为收入分配的主体，包括土地、资本和劳动三要素或土地、资本、劳动和管理四要素；另一种是将要素所有者作为收入分配的主体。通常情况，一种收入主体可能获得一种要素收入，也可能获得多种要素收入。

在我国传统的社会主义收入分配理论中，人们习惯将分配主体概括为国家、集体（或企业）和个人，并以此来开展有关收入分配格局的研究。这种理论研究和社会实践的结果，使人们在解决收入分配领域中的问题时，要正确处理好国家、集体和个人三者之间的利益关系。这种划分收入分配主体的做法存在以下两种弊端：一是各种主体过于抽象、笼统，主体之间的界限很难区分。二是收入主体包括的范围不全。如果说在一个封闭的经济体制下，国家、集体和个人三者之间的分配关系还能勉强反映收入分配格局的话，那么在开放经济条件下，国外单位或部门既参与收入的初次分配也参与收入的再分配。并且随着国际上交往的日益频繁，国与国之间的收入分配数额也在不断加大，国外部门参与国内收入分配的状况已经对收入分配的格局形成产生重要影响。

国民经济核算理论将参与国民经济活动的主体分为机构单位、机构部门和产业活动单位、产业部门两大类。由于产业活动单位、产业部门的划分只在生产领域有意义，机构单位、机构部门的划分存在于所有再生产各个环节，因此，参与收入分配的主体必然是从机构单位和机构部门角度划分的各类经济主体。

收入分配的主体还可以从微观和宏观两个方面考察。从微观角度看，国民经济核算体系（SNA）依据能否独立拥有资产、承担负债、从事经济活动并与其他单位进行交易等标准，将国内参与经济活动的所有常住单位区分为非金融企业、金融机构、政府和住户等四种机构单位；从宏观角度看，各类收入主体分别是这些机构单位或机构部门。本书重点研究政府对宏观收入分配格局的调控机理，同时为简化分析，将非金融企业部门和金融机构部门加以合并，从而形成企业（公司）、政府和住户三大部门的收入主体。

二、收入分配的客体

收入分配的客体亦即分配的对象，它说明的是对什么进行分配。

关于收入分配的对象，理论界的一种观点认为收入分配的对象是社会生产成果，还有的观点认为分配的对象始终是国民收入。实际上，在不同的分配阶段具有不同的收入分配对象。

首先，在收入初次分配阶段，各经济主体分配的对象是生产成果，初次分配的结果形成各机构单位的原始总收入。从宏观角度看，收入初次分配主要是各机构部门对国内生产总值的分配。收入分配的结果形成各机构部门的原始收入。在国民经济整体层次上，将各机构部门的原始总收入加以汇总便形成了国民收入。由于在经济总体内部，一个机构部门的财产收入即为另一个机构部门的财产支出，所以从经济总体看，一国的国民总收入乃是该国的国内生产总值和来自国外的要素净收入之和。

研究政府对收入初次分配的调控作用，就是分析政府如何通过自身的调控行为影响各机构部门原始总收入在国民总收入中的份额。

其次，在收入再分配阶段，微观领域是各类分配主体对各机构单位的初次收入分配结果，即原始收入所进行的分配。分配结果便形成各机构单位的可支配收入。宏观领域则是各机构部门对初次分配结果，即国民收入所进行的再分配，分配的结果形成各机构部门的可支配收入。在国民经济整体层次上，将各机构部门的可支配收入加以汇总便能形成了国民可支配收入。

最后，分析政府对收入再分配格局的调控，就是通过各种经常的财政税收手段影响诸多机构部门乃至居民可支配收入占国民可支配收入的比重。由此我们得出结论，收入分配的不同阶段有着不同的分配对象，收入进行初次分配是针对生产成果，而再分配则是针对初次分配收入。

三、收入分配的机制

无论是微观领域的收入分配活动，还是宏观领域的收入分配，都需要有一定的组织者。从宏观角度看，收入分配活动主要由市场和政府组织。而且在不同经济体制下，市场和政府各自作用的程度也不同。

在完全自由竞争市场经济下，收入的分配主要靠市场自发调节的。具体来说，是由参与市场活动的组织和个人分散进行的。政府作为市场活动的参与者之一，只能从整个收入中获取属于自己的那部分。偶尔对收入分配有些影响作用也只能是干预，而不是组织和管理。

在高度集中的计划经济体制下，市场和政府对收入分配的组织作用正相反。收入的所有分配活动都由政府控制和组织，市场对收入分配不起任何影响作用。

在当今的混合经济体制下，无论是市场还是政府都不是单独充当收入分配组织者的角色，它们通过相互配合共同组织各经济主体对收入进行分配。这已经成为所有国家现有的实行模式，区别在于，在具体执行中，政府和市场各自所起的作用范围和力度有所不同而已。

四、收入分配的方法

收入分配方法解决的则是怎样分配这一具体操作问题。同一种分配理论和政策，可能会产生不同的分配方法。比如，都在强调按劳分配的情况下，就会出现是按劳动贡献的多少实行多劳多得、少劳少得，还是按人头实行平均分配的情况。再比如，在强调按生产要素进行收入分配时，就存在一个各种要素各自应该得到多少收入的问题。

因此，怎么分配收入不仅是一个技术性问题，更重要的还是一个价

值问题。它包括按什么标准分配和各种生产要素分配数量两个方面的
问题。

第三节　收入分配决定模式

居民收入的决定模式：一是收入分配内生决定模式；二是收入分配
外生决定模式。

一、收入分配内生决定模式

所谓收入分配内生决定模式是指通过个人内在的努力进而提高个人
收入，如提高人力资本这种内生变量可以提高个人收入，这方面主要包
括人力资本理论、生命周期理论和收入函数模型等。

第一，人力资本理论最早来源于个人能力决定收入差异的理论，即
认为收入差异来自能力差异，主要指后天学习所获得的人力资本的差
异。人力资本的理论研究主要分两个分支进行：一个分支主要是以舒尔
茨、罗莫等人为代表，把人力资本的相关理论引进生产率和经济增长的
分析中，主要分析人力资本对经济的增长和生产率的提高贡献程度的大
小。另一个分支则是由贝克尔、敏赛尔为代表，把人力资本引入家庭的
分析中，形成家庭理论和人力资本收入分配理论。人力资本理论建立
后，其分析主要集中在人力投资与增加未来收入能力的关系上，包括人
类健康、迁徙、学前教育、上学、在职培训等，人力资本投资的核心是
教育，即普及性教育水平提高可以缓解贫困，综合教育水平的全面提
高有助于收入差距的缩小。人力资本理论对收入分配的研究首先在于
正规教育对收入分配的影响上，然后扩展到在职培训和教育的人力投
资，根据敏赛尔进行的相关研究，正规教育直接对收入差距的影响为
7%，再加上毕业后的人力投资，人力投资对收入差异的影响提高到
33%（Sahot，G. S，1978）。同时他还指出，随着教育程度的提高，虽然

人力投入较少，但是收入能力提高依旧较快。因此，学校教育与工作能力呈现正相关关系。除教育外，人力资本理论还包括了对健康、迁徙等其他综合性因素对收入差距的影响分析。人力资本理论对教育、健康等对收入能力及收入差距的决定作用的研究，为财政从教育投资、公共医疗的投资规模扩展与结构调整等方面，调节居民收入分配差距，改善收入分配格局提供了理论依据。

第二，生命周期理论则较人力资本理论更进一步，它不仅讨论了人力资本的作用，而且更多地讨论了储蓄、个人资产与劳动在人生命周期中的作用问题。生命周期理论指出，个人生命周期的收入是随着年龄的增长而增长，达到收入最高峰后，又随着退休年龄的到来而逐步下降，退休后是靠着原有收入形成的利息生存。生命周期理论认为年龄是收入不平等的主要因素之一，同时认为财产继承对收入差距的影响不可忽视。该理论把劳动收入、收入积累及财产性收入对分配的影响放入一个框架进行分析。生命周期理论提出以后，许多经济学家都对生命周期可能引起各个年龄组的收入差别进行分析和实证研究，比如我国赵人伟研究员研究了中国城市20年的工资冻结对生命周期收入产生的影响，并指出20年的工资冻结，使得这一时期工作的人员，在工资冻结结束后，他们已经到了退休年龄，收入下降，导致了不同年龄组之间的人群收入分配不公现象，由此揭示不同年龄组收入分配规律问题，以及国家分配制度的科学、可持续性对生命周期收入具有的深层次影响。另外，从生命周期收入入手分析财产收入对收入分配以及收入差距的作用，提出了遗产税对收入的作用模型，为国家通过财产税等税收制度调整与完善来改善收入分配状况的政策思路提供理论基础。

第三，内生决定模式的收入函数模型。人力资本理论、生命周期理论均是从劳动供给的角度来讨论收入决定的问题，因此都与收入函数有密不可分的联系。所谓收入函数是指劳动者的收入由劳动者自身的特征决定，其中包括与人力资本密切相关的教育、工作年限以及和生命周期相关的年龄，并且在更大的范围内研究了劳动者供给的特征和收入决定的关系，同时加入了性别、居住地、种族、职业、行业、雇用企业类型等多种变量。

收入函数的具体模型形式：$Y = a + \sum bi \times Xi + \varepsilon$

式中，Y 为劳动者单位时间收入；Xi 为劳动者社会特征的哑变量；ε 为随机错误项；a 为常数项；bi 为社会特征变量对收入的贡献，如教育分大学、中学、小学，以小学为基本变量，则大学的系数是指受过大学教育的劳动力比小学劳动力收入高（低）多少，同理可得，受过中学教育的劳动力比小学劳动力的收入高多少。值得指出的是，收入分配内生决定模式对人力资本、生命周期、性别差异等劳动力自身特征对收入分配的影响，主要从供给的角度分析了收入的内生决定作用，这是个人收入分配的内在决定因素。但是在现实经济中考虑劳动力需求因素对收入的影响，是非常必要和不可回避的。

二、收入分配外生决定模式

与内生决定模式不同，收入分配的外生决定模式集中研究制度和宏观变量对收入分配差异产生的外生决定，主要包括机会不平等理论和收入再分配理论。

（一）机会不平等理论

机会不平等理论主要是研究市场的分割状态及制度上的歧视性设置对收入分配不公现象的影响。机会不平等理论的发展来自两个方面：一是发达国家，主要研究现有制度下的机会歧视问题、教育机会不平等以及性别歧视等对收入差异的影响；二是在发展中国家，由于经济发展不平衡、市场分割严重、二元经济结构等特征，机会不平等是收入不平等的一个极为普遍和严重的问题。发达国家由于其面对的市场是统一的竞争性市场，收入分配的法律、法规及制度比较健全，人们更多讨论的是收入或工资的差异性，提高收入的途径集于自身的努力。因此，在发达国家收入分配与差距研究中，内生决定模式更受关注。但发展中国家由于市场经济体制不成熟，个人收入分配中机会不平等现象普遍存在。其中最为明显的是二元经济结构，即一国经济中存在着两个互相分割的部门，一个是传统的农业部门，另一个是现代化的工业部门。从区域上看，传统的农业部门集中于农村，现代的工业部门集中于城市，这种经济结构上发展的不平衡，引起一系列制度结构的不平衡，如城乡教育卫生医疗等与人们收入状况及生活质量密切相关的制度与政策差异巨大，机会的不平等导致收入差距明显而且不断扩大。由于城乡经济差别，不仅造成城乡居民收入差距的存在与扩大，而且城乡居民所享受的社会福利差别也是巨大的，如住房、医疗、养老方面的等货币化福利差异等，固化和扩大了城乡居民的收入差距。因此，在发展中国家，劳动者首先面临的挑战就是机会不平等现象，这种外生决定因素一般会超过自身的努力。由此，发展中国家的政府注重创造居民收入均等化的环境和条件，成为改善收入状况以及缩小收入差距的有效途径。

（二）收入再分配理论

收入再分配是由外生决定收入差距的一种关键变量。主要包括两个方面：一是税收方面；二是公共支出方面。在税收方面一般包括所得税和财产税两个部分，在税率上又有多种形式，如比例税、累进税等。在公共支出上包括公共物品支出、公共服务支出和转移性支付三种主要形式。收入再分配制度作为重要的外生决定变量，对收入分配及差距乃至社会福利分配产生重要的影响，国家再分配的主要任务是通过建立收入科学合理的分配制度，缩小收入分配差距，促进社会福利均等化，这将是发展中国家相当长时间内再分配的工作任务与政策目标。政府通过税收和公共支出降低高收入者收入，增加低收入者收入，进而缩小收入差距，通过公共支出覆盖面扩大及其对低收入群体的倾斜，促进社会福利的均等化。但与此同时，再分配政策还要兼顾市场效率，当出现过分效率损失时，降低税率、减少公共支出，激励居民努力提高收入能力和收入水平，减少效率损失。

收入分配外生决定模式的机会不均等理论以及再分配理论，为财政通过相应政策促进机会均等，运用再分配政策缩小收入差距，增进社会福利提供理论基础。

第四节 我国居民收入分配的具体形式及主要特征

一、我国居民收入分配的具体形式

（一）工资薪金性收入

工资薪金性收入就是指就业人员通过工作的各种途径得到的全部劳动报酬，不仅包括所从事主要职业的工资，而且还包括所从事的第二职业、其他兼职和零星劳动得到的劳动收入。工资总额由六个部分组成：计时工资、计件工资、奖金、津贴和补贴、加班加点工资、特殊情况工资。

（二）经营性收入

经营性收入是指纳税人通过经常性的生产经营活动而取得的收益，即企业在销售货物、提供劳务以及让渡资产使用权等日常活动中所产生的收入，通常的表现是现金的流入、其他资产的增加或者是负债的减少。

（三）财产性收入

财产性收入，也称为资产性收入，是指通过资本、技术、管理等要素参与到社会生产和生活活动中所产生的收入。也就是家庭所拥有的动产（如银行存款、有价证券）以及不动产（如房屋、车辆、收藏品等）所获取的收入。不仅包括出让财产的使用权所获的利息、租金、专利收入等，还包括财产运营所获的红利收入、财产增值的收益等。

（四）转移性收入

转移性收入是指国家、单位和社会团体对居民的各类转移支付及居民家庭之间进行的收入转移。其中不仅包括政府对个人的收入转移，如离退休金、失业救济金、赔偿等；还包括单位对个人的收入转移，如辞退金、保险索赔、住房公积金、家庭间的赠送和赡养等。转移性收入主要包括以下几个部分："离退休金""价格补贴""赡养收入""赠送收入""亲友搭伙费""记账补贴""出售财物收入""其他"。

二、我国居民收入分配的主要特征

经济社会运行中居民年收入具有多种多样，并各具其自身特征，目前我国个人收入分配的主要特征大致可概括为以下几个方面：

（一）劳动收入与非劳动收入并存

在传统体制下，个人收入基本上局限于按劳分配所得的工资。但随着市场经济的建立与发展，居民收入来源的种类不断增加，渠道日益增多，个人收入趋于多样化。除劳动收入外，城乡居民的非劳动收入大体上可分为三类：第一类是按资分配的收入，主要包括股息、利息、红利、租金、利润等资产收益；第二类是按能分配的收入，即企业经营者的经营收入，其中有按劳分配因素，因为经营本身就是一种劳动，而且是一种复杂的劳动，但经营和劳动也有很大的区别，经营在很大程度上受市场供求的影响，需要一定的预测和决策能力，由决定资金投向、生产规模和产品品种等而取得的收入，更多的含有按能力分配的因素，歌星、影星、体育明星等的收入也可列入此类；第三类是按需分配的收入，即从社会保障体系等再分配领域取得的社会福利和救济等。

（二）货币收入与实物收入并存

货币收入是由工资、奖金、各种津贴、补贴以及利息、股息等组成的，通过货币形态发放到个人手中的由个人支配使用的收入。实物收入比较复杂，大致可以分为两个主要部分：一是以实物形式发放到个人手中由个人支配使用的收入，这在许多单位较为普遍存在；二是公房、公车、公费医疗、公费电话以及公款吃喝、公费旅游等，很大一部分是以公款实现的个人消费，相当于个人以这种形式取得的收入。实物化收入是一种落后的分配方式，不仅降低收入的消费效用，增加收入分配的交易成本，形成巨大的铺张浪费，而且容易导致分配过程的模糊不清，使社会缺乏统一的评判标准，极易造成不公平感。

（三）合理收入与不合理收入并存

收入的合理与否牵扯人们的价值判断，同样一笔收入，持不同价值标准的人会有不同的认识。从理论上分析，凡是符合社会主义市场经济分配原则，能真实反映劳动者的劳动数量与质量，能反映生产要素对生产的贡献，根据贡献大小取得的收入就是合理的收入。而不合理的收入，不应从收入的多少来判断，也就是不能够从收入的结果来判断，而应从取得收入的根据判断。观察我国的收入分配，确有一些不合理的因素存在。如由于市场发育不成熟，法规不健全，有些人钻政策法规的空当一夜之间暴富；由于要素占有和竞争条件的不平等，有些行业和企业取得了高收入；行政单位借助政府权力或国有财产搞各种创收而取得收入；某些承包经营者由于承包条件的不规范而取得的远高于职工的非劳动收入等。

第四章

财政调控收入分配理论机理

从收入分配的主导作用发挥而言，收入分配主要包括两个方面，即市场分配和财政分配。如前所述，市场分配按竞争机制进行的经济分配，存在其固有缺陷，而客观上需要财政进行再分配。财政分配具有怎样的内涵和特征，财政调控收入分配理论依据以及财政调节居民收入分配内在机理与方式是本章的主要内容。

第一节　财政分配的内涵与特征

一、财政分配的内涵

财政分配作为特有的政府经济活动，在经济学者的眼中天然地具有两个层次的含义和理解。

（一）广义的财政分配

广义的财政分配，是指财政对整个经济社会的资源状态而进行的具有主动性的调节活动，以及该活动所引起的社会生产、经济状况的一系列变动。因此，此种含义的财政分配侧重于分析财政活动的整体在宏观经济运作过程中的地位与作用，实质上，涵盖了财政三大职能的全体。

（二）狭义的财政分配

狭义的财政分配，是指财政在居民收入流量和财富存量中所起的调节和控制作用，是财政以国家政治权力为依托，对现有收入格局进行的一种强制性的调整，类似于财政的收入分配职能。本书所分析的财政分配正是指后一种情况。

二、财政分配的特征

（一）财政分配以政府为主体

财政是国家为实现其职能，凭借政治权力参与部分社会产品和国民收入的分配和再分配所形成的一种特殊分配关系。财政分配的本质是以国家或政府为主体的分配关系，这种分配既包括生产要素的分配，又包括个人收入的分配。

（二）财政分配具有无偿性

税收作为财政收入的主要形式具有无偿性特征，也就是说，政府在征税时并不给纳税人直接的补偿，另外，财政安排的支出主要是为了向社会提供公共产品，而公共产品本身的属性决定政府不可能通过收费来弥补成本，因此财政安排相应的支出给公共部门的行政、事业单位一般也是采取无偿拨款的形式，从整体上讲，财政分配便具有了无偿性的特征。

（三）财政分配具有非营利性

财政分配的目的是满足公共需求。从社会发展的历史角度看，虽然不同国家或者同一个国家在不同时期的具体职能会有所不同，但都具备三个基本的职能：保障国家和人民的生命财产安全、促进社会及各项事业的进步、保持取得收入的合理分配及国民经济的稳定增长。因此，国家的职能只是公共需求的一种反映和表现，财政分配最根本的目的便是满足公共需求，把满足公共需求作为财政分配的目的有着很重要的现实意义。这是由于在国家相关政策决定的过程中，能够对公共需求划分清晰边缘，才能使财政分配拥有充分的分配依据和明确的使用范围，不仅能够减少非规范性财政分配，还能进一步提高财政支出的效率。

第二节　财政调节居民收入分配的主要依据

　　财政调节居民收入分配的依据是指财政为什么应该而且可以对居民收入分配发生作用，只有首先阐明财政调节收入分配的依据，才能进一步分析财政调节收入分配的机制与手段、现状与问题以及政策调整与优化问题。一般而言，财政调节的依据主要是弥补市场失灵造成的收入差距及贫富不均以及市场本身对收入差距调节的无能为力，同时财政在社会再生产中的特殊地位与职能构成财政调节收入分配的内在依据。

一、市场经济运行的基础性特征与积极作用

　　市场经济是一种自动实现资源优化配置的经济运行体系，这种体系是通过价格信号的引导和竞争机制来完成的。在市场经济的条件下，资源能否有效配置和宏观经济能否均衡主要是依靠市场机制作用的发挥。市场机制指的是市场各要素之间相互结合并且相互影响，进而相互制约的内在联系及互动方式。市场机制主要由供求机制、竞争机制、价格机制、激励机制和信用机制等构成的。市场机制调节资源配置和经济运行的动力主要来自市场参与者对个人经济利益最大化的追求。在竞争的市场中，价格和供求关系的任何变化，都是众多市场参与者共同作用的结果，出于自身利益最大化考虑，市场参与者必将对市场信号做出积极反应，从而提高经济效益，增进社会福利。因而在市场经济中，市场机制

通过供求规律、竞争机制和价格机制等起着基础性调节作用，正如一只"看不见的手"，发挥着多方面的积极作用。

二、"市场失灵"与财政调节收入分配的客观必然性

现实的市场往往不是完全竞争的市场，不同程度的垄断情形的存在，使市场机制作用发挥受到限制，即使是完全竞争的市场也不可能成为经济运行的全能调节者，有些范围的经济活动市场机制是无力调节的，市场存在诸多失灵的领域，决定了国家财政对经济的调节，包括对市场分配结果进行调节有其内在必然性。

（一）信息不完全或不对称

和完全竞争的假设有些不同，现实中的市场一般难以提供完备的信息以便进行有效的配置。无论是生产者还是消费者都不可能拥有完全的市场信息，这样就不可避免地会导致决策失误、交易不公、结构失衡和经济波动从而造成居民收入分配的非正常变化等。由此产生政府调节的必要性，即政府通过一定的政策和措施弥补市场信息不充分而产生的"市场失灵"。

（二）存在外部性

这指的是某微观经济单位的一系列经济活动对其他的单位乃至整个社会的福利产生的正的或负的影响。外部效应的存在也就意味着市场价格并不能准确地反映生产过程的边际成本，而某些经济活动主体所产生的外部不经济将一部分成本强加给其他的经济主体或社会；或外部经济活动主体无法从自己的经济活动中收回全部成本支出。此时的市场价格不能传递正确的信息而抑制资源配置达到帕累托最优状态，影响居民收入和社会福利的提高和优化。为减少效率损失，政府必须进行干预，如运用价格制度对外部不经济活动强行惩罚或将外部效应内部化，而对正外部效应政府则可采取激励与奖励措施等，促进经济有序、和谐运行，

保证收入分配外部环境公平。

(三) 低效或无效提供公共物品

公共物品指一些在消费中没有排他性、竞争性的物品，也就是某主体对该种物品的消费并不能减少或者干扰其他主体对该公共物品消费，这样容易出现"消费产品而不付费"的"搭便车"现象，市场机制下追求利益最大化的微观主体不会主动提供公共物品，而公共物品又是全社会都需要的、经济和社会发展运行必不可少的。这种情况下，为满足社会对公共品的需求，就要由政府或者通过直接投资或者通过补贴及委托经营等方式组织和支持公共物品的提供，如国防、教育、医疗等。

(四) 收入分配不公

追求自身利益最大化的市场竞争，会导致一部分企业在竞争中居于有利地位，而其他企业在竞争中居于不利地位，甚至亏本、破产，从而使社会收入差别扩大，甚至出现两极分化，引发社会问题。同时在市场运行中居民收入分配依据其所提供的要素投入数量和质量来获取相应的报酬的。各种要素的数量和质量在不同社会成员之间的分布不均等造成居民之间收入的不均等。第一，私人能力及天赋不同的差异，还有不同能力和天赋的不同价格，也就致使不同劳动上产生的差异及分配上产生的差距。第二，私人资本收益的差异。私人资本的差距导致资本收益产生差距，而资本收益之间的差距及劳动收入之间的差距逐渐扩大，导致成员在财富占有上的差距。第三，遗产与赠与同样使得收入、财富的差距从一代人拉大到不同代人之间，这不仅加速财富积累的差距，还将社会不断推向贫富悬殊的两极分化状态之中。由此，收入分配不均等恰恰是市场运行的结果，具有一定的不可避免性。如果任凭其发展，经济增长和社会进步将难以为继，而这无法由追求自身利益最大化的企业和个人来根本解决。必须通过政府干预，利用财政手段履行收入分配职能予以调整和矫正。

由此可得，收入分配差距乃至两极分化是市场运行的必然结果，客观上需要政府通过财政等手段对市场失灵问题进行调节和矫正，这是市场经济对政府财政职能的内在要求。

第三节 财政调节收入分配的机理与主要方式

如前所述市场机制运行造成收入分配差距的必然性以及市场机制本身对收入分配两极分化的无能为力，成为政府利用再分配手段参与和调节收入分配的主要依据。政府作为社会经济的管理者和调控者，通过财政制度的建立与财政政策的实施，参与社会分配，调节收入差距，促进社会公平不仅是经济发展的客观需要，也是财政的内在职能所在。

一、税收调控收入分配机制与方式

政府通过各项税收为政府实施财政政策奠定财力基础，其中个人所得税、财产税、遗产税和赠与税等税收的征收过程即是对高收入者进行收入调节的过程，使得高收入者征税后的可支配收入适度减少，控制其收入增长过快。

（一）个人所得税的征收

个人所得税是以个人所得为征税对象的一种税，在我国个人所得被列为征税对象的有十大类，诸如工资薪金、劳务所得、利息所得、稿酬所得、偶然所得等，个人所得税税率实行累进税率，即随着收入水平的提高，征税比例相应提高。因此个人所得税对居民的收入分配具有直接的调节作用。因而世界各国特别是发达的市场经济国家，均以个人所得税为主体税种，既履行筹集财政收入的职能，又发挥调节收入差距的重要作用。即个人所得税的征收过程既是财政收入的筹集过程，又是财政调节收入分配的过程，同时，采用累进税率且具有加成征收制度的个人所得税是各国调节收入差距的核心税种，发挥着调节收入分配的重要作用，通过个人所得税的征收对居民收入差距进行有效控制和调节。

（二）财产税的征收

财产税是指以一定的财产价值作为征税对象的一个税种，主要包括一般财产税和特种财产以及财产转让税。所谓一般财产税是对财产所有者所拥有的全部财产课征的一般财产税。对选取某类或几类财产分别征收的财产税称特种财产税。而遗产税和赠与税是对财产所有者在生前转让的财产或死亡时遗留的财产征收的一种税。遗产税和赠与税属于财产转让税，这两个税种的征收是继个人所得税之后、防止财富过度集中、缓解收入分配不公的最有力工具。我国目前未开征遗产税和赠与税，但西方许多国家均已征收多年，并且发挥着对财富积聚形成有效抑制进而促进财富公平分配的调节作用，遗产税的征收进一步控制财富及收入两极分化的代际积累程度。

（三）社会保障税的征收

社会保障税是指以纳税人的工资或者薪金所得作为征税对象的一种税收。就社会保障税本身而言，它不具有直接的调节收入差距的作用，因为首先它仅以工资或薪金作为课税对象，不对纳税人的资本所得、财产所得等非劳动所得收入征收，从而使具有多渠道收入的高收入者该种税收负担较轻。其次，社会保障税以比例税率征收，不随纳税人收入的增加提高征税比例，根据收入边际效应递减原理，社会保障税对高收入者的影响弱于对低收入者的影响。最后，社会保障税没有设置减免扣除规定，而是对工资所得额作为应税所得，这不利于低收入者。因此社保障税不如个人所得税那样具有直接的调节收入分配效力。但社会保障税作为专款专用的税种，其税收收入构成国家实施社会保障制度的主要财力基础，即社会劳动者在老年、疾病或丧失劳动能力以及其他生活困难时，国家社保部门给予收入补助的资金主要来源社保税的征收。因此结合财政对低收入群体的财政转移支付综合考虑而言，社会保障税也是财政调节收入分配的重要税种之一。而且，社会保障税在财政调节收入差距中具有税收和转移支付双重作用。我国目前尚未征收社会保障税，但我国实施的社会保障费征收一定程度上具有社会保障税的性质与作用，而且随着条件成熟，我国必将会将社会保障费调整为社会保障税，以进一步发挥社保收入的筹集对居民收入公平的促进作用。

另外，税收支出即财政给予特定纳税人以各种税收优惠待遇而减少纳税人的纳税义务，增加其可支配收入的税收制度与政策，例如对低收入阶层的医疗费用扣除、儿童抚养费的扣除及失业福利的纳税责任豁免等，间接提高低收入者实际收入进而调节收入分配等，但税式支出调节收入分配政策需要谨慎和周密的制度设计，否则容易出现政策目标偏失。

二、财政支出调节收入分配机制与方式

财政支出调节收入分配主要指通过政府支出，包括政府间财政转移支付以及政府对居民个人的转移支付，如财政转移性支出、社会保障支出、公共教育支出与卫生支出等，实现收入在全国范围内的转移分配，扶持低收入者，提高低收入者和困难群体的收入水平和生活需要以控制全社会的收入差距和贫富差异。

（一）财政转移性支出制度

财政通过政府间及政府对居民的转移支付，形成居民收入来源的一部分，政府通过财政转移支付制度的有效设计——适度倾向于低收入者和困难群体，使财政转移性支出可以发挥缩小收入差距的重要作用。

（二）财政的社会保障支出

社会保障支出作为政府转移性支出的主要部分，发挥着财政公平作用。政府通过建立社会保障制度，并通过相应财政支出为之提供一定的

财力保障，进而促进社会福利水平的整体提升，间接起到收入再分配的效应。另外，政府还依据有关济贫法规与制度，通过政府预算支出安排，对贫困线以下的社会成员直接给予生活补助，缩小其与社会平均收入水平的差距。

（三）公共教育支出

由于教育具有公共品特征，特别是义务教育具有较强的外部性，政府对其有义不容辞的投资责任，通过财政性教育投资来保障贫困地区和贫困家庭的孩子能够享受接受教育的权利，提高其未来获取收入的能力和机会，通过促进收入起点公平来抑制贫富差距和收入差距。

另外，公共卫生支出也是政府公共支出的一部分，对疾病致困的人群具有一定扶持和保障作用，其中医疗保险支出是主要部分。

政府还可以直接制定政策来确定市场主体收入水平并控制收入差距。如规范的工资制度要求政府合理界定公务员和事业单位人员的工资构成、等级和增长制度，还可制定最低工资制度、生活必需品消费价格上线制、廉租房制度以及同工同酬制等。

第四节 财政调节收入分配的目标与原则定位

一、财政调节收入分配的目标定位

财政调控收入分配的目标，总体来说是收入分配公平，而衡量收入分配是否公平的标准随着社会发展而变化。效用经济学对适度差距论从收入效用最大化角度给予揭示。效用属于消费者行为理论范畴，是指商品消费者在消费商品时所感到的满足程度。从收入角度而言，效用指收入对收入所有者获得收入、支配收入时带来的满意程度。依据对这种满意程度的衡量问题，产生了基数效用理论和序数效用理论，据此又形成了两种研究方法，即基数效用论的边际效用分析法、序数效用论的无差异曲线分析法。

（一）全社会效用最大化

基数效用理论认为效用是可以加总的，因此社会效用是该社会中所有个人效用的总和。如果存在收入的边际效用递减情况，那么随着个人收入的提高，每增加单位收入为其带来的效用增量递减。这样，通过把高收入者（其收入的边际效用低）的收入转移给低收入者，总的社会效用就会增加，社会收入分配状况就会改善。政府运用财政手段从高收入者那里取得一部分资源，再通过转移支付制度与手段适度提高低收入者收入，增加低收入者的收入效用，进而使全社会的效用最大化。

（二）最低收入者的效用最大化

美国经济学家罗尔斯（Lawls，1971）主张，政府应该利用税收相关政策调节社会收入的分配，使得社会中收入最低的效用变为最大化。罗尔斯认为，将对较高收入者征得的部分税再分配给低收入者，直至效用最大化。当然，他所主张的对高收入者征税也不是无限度的征收，由于过高的税率会打击高收入者的积极性，减少税收的来源。

（三）全社会福利最大化

福利经济学者并不认为效用可以在个人之间进行直接比较，但是却认为社会福利函数是一种能够描述整个社会效用的函数，并且认为整体社会的福利可以通过收入的转移而增加，这集中体现了最适税收理论的观点，认为如果收入得到更加公平的分配，该社会可能促进其社会福利最大化（Diamond，1971）。根据此观点，社会收入的分配公平并不是完全追求收入的均等化，而是只要使得全社会的福利最大化，适当的收入分配差距也是可以存在的。

以上三种观点，对收入分配公平的不同角度进行了描述，但这三者对于财政调节收入分配的政策主张是一致的，即政府将高收入者的收入通过税收形式进行再分配，转移给低收入者，通过提高低收入者的福利水平以改善社会的整体福利状况，进而促进收入分配公平。

二、财政调节收入分配的原则定位

财政调节收入分配既是市场经济的客观要求，更是财政的内在职能，也是世界各国调节收入分配的普遍做法。

（一）财政分配的公平属性

财政分配作为弥补市场分配固有的缺陷，客观上要求财政分配以公平为本，以达到社会认为"公平"和"正义"为原则。这就是说，要建立一种合理的分配模式，这种模式不同于市场过程建立的那种模式。

西方学者在政府的分配职能方面，有这样的逻辑论证，即经济制度是为全体国民服务的，那么社会就需要政府采取运用相应的财税制度对市场分配的不合理收入状况进行调节与变更，进而在建立国民所需的分配中，依据财政的公共职能，履行其促进收入分配公平的内在职责。但是财政如何做到公平，难以像市场分配界限那样明确。从伦理方面说，什么程度的收入不平等是可容忍或可接受的；从政治方面说，什么程度的收入不平等会危及资本主义社会的组织和秩序；从经济方面说，怎样的分配不仅能够刺激追求收入的动机，还能吸引不同的广泛资源进行生产。总之，国民收入这个"经济蛋糕"有多大和怎样分享，这两个问题之间的联系和权衡，就构成一个复杂的经济问题，需结合一国经济和社会发展的具体特征，以及对不平等的容忍能力综合考虑和选择。

（二）财政分配的效率成本和相关约束

从一个时期来看，任何再分配政策都要以可供进行再分配的收入总额为限，即要看可分的社会收入总额有多大。因此财政调节收入分配在注重公平和惠顾低收入群体的同时，要注意高收入者的劳动积极性与创造性的鼓励和激励，以使财政调节的效率代价最小。长期看再分配政策还应不使可供分配的收入总额变小为限，因为人均国民生产总值的提高，即使分配格局不变的条件下，穷人的处境也会得到改善。所以，政府的再分配职能与政府的资源配置职能应协调与兼顾以促进社会财富总额不断良性增长。根据庇古的边际效用递减原理，随着人们收入的增加，其货币的边际效用递减，把富人的一部分收入转移给穷人，可以增进社会福利。萨伊的三要素原理也提出了政府通过制度安排和政策实施，对低收入家庭和困难群体给予财政帮助的必要性。然而，在收入分配上帕累托效率是不适用的，政府通过收入再分配措施使一些人的收入得到改善，是在另一部分人收入被动减少的情况下实现的。

（三）财政分配的最适原则

现代福利经济学派的分析，在理论上公平分配是个社会哲学和价值判断的问题，有学者认为人们有权利收获他所禀赋的经济素质的果实，另有研究者强调收入分配应使全社会的幸福和满足最大化；还有人坚持收入分配应符合某种均等标准，所有这些准则，既难使人抉择，又不易转化为具体而准确的模式，在实际收入分配上，运用"公平"和"正义"原则有两方面的困难。其一，各个人从其收入中派生出来的效用水平，难以比较，或者不可能比较，并且效用不能加总，所以效用比较的准则是不能实行的。这种局限性就使人们放弃了对效用的度量而想到社会估值；其二，这个待分配的"经济蛋糕"不是与分配形式无关的，形式的选择往往存在两难境地。

困难虽然存在，财政分配仍是各国政策决定的重要问题。在财政分配中普遍被认同的是财政分配的最适原则，即财政分配难求最优，但求最适用的原则。

（四）财政与政治制度和公共选择制度的匹配与融合

收入分配状况不仅与经济制度有关，而且还受政治制度影响，即使同一国家在不同发展阶段，由于政治经济发展战略不同，收入分配制度的选择也会不同。如经济学家早已证明现金补贴优于实物补贴，但实物补贴更容易被政治过程所接纳，因此目前各国对低收入群体的财政转移支付中实物补贴仍占一定比例。

第五章

居民收入分配格局演变与
收入差距状况分析

第一节　居民收入分配格局演变轨迹

中国居民收入分配格局的变化是从 1978 年经济改革和对外开放政策的实施开始的。经过 30 多年的改革和发展，中国居民收入水平有了显著提高，但同时居民收入分配差距日益加大，且差距表现在多个方面和多个层次；收入分配差距形成的原因也体现出复杂性和多重性；收入分配中的矛盾给经济发展造成制约，对社会稳定带来危害。所以，系统全面分析我国居民收入分配差距状况，寻找差距产生的根源是有效缩小差距、促进收入分配公平的前提和基础。而这要从分析中国居民收入分配的演变历程[①]开始。

一、经济改革前的居民收入分配状况

中国从 20 世纪 70 年代末开始经济体制改革，在此之前中国实行的

---

① 李实、张平等：《中国居民收入分配实证分析》，社会科学文献出版社 2000 年版。

是计划经济体制。为使本研究具有连续性，在对中国收入分配演变历程进行全面阐述之前，有必要对改革前的收入分配状况予以简要描述。

改革之初的收入分配状况是改革前，即 1956 年计划经济体制确定以后到 1978 年提出改革的 20 多年经济运行与发展的结果，我国的收入分配格局是低收入水平下的城乡之间严重分割。

第一，城市内部低收入水平下的高度平均主义分配格局。改革前，即从 1956 年计划经济体制确立到 1978 年提出经济改革的 20 多年中，城镇职工工资特点为长期基本冻结或工资普调，这样的分配方式造成低收入水平下的高度平均。但高度平均却意味着收入分配的不平等，主要表现为不同工却同酬、干多干少一个样的平均主义大锅饭的分配特征，严重平均的背后忽略了人们劳动素质的差异性，脑力劳动者的报酬被低估，高素质劳动者的成果无法得到充分体现和正确评价。由此表明，计划经济体制下城市高度平均的收入分配背后隐藏了不平等。

第二，农村内部低收入水平下的高度平均主义分配格局。农村内部的收入分配从根本上说也与城市相似，是低收入分配水平下的平均分配。但与城市不同的是，国家不能通过统一工贸计划控制农民的收入，而只能通过农产品的价格控制农民的收入。由于土地的资源差异使地区的产出和收入有差别，形成农村地区内部的高度平均与地区之间明显收入差距并存，从 1978 年我国农村居民收入分配的基尼系数为 0.22 看出，基本上是很平均的。

第三，城乡分割下的收入分配差距严重。据国家统计局颁布的数据，在不考虑城镇居民实物性补贴的情况下，1978 年城乡收入比值达 2.57 倍。这主要是由于在推行重化工业战略中，农产品价格长期低下造成的，即中国改革前工业化积累中有来自农民的积累与贡献。在城乡分割情况下，城乡居民收入分配差距不仅表现为货币收入分配差距，还体现在城乡福利制度的不同。即农村居民无法享受城镇居民相同的获取实物性补贴的权利，如粮食、副食补贴、住房、医疗福利等。这导致城乡居民的实际收入差距比统计的结果还要大一些。当时我国城乡之间的高度不平等，比发展中国家的普遍状况严重，具有很深的"二元结构"

特征。

改革初始的中国居民收入分配格局的特点，既包含改革前的社会主义计划经济体制高度平均、低收入水平的特点，又具有明显的二元经济结构特征。

二、经济转轨时期居民收入分配状况

中国的经济改革是一个渐进的、分阶段前进的发展历程，由于各阶段都有着不同的改革重点和特征，反映在居民收入状况上，如收入来源、收入分配差距变动幅度等也表现出不同的阶段性特点。

（一）1978～1984 年以农村为中心的经济体制改革——收入分配差距缩小阶段

该阶段的改革以农村为突破口，改革前中国农村是人民公社制度，生产组织形式是集体劳动，即统一出工，收入按工分分配。改革起步时，农户自己探索，建立了多种责任制，如包工到组，最后建立包产到户的生产责任制。于 1981 年 10 月被国家确认，这意味着农村的经济改革取得实质性进展。至此农村的收入分配制度产生了变化，主要表现在农户的收入结构从集体经营转变为家庭经营，1978 年我国农户的人均纯收入有 66.28% 来自集体，而到 1983 年该比例降为 11.64%，而后基本保持在这一比例上。在 1978～1985 年由于农村土地制度改革，调动了广大农民的积极性，使农村经济释放了巨大活力，带来了农村经济的繁荣和农民收入的明显提高。1978 年我国农村居民家庭人均纯收入为 133.6 元，1985 年达到 397.6 元，是 1978 年的近 3 倍。农村居民家庭恩格尔系数由 1978 年的 67.7% 下降到 1985 年的 57.8%，年均下降 1.41%。同期，城市的改革没有像农村那样大刀阔斧，只是在收入分配制度上实行了计件工资和奖金制，使城市居民收入也有相应提高，但提高幅度远没有达到农村居民收入改善的程度。1978 年城镇居民的可支配收入为 343.4 元，到 1985 年为 739.1 元，仅是 1978 年的 2.15 倍。城镇居民的恩格尔系数 1978 年为 57.5%，1985 年下降到 53.3%，年均下降幅度仅为 0.6%。再加上国家在这段时期，先后调整了工农产品比价关系，提高农产品价格，使农民的收入大幅度提高，同时农村居民与城镇居民的收入差距快速缩小，1978～1985 年，城镇人均可支配收入与农村人均纯收入之比从 1 : 2.57 下降到 1 : 1.86，可见这一时期的我国以农村改革为中心的发展，在收入分配上主要表现为城乡差异方面，即农村居民收入比城镇居民收入水平得到了较大提高和改善，城乡差距相对缩小。

（二）1985～1991 年改革在城市取得实质性进展——收入分配差距温和拉大阶段

伴随农村改革取得阶段性进展，1985 年城市改革开始取得实质性突破。首先将农村承包制的改革经验引进到城市的企业改革中实行企业承包，这使得承包制企业通过承包经营具有获得更多剩余的可能；同时由于实施工资和奖金同企业的经济效益挂钩，企业内部实行多劳多得，使劳动者通过积极的工作从企业的绩效中得到收益。1988 年城市中 80% 的国有企业和集体企业都实行了承包制，但由于国营企业的承包者多为政府任命，而且任命的条件并不凭借经营能力而是以行政素质为依据，再加上政府的干预过多等，企业承包制没有像希望的那样，解决国有企业的"自负盈亏"问题，反而使国有资产大量流失，由于承包者只负盈不负亏，这种不彻底的改革，使企业承包者广泛受益，甚至暴富，一些企业由于拥有了工资、奖金的发放权，企业大范围提高工资水平，城市收入呈现较快增长。与此同时，农村经济处于调整结构，包产到户改革对收入分配的激励效应递减阶段，农民收入增幅较小。这一阶段的发展反映到收入分配方面：一是城镇居民收入总水平快速提高，城镇居民收入分配差距明显出现，城镇居民最高收入与最低收入的绝对差额和相对差距都有所扩大。二是农村的经济改革没有取得新的进展，而使农村居民纯收入增长缓慢，进而使城乡居民收入分配差距开始拉大。城乡居民收入比从 1985 的 1 : 1.86，分别上升到 1989 年的 1 : 2.28、

1990 年的 1∶2.20 和 1991 年的 1∶2.39。因而这一阶段，伴随着城市收入分配指导思想的变化以及收入分配制度改革的广泛实施，城乡收入分配差距明显加大。

（三）1992～1995 年是收入迅速增长和差距快速拉大阶段

1992 年中共第十四次代表大会，确立中国经济体制改革的目标和收入分配制度改革的指导思想，即居民收入分配要坚持以按劳分配为主体、多种分配方式并存的制度；坚持鼓励一部分地区、一部分人通过诚实劳动和合法经营先富起来的政策，逐步实现共同富裕；建立适应企业、事业单位和行政机关各自特点的工资制度与正常的工资增长机制；国家依法保护法人和居民的合法收入和财产，允许个人的资本等生产要素参与收益分配；建立多层次社会保障体制，避免两极分化。

在这样的指导思想下，我国经济体制改革进一步深化，突出地表现为全国范围内的产权结构调整。1992 年在工业生产总值中，国有企业的比重下降到 50%，城市国有、城市集体企业和乡镇集体企业都开始股份化、私有化及合资化，产权变革成为改革的主流。个体企业、合资和股份公司为主的其他类型企业发展迅速，而国有企业的产出能力相对下降，到 1995 年已经下跌到 30%。由于城市的福利制度限制性放松，流动人口的住房和粮食均可以从市场上获得，农村劳动力流动加快，农村的收入来源也开始发生了变化，城乡收入分配状况出现了互动。居民收入水平得以普遍提高的同时，收入分配差距逐渐从城乡间、地区间、行业间乃至不同所有制间全方位体现。

（四）1996～2002 年，收入分配差距持续拉大阶段

首先从 1996～2002 年，我国居民收入水平增长趋缓，但收入分配差距持续扩大。这主要是由于我国收入分配制度的变化，即由原来单一的按劳分配，向以按劳分配和按生产要素分配相结合，再加上所有制体制改革、住房制度改革和外资引进规模扩大，使居民收入来源渠道增多的同时，居民间的收入水平拉开了距离。2001 年开始随着我国积极宏

观调控政策的大力实施，特别是积极财政政策的实施，我国经济形势趋向良好，居民收入总水平开始回升和提高，但收入分配差距扩大的趋势始终没有改变。

（五）2003~2007年，收入分配差距扩大趋势得到一定缓解

从2003年起，我国居民收入差距得到高度关注，收入差距扩大趋势得到一定缓解。随着居民收入差距的全方面、多角度的扩大，社会各界对收入分配公平、公正充满期待，加之党中央提出扩大内需，全面建设小康社会，构建社会主义和谐社会，以及新农村建设等战略的提出和实施，我国财政收入和支出政策逐渐树立公共财政理念，税制的改革中诸如增值税转型、消费税调整、个人所得税完善、农业税的取消以及社保范围的扩大等，为税收的收入调节功能实现奠定基础。同时，国家最低生活保障制度的建立和完善，农村义务教育、公共医疗的财政职能发挥，使得财政调节收入分配的效果逐渐得以体现，收入分配差距的扩大趋势逐渐得到缓解和一定程度的控制。

（六）2008~2012年，收入分配差距进一步缩小

2008年金融危机以后，各国政府均采取有利于民生的若干强有力措施。我国为促进居民收入的一系列财政政策也逐渐趋于成熟，逐渐显现出成效。如城镇居民收入均等化指数由0.285变为0.263，也间接反映出我国收入分配差距逐步缩小的趋势。另外，我国对农村劳动力的扶持力度进一步加大，为缩小城乡居民差距起到推动作用，收入分配差距进一步缩小。

（七）2013年至今，收入分配差距略有扩大

目前，我国收入差距持续扩大的势头已经得到初步遏制，国家扶贫工作取得了一定的成效，同时政府各种强农惠农政策持续发力，对提高农民收入起到了很大作用。但很多导致收入差距扩大的因素仍在发挥作用，导致我国目前收入分配差距略有扩大，如我们在关注收入差距的同时，忽略收入不公的问题，包括城乡就业不能实现同工同酬，不能享有平等的社会保障和公共福利等，这些都是亟须解决的问题。

由此可以看出，我国收入分配变化轨迹是与我国的经济体制变革和经济政策的演变密不可分的，收入分配差距的状况是伴随着收入分配格局变化由多种因素共同作用的结果，并表现出复杂性、多重性。

第二节　居民收入分配差距状况分析

从上一节的居民收入演变轨迹看出，中国市场经济体制改革的进程，也是我国居民收入分配格局发生深刻变化的过程，无论是城市还是农村，居民收入分配状况都因改革发展的诸多因素的影响而变化。变化的方向、幅度不一，并体现出多维性、复杂性。但居民收入分配变化历程有一明显而清晰的现象令人关注，即居民收入分配差距日益扩大，并体现群体性特征，如城乡之间、地区之间、行业之间、所有制之间等。

一、城乡居民收入变化及分配差距

改革开放以来，特别是 20 世纪 90 年代以来，我国城乡居民收入分配差距持续扩大，主要表现为城镇居民之间、农村居民之间以及城乡之间。

（一）城镇居民收入差距及其变化

1. 城镇居民收入总体差距状况

首先，分析基尼系数变化。改革开放以来，我国城镇居民收入大幅度增长，与此同时，收入差距也不断扩大。我国城镇居民可支配收入的基尼系数由 1978 年的 0.16 上升到 2012 年的 0.30，上升了 87.5%，如表 5-1 所示：

表 5 - 1　　　　　　　　　城镇居民基尼系数变化表

年份	1978	1985	1990	1991	1992	1993	1994	1995	1996
城镇居民基尼系数	0.16	0.19	0.23	0.24	0.25	0.27	0.30	0.28	0.28
年份	1997	1998	1999	2000	2001	2002	2003	2004	2005
城镇居民基尼系数	0.29	0.30	0.30	0.32	0.32	0.32	0.33	0.33	0.34
年份	2006	2007	2008	2009	2010	2011	2012		
城镇居民基尼系数	0.34	0.34	0.32	0.32	0.31	0.31	0.30		

资料来源:《中国居民收入分配年度报告》(2008) 和《中国统计年鉴》(2009~2013)。

　　从上述数据看,我国目前城镇居民的收入分配差距虽处于国际警戒线以下,即没有超过0.4。在 1978~1994 年,城镇居民基尼系数不断上升,说明该阶段我国城镇居民收入差距不断扩大;1995~1999 年较1994 年城镇居民基尼系数有所下降,说明收入差距扩大的状况有所缓解;2000~2012 年城镇居民基尼系数达到 0.3 以上,且在 2000~2007年基尼系数不断增加,说明我国城镇居民收入差距进一步扩大,2007~2012 年城镇居民基尼系数又有所下降,但收入差距比较大。但国家统计局测算基尼系数的收入只为居民的制度性合理收入,没有包括福利性的非货币收入,也没有包括不正常的灰色收入等,如果将非货币收入差距考虑进去,我国城镇居民之间收入差距远远大于上面数据。有学者研究,我国现阶段居民收入基尼系数已超过国际警戒线 0.4 标准,如柴绍等认为,按照中国社会科学院经济研究所的调查,早在 1995 年中国基尼系数已达到 0.445。而按照南开大学经济研究所的调查,如果将非法和非正常收入包括在内,则 1994~1997 年中国基尼系数就已超过了0.5。由此看出,尽管从不同角度,基尼系数的说法不一,但由此表明我国居民收入分配差距实际状况要比国家统计状况还要严峻。
　　其次,分析收入均等指数变化。由于基尼系数的测算本身是一个复杂的过程,其准确性受到抽样数据以及统计分组的显著影响,不同的测

算方法会得出不同的结果。通过收入均等指数的计算和比较，直接分析
说明收入分配差距变化状况。按收入水平由高到低将居民等分成若干
组，收入均等指数表示是各收入组的平均收入份额离全体平均收入份额
距离的总和。用公式表示为：

$$k = \sqrt{\frac{n}{n-1}} \sqrt{\sum_{i=1}^{n} (y_i - \overline{y})^2} \quad (i = 1, 2, 3, \cdots, n)$$

其中，n 为收入组数，y_i 为各收入组收入占总收入比重，$\overline{y}$ 为各组
收入占总收入比重的平均数。收入均等指数越大，表明收入差距越大，
收入不均等状况越严峻。

利用我国 1990～2014 年城镇居民按等级划分人均可支配水平计算
我国城镇居民收入均等指数如表 5－2 所示：

表 5－2　　　　　　　城镇居民收入均等指数变化表

年份	1990	1992	1994	1996	1998	2000	2002	2004	2005
收入均等指数	0.155	0.162	0.191	0.184	0.200	0.217	0.274	0.292	0.285

年份	2006	2007	2008	2009	2010	2011	2012	2013	2014
收入均等指数	0.282	0.279	0.285	0.28	0.275	0.275	0.263	0.290	0.280

资料来源：《中国统计年鉴》（1991～2015）（由于统计年鉴的统计口径变化，2013 年和
2014 年按照人均收入五等份来计算）。

我国城镇居民收入均等指数在 1990～2004 年不断上升，由 1990 年
的 0.155 上升到 2004 年的 0.292，上升了 88.39%，表明这一阶段我国
城镇居民收入差距不断扩大，收入不均等状况越来越严重；2005～2011
年城镇居民收入均等指数处在 0.27～0.28，总体上比较稳定，较 2004
年，收入差距有所缩小，收入不均等的状况得到缓解。2012 年城镇居
民收入均等指数下降到 0.263，2012 年之后，城镇居民收入均等指数又
迅速上升到 2013 年的 0.29，2014 年为 0.28，这表明 2012 年之后我国
城镇居民收入差距又进一步扩大，如图 5－1 所示：

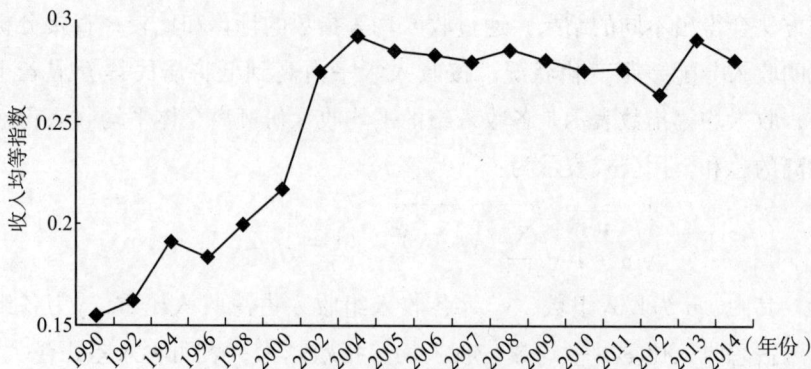

图 5 – 1　城镇居民收入均等指数变化示意图

最后，分析库兹涅茨比率变化。根据我国居民人均可支配收入，采用库兹涅茨比率可从另一方面揭示我国城镇居民收入分配差距的总体状况。库兹涅茨比率是指把各个阶层的收入比重与人口比重（或家户比重）的差额的绝对值加总起来。其公式为：

$$R = \sum_{i=1}^{n} |y_i - p_i| \quad (i = 1, 2, 3, \cdots, n)$$

$$y_1 + y_2 + \cdots + y_n = \sum y_i = 100$$

$$p_1 + p_2 + \cdots + p_n = \sum p_i = 100$$

y_i 代表第 i 组收入占总收入的比重，p_i 代表第 i 组人口占总人口的比重。库兹涅茨比率越大说明收入分配的不均等强度越大。

根据《中国统计年鉴》（1991～2015），按居民收入等级划分的收入分配数据，算得 1990～2014 年我国城镇居民的库兹涅茨比率如表 5 – 3 及图 5 – 2 所示：

表 5 – 3　　　　　　　城镇居民库兹涅茨比率变化表

年份	1990	1992	1994	1996	1998	2000	2001	2002
库兹涅茨比率	0.259	0.269	0.312	0.303	0.329	0.357	0.373	0.449

续表

年份	2003	2004	2006	2007	2011	2012	2013	2014
库兹涅茨比率	0.426	0.473	0.501	0.475	0.470	0.451	0.440	0.457

资料来源:《中国统计年鉴》(1991~2015)(2013 年和 2014 年统计年鉴的收入统计口径有变化,2013 年和 2014 年按照人均收入五等份来计算)。

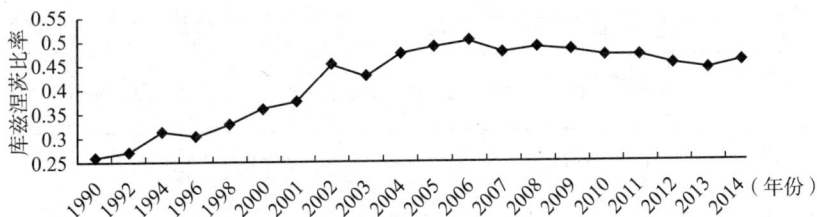

图 5-2　城镇居民库兹涅茨比率变化示意图

从该计算结果看出,库兹涅茨比率从 1990~2014 年总体上呈上升趋势。其中在 1990~2002 年间库兹涅茨比率上涨速度呈加速趋势,从 2004~2014 年,库兹涅茨比率稳定在 0.44~0.5。在 1996 年、2003 年和 2007 年较前一年都有所回落,到 2014 年库兹涅茨比率比 1990 年增长了 76.45%。表明我国城镇居民的收入分配差距状况正在逐年的快速恶化。

由上述基尼系数、收入均等指数以及库兹涅茨比率的计算结果,揭示出我国城镇居民收入差距总体状况,表明我国城镇居民的收入分配差距快速扩大,而且持续扩大。但它们不能反映各个阶层的收入变化情况,使我们无法具体了解到哪个阶层的收入上升或下降了多少。为此,还要结合其他指标的计算与比较,分析我国城镇各阶层居民收入的具体变化情况。

2. 城镇各阶层居民收入状况变化分析

首先,分析 40% 低收入人口收入比重的变化。通常将 40% 低收入人口的收入占总收入的份额称为阿鲁哇利亚指数。这一指数的最高值为 0.4,该指数越低,说明收入差别越大。《中国统计年鉴》对我国城镇居民收入分配七等份统计记录中，以户为单位，40% 低收入户的可支配收入占总收入的比重如表5－4、图5－3所示：

表5－4　　　　　　　　城镇居民阿鲁哇利亚指数变化表

年份	1990	1992	1994	1996	1998	2000	2001	2002	2003
阿鲁哇利亚指数	0.290	0.286	0.284	0.286	0.275	0.266	0.259	0.228	0.222
年份	2004	2005	2006	2007	2008	2009	2010	2011	2012
阿鲁哇利亚指数	0.219	0.218	0.220	0.222	0.222	0.226	0.229	0.230	0.238

资料来源：依据《中国统计年鉴》（1991~2013）相关数据计算整理而得。

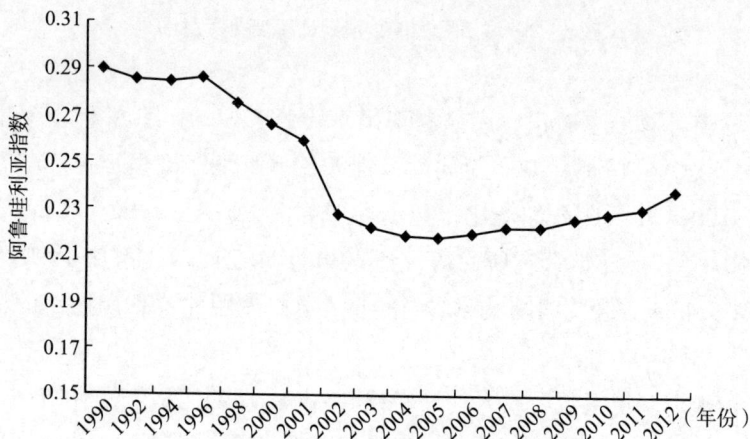

图5－3　城镇居民阿鲁哇利亚指数变化示意图

由此看出，我国城镇居民低收入阶层的收入水平，从 1990~2005 年连年持续降低，2006 年后该值略微有所回升。1990 年 40% 低收入户的收入占总收入的比重为 29%，之后逐年减少，特别是 2001 年以来，该收入比重快速下降，直至 2005 年达到 21.8%。表明我国城镇居民收入分配中，广大低收入群体获得的收入量占总收入的份额不断减少，收入分配格局对低收入群体愈加不利。由于各收入组的户均人口不相等。

而且，通常情况都是低收入组户均人口多于 3 人，而高收入组户均人口少于 3 人，城镇居民实际的阿鲁哇利亚指数比表中数据还要小，表明我国低收入群体的收入不断恶化。2005 年以后，该指数不断回升，2012 年达到 23.8%，说明该期间我国为减少居民收入差距所提出的一系列财政政策起到了很大作用。由于统计年鉴的统计口径变化，2013 年和 2014 年无法计算阿鲁哇利亚指数。

其次，分析 20% 高收入户收入比重的变化。与低收入阶层收入变化不同的是，我国城镇居民 20% 高收入户收入比重，持续上升，1994 年 20% 高收入户收入所占比重为 30.1%，2002 年上升为 36.7%，2007 年该比重达到 38.1%，2014 年该比重上升为 45.8%，而高收入户的户均人口低于平均户均人口。所以，20% 的高收入人口的收入占总收入的比重已超过 40%，这表明我国高收入阶层的收入份额逐年增多，相对于低收入阶层所占份额的逐年减少，我国收入的两极分化趋势明显。

最后，分析高、低收入之比的变化。一般而言，高收入阶层所占收入份额与低收入阶层所占份额的比值大小，反映收入分配差距的大小。通常以 20% 最高收入人口的收入份额与 20% 最低收入人口的收入份额之比表示收入两极分化程度。这一指数的最低值 1，指数越高，收入差别越大。我国城镇居民高低收入比的计算结果及变化情况如表 5-5、图 5-4 所示：

表 5-5　　　　　　　城镇居民收入不良指数变化表

年份	1990	1992	1994	1996	1998	2000	2001	2002	2003	2004
收入不良指数	1.886	2.111	2.438	2.413	2.651	2.866	3.028	4.090	4.231	4.458

年份	2005	2006	2007	2008	2009	2010	2011	2012	2013	2014
收入不良指数	4.651	4.558	4.394	4.505	4.370	4.251	4.214	3.901	5.837	5.492

资料来源：依据《中国统计年鉴》（1991~2015）相关数据计算而得。

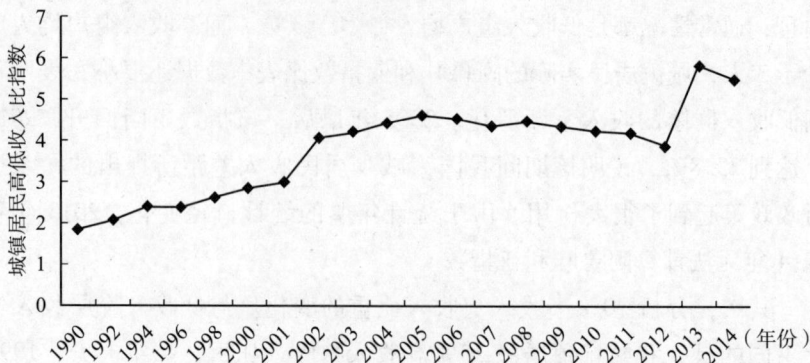

图 5-4　城镇居民高、低收入比指数变化示意图

　　由该指数的变化趋势不难看出，我国城镇居民收入分配的差距快速
扩大，从 1990 年的 1.886 逐年持续上升，在 2002 年就达到 4.090；从
2002~2012 年，城镇居民收入不良指数稳定在 4.2~4.5，城镇居民收
入分配差距大的问题没有得到缓解；到 2013 年，城镇居民收入不良指
数达到 5.837，说明城镇居民收入分配的差距大的情况进一步恶化，比
1990 年上升了 209.5%；虽然 2014 年为 5.492，较上一年城镇居民收入
不良指数有所下降，但仍然比较大，城镇居民收入分配差距大的问题依
然比较严峻。其发展速度之快，强于世界多数国家。

　　3. 城镇居民收入差距变化程度分析

　　首先，高低收入组收入比临近警戒线。当 10% 最高收入组与 10%
最低收入组的收入比达到 10，则被认为社会动荡的警戒线。我国 10%
最高收入组与 10% 最低收入组的平均收入比，呈现不断扩大的趋势，
如 1992 年 10% 的最高收入组与最低收入组的平均收入之比为 2.525，
以后逐渐递增，2002 年该比为 6.162，2003 年为 6.475，到 2005 年达
到最高值为 7.284。2006 年及 2007 年高低收入比有所减缓，分别为
7.061 和 6.778，到 2010 年比值变为 6.576，2011 年和 2012 年分别为
6.544 和 5.908，表明我国城镇居民两极分化的收入格局，得到关注和
一定程度减缓。

　　其次，低收入群体的收入份额不断减少，收入越来越向少数高收入

者集中。从阿鲁哇利亚指数的变化趋势可以看出，40% 低收入组收入占总收入的比重逐年下降，由 1990 年的 29% 下降到 2007 年的 22.2%，10% 低收入组，只占全部收入的 3.5%。5% 最低收入组占全部收入的份额仅为 1.24%，而与此相反的是高收入组的收入份额逐年提高，2007 年 5% 最高收入组占全部收入的份额为 15.11%，10% 高收入组占全部收入份额为 23.51%。从 2008 年至 2012 年又由 22.2% 上升到 23.8%，10% 低收入组，只占全部收入的 3.9%。5% 最低收入组占全部收入的份额仅为 1.53%，而与此相反的是高收入组的收入份额逐年提高，2012 年 10% 高收入组占全部收入份额为 22.77%，居民收入越来越向少数高收入群体集中。

最后，收入越高增长越快。2003 年最高 10% 收入组的增长速度为 15%，高出全国平均 5 个百分点，而最低 10% 收入组的增长速度为 7.5%。在城镇居民收入来源中 60% 以上来自工薪收入，而各不同收入组的工资增长速度相差悬殊。最高 10% 收入组工薪收入增长 20%，最低 10% 的收入组工薪收入增长 7.7%，前者是后者的近 3 倍。这种各收入组收入增长的非均衡性，进一步推动整个城镇居民内部收入差距的扩大，并使城市低收入户的收入状况恶化，促使城镇低收入群体产生，这种格局到 2006 年以后才有所缓和，高收入群体的收入增长速度相对有所下降，但我国高收入组收入增长速度远远快于低收入群体的状况人仍然存在，并成为我国收入差距的主要来源之一，2014 年最高 10% 收入组的增长速度为 6.7%，而最低 10% 收入组的增长速度为 13.4%，高收入组收入增长速度低于低收入群体的收入增长速度，但即使这样，城镇居民收入差距大的问题依然严峻。

（二）农村居民收入分配差距及变化

1. 农村居民收入差距总体状况分析

改革开放以来，农村居民收入差距经历了由逐渐扩大到逐渐缩小到再度扩大的过程。1978～1985 年农村改革曾一度使收入分配差距缩小，但从 1986 年，特别是 20 世纪 90 年代以来收入差距又逐渐扩大。

根据国家统计局测算，反映收入差距总体状况的农村居民基尼系数高于我国城镇居民的基尼系数，如表5-6所示：

表5-6 农村居民基尼系数变化表

年份	1990	1991	1992	1993	1994	1995	1996	1997	1998	1999	2000	2001
农村基尼系数	0.31	0.31	0.31	0.32	0.33	0.34	0.32	0.33	0.34	0.34	0.35	0.36
年份	2002	2003	2004	2005	2006	2007	2008	2009	2010	2011	2012	
农村基尼系数	0.37	0.37	0.37	0.38	0.27	0.37	0.34	0.35	0.35	0.36	0.36	

资料来源：依据《中国居民收入分配年度报告》（2008）及《中国统计年鉴》（2009~2013）相关数据整理计算而得。

1990年以来，我国农村居民基尼系数除1996年较前一年有所回落外，其他年份则逐年持续扩大。2003年的农村居民基尼系数为0.37，比1990年扩大6个百分点，2000~2005年农村居民基尼系数缓慢上升，基本稳定在0.37；2006年农村居民基尼系数下降为0.27；2007~2012年农村居民基尼系数一直处在0.35，说明农村居民收入差距问题没有得到有效改善。与城镇基尼系数相比，我国农村居民的收入分配差距始终强于城镇居民，表明农村的收入分配差距比城镇表现的突出，如1990年，城镇居民基尼系数为0.23，而农村居民基尼系数为0.31；2007年城镇居民基尼系数为0.34，而农村居民基尼系数为0.37；2012年城镇居民基尼系数为0.3，而农村居民基尼系数为0.36。但城镇居民基尼系数变化的剧烈程度要强于农村居民基尼系数，表明农村居民收入分配差距状况没有明显变化。另外农村收入分配差距的变化与农村居民收入增长呈逆向相关，即在从1978~1984年是农村经济改革和收入分配变化较明显的时期，这一时期由于包产到户的改革成功，农民居民收入处于超常规增长阶段，农民纯收入增长率处在13%~17%之间，而基尼系数相对平稳。相反，在农村居民纯收入增长速度下滑的1985~1989年，农民纯收入的差距则出现扩大的现象。这表明成功的经济改革不仅不会使收入分配状况恶化，而且还有利于收入分配差距的缩小和收入分配状况的改善。

2. 农村内部各收入阶层的居民收入状况变化分析

按农户人均收入水平进行五等份分组，每组各占总户数的 20%，揭示我国农村各收入阶层的收入比重变化状况，如表 5 - 7 所示：

表 5 - 7　　　　　农村居民收入五等份分组统计表

年份	2000	2001	2002	2003	2004	2005	2006	2007
平均每人全部纯收入（元）	2253	2366	2476	622	2936	3255	3587	4140
低收入户	802	818	857	866	1007	1067	1182	1347
中等偏低收入户	1440	1491	1581	1607	1842	2018	2222	2582
中等收入户	2004	2081	2164	2273	2578	2851	3149	3659
中等偏高收入户	2767	2891	3031	3207	3608	4003	4447	5130
高收入户	5190	5534	5903	6347	6931	7747	8475	9791
高低收入比	6.47	6.77	6.89	7.33	6.88	7.26	7.17	7.27
年份	2008	2009	2010	2011	2012	2013	2014	
平均每人全部纯收入（元）	4761	5153	5919	6977	7917	8896	9892	
低收入户	1500	1549	1870	2001	2316	2878	2768	
中等偏低收入户	2935	3110	3621	4256	4807	5966	6604	
中等收入户	4203	4502	5222	6208	7041	8438	9504	
中等偏高收入户	5929	6468	7441	8894	10142	11816	13449	
高收入户	11290	12319	14050	16783	19009	21324	23947	
高低收入比	7.53	7.95	7.51	8.39	8.21	7.41	8.65	

资料来源：《中国居民收入报告》（2004）和《中国统计年鉴》（2006～2015）。

首先，从各收入阶层收入水平看，农村低收入户的收入水平非常低，不仅远远低于城镇居民的同期水平，比农村其他收入阶层的收入水平相差很多，低收入户与其他收入户的收入差额呈逐年递增态势；中等收入之间收入差距相对稳定，中等偏高收入户收入增长较快；高收入户的收入水平则非常高，且增长速度快。

其次，从高低收入组农户的收入差距看，农村居民内部差距继续扩大。按农户人均收入水平进行分组，2001 年高低收入组农户的收入比为 6.8∶1（以低收入组农户的收入为 1），2002 年扩大为 6.9∶1，2003年扩大到 7.33∶1，2014 年进一步扩大为 8.65∶1。这主要是由于 2000年以来，在农村居民人均增长速度方面，高收入组的收入明显快于低收入组。如 2000～2014 年，前者增长速度为 361.4%，低收入者收入增长速度为 245.1%。

最后，从农村收入来源看，农村居民收入的非农来源状况是农村居民收入分配状况的重要影响因素。相对而言，文化素质低、负担重，并且其收入来源主要依赖农业的农民，收入分配状况远远落后于全国平均水平。而具有家庭经营性收入来源的农民，由于非农收入提高其收入分配水平，进而改善其收入分配状况。

（三）城乡居民收入差距及其变化

1. 我国城乡居民收入分配差距不断扩大，高低收入比已突破警戒线

我国农村居民的收入分配差距，是伴随着农村改革和城市发展呈波浪式上升的。1978～1985 年，是农村改革的关键时期，农村居民收入水平普遍超常增长，而城市相对而言增长较慢，这一阶段城乡收入分配差距由 1978 年的 2.5 倍，缩小到 1985 年的 1.86 倍；随着改革重点向城市转移，城镇居民收入显著增加，城乡收入差距又逐步上升。1994年城乡收入差距比率达到 2.86 倍。而后国家又多次提高农产品价格使城乡收入差距有所缩小，1997 年城乡收入比减到 2.47 倍。1998～2007年 10 年间，城乡收入差距又呈逐年扩大趋势，城乡居民收入比连年上升，这是改革开放以来出现的第二个持续时间较长的城乡收入分配差距扩大的过程。如表 5－8 和图 5－5 所示，1998 年城乡人均收入比为2.51；2000 年该比值上升为 2.79；2001～2003 年的三年城乡人均收入比突破 3 倍，达到 3.23 倍；2004 年稍有回落，但仍处在 3.2 倍的水平上；2005～2007 年该比值再次回升至 3.33，2008 年略有回落，2009 年

再次回升至 3.33；2010～2014 年回落至 2.97。我国理论界公认的城乡收入比的警戒线为 3∶1（贾晓梅，2005），显然我国城乡收入差距已多年突破警戒线，而且这一比率只是以现金收入为依据，如果把医疗、教育、失业保障等非货币因素考虑进去，中国城乡收入差距可能要达到 4～5 倍，甚至 6 倍。目前世界上多数国家的城乡收入比为 1.5∶1，可见采取措施，缩小城乡收入差距之迫切。

表 5 - 8　　　　　　　　　　城乡居民人均收入比变化表

收入＼年份	1998	1999	2000	2001	2002	2003	2004	2005	2006
农村（元）	2162	2210	2253	2366	2475	2622	2936	3255	3587
城镇（元）	5425	5854	6280	6860	7703	8472	9422	10493	11759
城镇/农村	2.51	2.65	2.79	2.90	3.11	3.23	3.20	3.22	3.28

收入＼年份	2007	2008	2009	2010	2011	2012	2013	2014	
农村（元）	4140	4761	5153	5919	6977	7917	8896	9892	
城镇（元）	13786	15780	17175	19109	21810	24565	26955	29381	
城镇/农村	3.33	3.31	3.33	3.23	3.13	3.10	3.03	2.97	

资料来源：《中国统计年鉴》（1999～2015）。

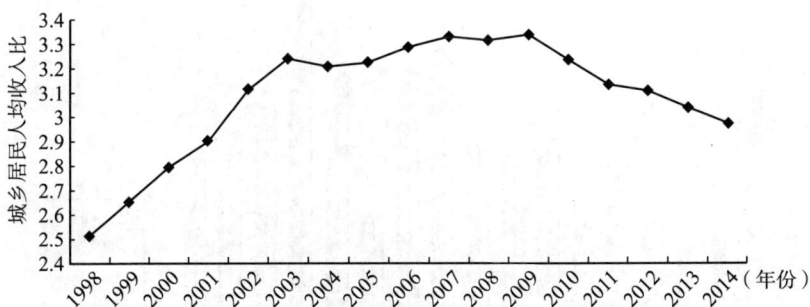

图 5 - 5　城乡居民人均收入比示意图

2. 城乡居民收入的增长速度上体现明显差异

城乡收入差距扩大过程中，特别是 1998～2003 年期间，主要体现为城乡居民收入增长率的差异上，如表 5 - 9 所示：

表 5 - 9　　　　　　　　　　城乡居民收入增长率比较表

收入增长率 \ 年份	1999	2000	2001	2002	2003	2004	2005	2006
农村收入增长率	2.23	1.95	5.01	4.61	5.92	11.98	10.85	10.2
城镇收入增长率	7.91	7.28	9.23	12.29	9.99	11.21	11.37	12.07
收入增长率 \ 年份	2007	2008	2009	2010	2011	2012	2013	2014
农村收入增长率	15.43	14.98	8.25	14.86	17.88	13.46	12.37	11.20
城镇收入增长率	17.23	14.47	8.83	11.26	14.13	12.63	9.73	9.00

资料来源：依据《中国统计年鉴》（2000～2015）相关数据计算而得。

　　将城乡收入增长率以柱形图表示，其差别更明晰（见图 5 - 6）。1999～2002 年，城镇居民收入增长率持续走高，而农村居民收入增长率则相对迟缓；2003 年两者增长态势发生逆转；2004 年农村居民收入增长率首次超过城镇居民收入增长率，使城乡收入差距缩小初见端倪；2005～2007 年虽略有回落但在 2008 年农村居民收入增长率再次超过城镇居民收入增长率，2010～2014 年依然保持此趋势，如图 5 - 6 所示。

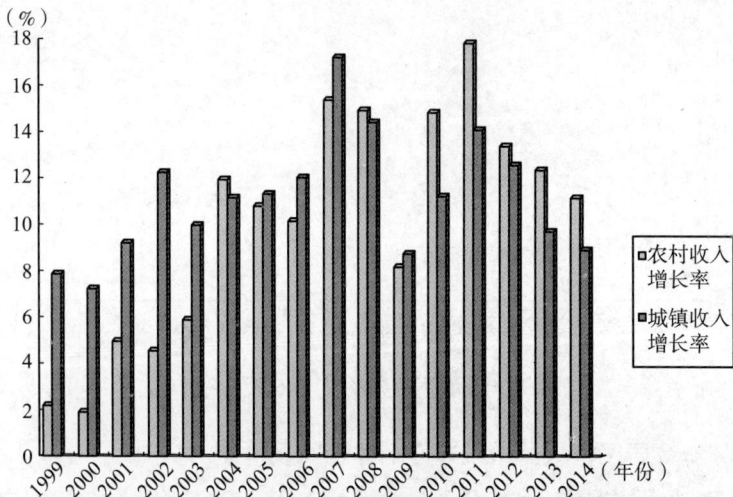

图 5 - 6　城乡居民人均收入增长率比较图

二、地区间居民收入差距

区域收入状况是我国收入分配格局的重要组成部分，多年以来我国区域收入不均状况日益严峻，不断引起社会各界及中央政府的高度重视。常用的分析方法主要包括广义熵测度与分解法、不同区域间的居民最高最低收入比和不同地区间居民收入水平的排序变化状况。本研究中依次采用这三种方法对我国各地区城乡居民的收入差距状况予以揭示和分析。

（一）广义熵测度的地区差距

1. 广义熵计量说明

市场经济体制改革以来，特别是 20 世纪 80 年代中期以来，中国经济和社会发展出现两种突出的现象，首先伴随着中国经济的快速发展，居民收入水平普遍有所提高，但中国居民收入不均等状况全方位、多层次得以体现；与此同时，伴随着中国差别区域发展战略的实施，中国沿海地区经济持续快速增长，为中国经济整体实力的迅速提升提供重要保证，但由于受政策倾向以及自身条件制约，内陆地区的经济和社会发展相对滞后，进而导致中国区域发展的不平衡状况日益显著，区域收入差距不均等问题不断加剧，这种不均等不仅制约中国内需的有效扩大，还可能诱发和激化各种社会矛盾，影响社会稳定和经济增长，因此对我国区域收入差距状况及趋势来源构成作一深入研究重要而迫切。

（1）指标的选取。

随着社会各界对收入分配问题的关注与重视，收入分配的研究日益增多，研究角度各异同时选用的指标也各不相同。通常而言，研究收入不均的指标具有多样性，诸如绝对指标、相对指标等，绝对指标的特性在于有量纲，即它们的大小与度量所采用的单位有关，研究结论的可靠性受指标单位影响，因而实际研究中较少被采用；另一种为相对指标，与绝对指标不同，相对指标因不受量纲影响而被广泛采用，诸如收入均等指数、基尼系数、不良指数等。现行研究中使用最为广泛的是基尼系数，特别是对收入差距总体状况的描述，基尼系数具有其自身优势，但其计算复杂，同时基尼系数难以对不均等进行来源构成分解，[1] 本书引入另外一个与基尼系数具有一致性，同时计算相对简单并且能够进行区域分解的计量指标。

（2）广义熵计量模型设计。

广义熵（Generailized Entropy），简称 GE 指数，（Shorrocks，1980，1984）对收入不均等程度进行衡量，其表达式如下：[2]

$$
I(y) = \begin{cases} \sum_{i=1}^{n} f(y_i)\{(y_i/u)^c - 1\}, & c \neq 0, 1 \\ \sum_{i=1}^{n} f(y_i)(y_i/u)\log(y_i/u), & c = 1 \\ \sum_{i=1}^{n} f(y_i)\log(u/y_i), & c = 0 \end{cases} \tag{1}
$$

在公式（1）中，$I(y)$ 为广义熵指数，y_i 是第 i 个样本的收入，u 是总样本的平均收入值，$f(y_i)$ 是第 i 个样本人口占总样本人口的比重。至于参数 C，其取任何值，GE 都是可区域分解的。当 C=1 时，GE 指数便是 Theil 指数。无论 C=1 还是 C=0，两种不平等指数的计算结果基本上相同的，因此，为了简单处理，在本研究的计算中，只取 C=0。

此时广义熵指数即具体化为对数偏差均值指数（The Mean Log Deviation Index），简称为 MLD，也有学者将其称泰尔零阶指数：GE(0) 其基本公式为：

$$
I(0) = \sum_{i=1}^{n} f(y_i)\log \frac{\bar{u}}{y_i} \tag{2}
$$

（2）式中变量含义和广义熵指数一般公式中的各变量含义相同。

2. 中国区域收入不均等的广义熵指标计量测度与结论分析

（1）广义熵的计量测度。

本书采用《中国统计年鉴》中 2001 年以来我国 31 个省（自治区、

① 万广华：《经济发展与收入不平等：方法和证据》，上海三联书店 2006 年版，第 18 页。
② 万广华：《经济发展与收入不平等：方法与证据》，上海三联书店 2006 年版，第 297 页。

直辖市，除港、澳、台地区外）城镇居民可支配收入、农村居民纯收入，以及《中国人口统计年鉴》中全国各个省份人口总量和城乡人口比重等数据，运用广义熵 I(y) 一般熵指数模型公式测度我国区域间收入不均等程度以及动态趋势。首先将全国 31 个城镇区域（除港、澳、台地区外）作为一个样本，利用广义熵模型计算中国城镇区域间的广义熵指数，测得中国城镇内部的不均等状况；同样计算全国 31 个农村区域作为一个样本，计算中国农村区域间广义熵指数，测得农村内部不均等状况；而全国即总的不均等可以简单地用 62 个区域（除港、澳、台地区外，每省有两个区域分别为城镇和农村）的数据计算求得。结果如表 5－10 所示：

表 5－10　　　　　　　　我国区域间居民收入不均等情况表

年份　　　广义熵指数 I(y)	总体区域不均等	农村内部不均等	城镇内部不均等
2001	0.0721	0.0212	0.0144
2002	0.0779	0.0210	0.0123
2003	0.0872	0.0217	0.0134
2004	0.0865	0.0206	0.0135
2005	0.0897	0.0216	0.0136
2006	0.0918	0.0215	0.0131
2007	0.0907	0.0195	0.0124
2008	0.0880	0.0181	0.0117
2009	0.0886	0.0183	0.0117
2010	0.0840	0.0171	0.0117
2011	0.0781	0.0168	0.0111
2012	0.0754	0.0160	0.0105
2013	0.0640	0.0123	0.0097

资料来源：依据《中国统计年鉴》（2001～2014）、《中国人口统计年鉴》（2002～2014）数据计算整理计算得。

（2）主要结论分析。

由上述反映区域间收入差距的广义熵指数测算结果可以得出：

第一，就全国总区域不均等而言，从 2001～2006 年间，除 2004 年略有降低外，总体而言全国区域间总不均等程度不断增强，从 2001 年的 0.0721 增长到 2006 年的 0.0918，6 年增长了 27.3%，但到 2007 年则明显降低，从 2007 年的 0.0907 降低到 2013 年的 0.0640，下降了 29.4%。表明我国几年来各级政府对收入分配状况的关注和政策的实施效果开始显现。

第二，就全国城镇内部区域间收入差距而言，不均等状况要略好于全国总的区域不均等状况，首先 2002 年较 2001 年具有明显改善，2001～2005 年城镇内部不均等指数随逐年增加，但增长的幅度小于总体区域不均等程度的增长幅度；而且城镇内部的不均等从 2006 年便开始下降，从 2006 年的 0.0131 下降到 2013 年的 0.0097，下降了 25.95%，虽然 2008～2010 年基本没变化，但总体还是呈下降趋势，比全国区域总体不均等状况 2007 年开始改善早一年。

第三，就农村内部区域间收入不均等而言，我国农村内部不均等状况波动性很强，2001～2006 年，广义熵指数均在 0.02 左右，但各年不均等程度相当不稳定。如表 5-10 所示，农村内部收入不均等与城镇内部及全国总的不均等状况具有相似之处，就是从 2007 年开始广义熵指数具有显著降低，广义熵指数为 0.0195 小于 0.02，一直降到 2013 年的 0.0123，表明我国近些年"三农"政策，包括减免农业税等措施，对农村区域间收入不均等状况具有显著效果。

第四，从表 5-10 计算结果还可看出，农村内部广义熵指数明显高出城市内部广义熵指数，表明我国农村内部区域不均等程度比我国城市内部不均等程度要剧烈，也预示着农村区域间收入不均等缩小问题，任务繁重，亟待解决。

3. 全国区域收入不均等贡献率测算与分析

（1）全国区域收入不均等贡献率测算。

通常而言，一国区域间总的收入不均等是由区域间的不均等和各区域内部不均等构成的，通过比较区域内部不均等与区域间不均等对总的区域不均等贡献率，有利分清我国区域间收入不均等的来源构成，进而有利于确定缩小收入区域差距的对策重点和路径，提高政策效率。本书将区域收入不均等分为城乡之间不均等（即组间不均等），以及城镇内部、农村内部不均等（即组内不均等），我国城镇内部和农村内部广义熵指数用城乡人口比例加权便得到组内贡献，用总的广义熵指数减去组内贡献就得到组间贡献。用组内贡献除以总的广义熵指数得到组内贡献率，同理，用组间贡献除以总的广义熵指数得到组间贡献率①。结果如表 5 − 11 所示：

表 5 − 11　　　　　　全国区域间不均等来源贡献率表

年份＼广义熵	区域总的均等	组内不均等	组间不均等	组内贡献率	组间贡献率
2001	0.0721	0.0194	0.0527	27%	73%
2002	0.0779	0.0186	0.0593	24%	76%
2003	0.0872	0.0192	0.0680	22%	78%
2004	0.0865	0.0185	0.0680	21%	79%
2005	0.0897	0.0145	0.0752	16%	84%
2006	0.0918	0.0188	0.0730	20%	80%
2007	0.0907	0.0162	0.0745	17.9%	82.1%
2008	0.0880	0.0151	0.0728	17.2%	82.8%
2009	0.0886	0.0151	0.0735	17.0%	83.0%
2010	0.0840	0.0144	0.0696	17.1%	82.9%
2011	0.0781	0.0139	0.0642	17.8%	82.2%
2012	0.0754	0.0131	0.0623	17.4%	82.6%
2013	0.0640	0.0109	0.0531	17.1%	82.9%

　　资料来源：依据《中国统计年鉴》（2001～2014）及《中国人口统计年鉴》（2002～2014）数据计算整理而得。

---

　　①　万广华：《经济发展与收入不平等：方法和证据》，上海三联书店 2006 年版，第 24 页。

（2）主要结论分析。

由表 5 - 11 我国区域间收入不均等来源构成看出：第一，我国区域内收入不均等对总体不均等贡献在 2001～2004 年相对稳定，基本在 0.0185～0.0195，2005 年明显减少，2006 年出现反复，而 2007 年则开始呈下降趋势，由 2007 年的 0.0162 减少到 2013 年的 0.0109，减少了 32.7%。第二，我国城乡之间的收入不均等对总的不均等贡献从 2001～2009 年呈现阶段式上升特点，2001～2002 年处于 0.05～0.06；2003～2004 年处于 0.06～0.07；在 2005～2009 年则增长到 0.07 以上；2009 年以后，组间贡献呈逐年减少趋势，从 2009 年的 0.0735 降到 2013 年的 0.0531，下降了 27.8%。第三，从组内不均等和组间不均等对全国区域收入总的不均等贡献率可以看出，在我国组间不均等，即城乡之间收入不均等对全国区域收入不均等贡献率非常大，而且具有不断递增趋势；而组内不均等即城镇内部和农村内部不均等对全国区域收入不均等的贡献率则相对较低，并有不断减少之特征。虽然 2007 年以来变动很小，但城乡之间收入不均等对全国区域收入不均等贡献率始终在 80% 以上，组内不均等始终处于 20% 以下，表明我国区域收入不均等问题更多源于城乡收入不均等而造成。

（二）其他指标测度的区域差距

1. 不同地区城乡居民最高最低收入比分析

（1）不同地区城镇居民最高最低收入比分析。

根据《中国统计年鉴》对各地区城镇居民的收入分配统计数据，我国 2000 年以来，城镇居民最高区域始终为上海，最低区域分别为山西、河南、贵州、宁夏、青海、新疆和甘肃。最高收入区域的人均收入过万元，而最低收入区域的人均收入还不到高收入区域水平的一半，如表 5 - 12 所示：

表 5 - 12 城镇居民地区收入差距比较表

年份	2000	2001	2002	2003	2004	2005	2006	2007
城镇居民收入最高值（元）	11718.01	12883.5	13249.8	14867.5	16682.2	18645.03	20667.91	23622.73
省（区）	上海	上海	上海	上海	上海	上海	上海	上海
城镇居民收入最低值（元）	4724.11	5267.42	5944.08	6530.48	7217.87	8057.85	8871.27	10012.34
省（区）	山西	河南	贵州	宁夏	宁夏	青海	新疆	甘肃
最高与最低之比	2.48	2.45	2.23	2.28	2.31	2.31	2.33	2.36

年份	2008	2009	2010	2011	2012	2013	2014	
城镇居民收入最高值（元）	26674.90	28837.78	31838.08	36230.48	40188.34	43851.36	48841.4	
省（区）	上海	上海	上海	上海	上海	上海	上海	
城镇居民收入最低值（元）	10969.41	11929.78	13188.55	14988.68	17156.89	18964.78	21803.9	
省（区）	甘肃	甘肃	甘肃	甘肃	甘肃	甘肃	甘肃	
最高与最低之比	2.43	2.42	2.41	2.42	2.34	2.31	2.24	

资料来源：依据《中国统计年鉴》（2001～2015）相关数据计算整理而得。

从表 5 - 12 数据可以看出，在 2000～2014 年，城镇居民收入最高值省区始终为上海，城镇居民收入最低值一般出现在甘肃、新疆和青海等省份。区域间城镇居民收入差距始终在 2 倍以上，距离社会动荡警戒线 3 倍的数值逐渐接近。

（2）不同地区农村居民最高最低收入比分析。

根据《中国统计年鉴》对各地区农村居民的收入分配统计数据，我国在 2000～2014 年农村居民最高收入区域始终为上海，最低区域分别为西藏、贵州和甘肃，最高收入区的人均收入在 5596～21191 元，而低收入区域的人均收入则在 1330 ~ 6276 元，最高最低收入比始终在 4 倍以上。
已经完全超过群体间收入分配差距警戒线 3 倍水平，如表 5 - 13 所示：

表 5 - 13　　　　　　　农村居民地区收入差距比较表

年份	2000	2001	2002	2003	2004	2005	2006	2007
农村居民收入最高值（元）	5596.37	5870.87	6223.55	6653.92	7066.33	8247.77	9138.65	10144.92
省（区）	上海	上海	上海	上海	上海	上海	上海	上海
农村居民收入最低值（元）	1330.81	1404.01	1462.27	1564.66	1721.55	1876.96	1984.62	2328.92
省（区）	西藏	西藏	西藏	贵州	贵州	贵州	贵州	甘肃
最高与最低之比	4.21	4.18	4.24	4.25	4.10	4.39	4.60	4.36

年份	2008	2009	2010	2011	2012	2013	2014	
农村居民收入最高值（元）	11440.26	12482.94	13977.96	16053.79	17803.68	19595.0	21191.6	
省（区）	上海	上海	上海	上海	上海	上海	上海	
农村居民收入最低值（元）	2723.79	2980.10	3424.65	3909.37	4506.66	5107.8	6276.6	
省（区）	甘肃	甘肃	甘肃	甘肃	甘肃	甘肃	甘肃	
最高与最低之比	4.20	4.19	4.08	4.11	3.95	3.84	3.38	

资料来源：依据《中国统计年鉴》（2001 ~ 2015）相关数据计算整理而得。

由此看出，我国区域间居民收入差距形势农村要严峻于城镇，缩小
不同区域间的农村居民收入分配差距对我国居民收入差距的整体改善将
起到事半功倍的效果。

2. 不同地区间居民收入水平的排序变化分析

在本书中，作者对 1990 ~ 2014 年我国不同地区的居民人均收入水

平，从高到低进行逐年排序，发现我国区域分配差距在城镇和在农村具有共同趋势的同时，又各显其自身特征。

第一，处于高收入水平的省区无论城镇还是农村，都相对集中于上海、北京、浙江、广东等几个省区，这表明我国的高收入省份上海、北京、广东、浙江等在城镇和农村居民收入中都具有绝对优势和稳固地位；低收入省份的分布呈现出城乡各具特色之特征，即农村的低收入省份相对固定，而城镇的低收入省份还处于竞争和变化中。

第二，我国各省市自治区城镇人均收入水平，按照 1/4 划分原则，以高于平均收入 25% 以上为高收入区，以平均收入 75% 以下为低收入进行区域划分，结果在城镇和农村出现不同的情况。

2000 年以来，我国城镇居民收入处于高收入水平的省区仅有 4～5个，而在农村处于高收入水平的省区则有 7～8 个，同时农村居民处于低收入水平的达到 14～16 个省区，即将近一半省区的农村居民收入水平处于平均收入的 75% 以下；而在城镇则没有同类现象的发生，2000～2014年，我国区域间城镇居民的最低收入水平仍在平均收入 75% 以上。这表明我国农村居民的区域差距十分严重，高收入分布在少数省份，大多数省区的农村居民处于低收入状态。因此，我国改善居民收入分配状况的重点在农村，而且应重点关注低收入群体收入水平的提高。

三、行业收入差距及变化

改革开放以来，我国各行业职工工资收入水平持续提高，但行业之间、行业内部以及不同行业在地区间的收入都呈扩大趋势，尤其是垄断性行业与传统行业的收入差距日益扩大。

（一）行业收入差距的具体分布

1. 行业间的平均工资水平差别较大

对我国 19 个行业职工平均工资水平进行逐年排序比较，不难看出我国收入分配差距在行业间体现出逐渐增大之趋势，如表 5－14 所示：

表 5 – 14　　　　　　　居民收入行业差距比较表

年份	1998	2000	2001	2002	2003	2004	2005	2006	2007
工资比（倍）	2.35	2.60	2.84	2.99	4.63	4.60	4.88	4.75	4.46
绝对差额（元）	6105	8436	10696	12737	25275	27377	32249	35306	38349

年份	2008	2009	2010	2011	2012	2013	2014	2015	
工资比（倍）	4.77	4.21	4.20	4.17	3.96	3.86	3.82	3.59	
绝对差额（元）	42346	46042	53429	61640	67056	73833	79917	82830	

资料来源：依据《中国统计年鉴》（1999~2016）相关数据计算整理而得。

在 2015 年，与全国平均水平比较，我国 19 个行业门类中，电力、热力、燃气及水生产和供应业、批发和零售业、交通运输仓储和邮政业以及信息传输、软件和信息技术服务业、金融业、租赁和商务服务业、科学研究和技术服务业、教育、卫生和社会工作、文化体育和娱乐业、公共管理和社会组织等 11 个行业的平均工资都高于全国平均水平，2015 年最高的前三个行业的平均工资分别是全国平均水平的 1.84 倍、1.81 倍和 1.44 倍。而在低于全国平均水平的行业中，农林牧渔业、批发和水利、环境和公共设施管理业、住宿和餐饮业却只有全国平均水平的 51.5%、65.8% 和 70.2%。

2. 业间的最高与最低工资比变化

1998~2005 年业间的最高与最低工资比不断上升，2005 年达到 4.88 倍，为 1998 年以来最高；2006~2015 年业间的最高与最低工资比有所下降，到 2015 年达到 3.59 倍，较 1998 年扩大了 1.53 倍。

3. 行业间最高与最低工资的绝对差额不断扩大

1998~2015 年行业间最高与最低工资的绝对差额不断扩大。1998 年最低收入行业的平均工资与最高收入行业相差 6105 元，2005 年相差 32249 元，2015 年则相差 82830 元，10 多年间绝对差额扩大了 130%，工资差距扩大的趋势十分明显。

(二) 我国行业差距特征分析

1. 行业差距明显体现为地区性

我国行业间收入分配差距具有明显的地区性特点，从 19 个行业门类看，各行业的收入在地区间排序也呈现东高中低的特点。上海在采矿业、制造业、建筑业、信息传输计算机服务和软件业、批发零售业等行业中占第一位；北京在电力、燃气和水的生产和供应业、金融保险等行业中占第一位；广东在交通运输仓储和邮政业占首位。各行业的前几位中，大多为东部省份，各行业的后几位多数在中西部省份。

2. 行业差距与垄断经营和价格不合理相关度较强

许多行业的垄断地位仍没有得到根本改变，有些垄断行业至今还没有开放。一些行业集团依托国有背景和政府政策的保护，利用垄断地位、政府背景和不平等价格垄断市场，获得巨大超额利润，如电力、电信、烟草、金融、保险、民航、铁路等行业，而这些行业正是平均收入居于前列的高收入行业，以 2007 年为例，烟草制品业人均工资为全国平均工资的 213%，年平均工资较上年增长了 13.6%。金融保险业，2007 年的平均工资较上年增长了 25.9%，高于全国平均增长幅度 7.2 个百分点。而金融保险业的平均工资是全国平均工资的 1.98 倍；在 2015 年，金融业的平均工资为全国平均工资的 1.84 倍，平均工资较上年增长了 6%。由此再次说明行业差距与垄断经营和价格不合理相关度较强。

3. 行业差距扩大与政府监督与调控乏力相伴随

行业收入差距是我国经济改革中始终存在的问题，而行业间的收入分配差距多数是由于行政垄断所致，是市场不公平竞争的结果，政府对此具有监管和调控责任。但长期以来，政府对垄断行业工资分配的监督、调控不力。尽管从"九五"以来，国务院有关部门就相继出台过调控某些垄断性强的部门和某些特殊行业过高工资收入的措施。但这些措施缺乏监督管理的力度，没有得到很好的落实。同时，由于政府再分配能力不足，难以加大对农业等一些传统行业和基础性行业的投入，从而难以有效调控不断扩大的行业收入差距。

四、我国居民收入分配差距的程度分析与价值判断

通过对我国居民收入差距进行城乡、区域和行业几方面予以的阐述和分析，表明我国居民收入分配差距在各个层面，包括城镇内部、农村内部、城乡之间、地区之间乃至行业之间全方位展开，并且各收入群体之间收入分配差距呈现总体扩大态势，且存在波动特征。

第一，按照居民实际收入计算，我国的城乡居民基尼系数均将超过世界警戒线，即大于 0.4 水平。

第二，依据理论界公认的城乡收入差距的警戒线 3:1（朱红，2005)，即城镇和农村居民人均收入比 3:1 的标准衡量，我国城乡居民收入差距已过大，若考虑城乡之间非货币收入差距，我国城乡之间的居民收入差距居世界高位。

第三，根据社会警戒线理论，10% 最高收入与 10% 最低收入比，达到 10:1 则社会进入了不稳定状态，我国城镇内部相应比率 2005 年达到 7.28，已接近警戒线水平；到 2010 年比值变为 6.576，2011 年和 2012 年分别为 6.544 和 5.908，表明我国城镇居民两极分化的收入格局，得到关注和一定程度减缓。

农村内部居民收入划分等级只有五等份，其中 20% 高收入与 20% 低收入比 2003 年已达到 7.33，城镇居民这一指数 2003 年不过就是 6.48，2011 年农村内部相应比率达到 8.39，而城镇居民该指数为 6.544，2014 年农村居民该指数进一步扩大为 8.65，已经非常接近国际警戒线。

同时我国地区之间居民收入差距由来已久，高收入区域多年不变，这种区域差距的固化特征，渗透于我国居民收入差距的各个层面，因此我国居民收入差距的克服与调整，既迫切又艰巨。近两年，随着国家调

控措施的陆续出台，高低收入差距快速递增的局面有所减缓，但是收入差距回到正常水平还任重而道远。

第三节　居民收入分配差距形成根源剖析

我国居民收入分配差距形成的原因是复杂的，既有历史性特征，又有体制性因素；既有经济增长过程的客观必然性，又有制度缺失和管理失误的主观所致。总体上造成我国居民收入分配差距的因素主要包括：

一、经济体制转轨使居民收入分配差距扩大具有客观必然性

市场经济体制建立与完善是我国经济体制改革的重要目标，也是增强我国综合实力的有力保障，是最终实现居民收入分配公平的理性选择。但我国的经济体制改革是从计划经济体制向市场经济体制的改革，体制转轨意味着经济运行中的资源配置和人们的行为选择主要靠市场机制起基础性作用，居民收入分配由单一的按劳分配转向按劳分配与按生产要素分配相结合。这样，居民收入渠道增多的同时，居民间由于其具有的生产要素的数量、质量及其市场价格不同，使居民之间的收入形成差距。按照市场的优胜劣汰机制和强者更强、弱者更弱的规律，必将使居民的收入分配差距不断扩大。同时，我国是发展中国家，经济发展水平低，在经济增长过程中必然经历收入分配差距不断扩大的过程，正如库兹涅茨"倒 U 曲线"所揭示的规律一样。特别是我国处于转轨时期，在这种时期原有计划控制手段失灵，原有收入分配格局被打破，收入分配秩序的混乱，而适合市场经济的调控手段又未建立起来，收入分配差距的产生和扩大是市场经济体系的建立与完善中不可逾越的客观过程和必然阶段。在我国的市场体系中劳动力市场是分割、扭曲最严重的市场之一，全国统一的、合理流动的劳动力市场远未建立起来，劳动力市场城乡分割、行业分割、区域分割现象相当严重，这种分割导致了劳动者

就业机会的不均等，也加剧了居民收入分配的不合理和收入差距过大等矛盾。这一态势将随着我国市场经济体制和制度的日益健全和完善逐渐得到缓和与改善。

二、经济发展不平衡使收入差距过大具有不可避免性

首先，地区经济发展不平衡，是地区间的收入差距扩大的重要原因。我国地域较大，人口众多，各地区的自然条件、劳动者素质等各不相同，各地区经济发展不平衡具有历史性特征。经济改革使那些经济发展基础比较好的东部地区的经济活力得到充分释放，经济得以快速增长。西部的资源在市场机制的作用下，大量流向了收益率较高的东部沿海地区，地区差距逐渐拉大。同时，东部沿海地区是我国进行市场经济体制试验的先行者，较早、较多地获得了体制改革的优惠政策的好处。随着体制改革的推进，东部沿海地区制度"先发优势"日益明显，市场体制比西部地区更为完善，东部地区经济发展较快，而西部地区相当缓慢，造成经济发展水平差距较大。这种经济发展的不平衡，必然会反映到居民收入上来。

其次，我国长期以来城乡二元经济结构的体制与政策特征，造成我国城乡经济发展的进一步不均衡，也是城乡收入分配差距的重要原因。20世纪90年代以来，我国的改革和开放使城镇经济有了飞跃式发展，而农村经历了1978~1984年的改革受益后，由于相应的制度完善与政策扶持的缺失，使农村经济没能持续快速增长。相对于城市的快速发展，我国城乡经济发展的不平衡程度又一次加剧，城乡收入差距进一步扩大。

最后，行业垄断是我国经济发展不平衡的另一种表现形式，也是居民收入分配差距的主要原因之一。对行业垄断管理制度的缺失使垄断行业获取高额利润，如电力、电信、烟草、金融、民航等行业，因其政策优势、经营地位和规模效应，在市场经济的发展中居于垄断地位，垄断行业职工收入有了大幅增长。而一些依靠财政补助的基础性行业由于补

贴减少和利润下降，从业人员收入减少，使居民收入分配差距不断扩大。

三、政府初次分配管理制度的缺失扩大了居民收入分配差距

在当前我国收入分配领域中，市场经济分配体制已基本取代了传统的计划经济分配体制，形成了以按劳分配为主体、多种生产要素共同参与分配的收入分配体系。一方面，在市场为导向的收入分配变革过程中，以市场定价机制实现的按劳分配将简单劳动和复杂劳动、熟练劳动与非熟练劳动以及开创性劳动和非开创性劳动进行了严格区分，并对不同性质的劳动力供给者给予完全不同的劳动报酬，从而导致了初次分配阶段的差距。另一方面，由于生产要素与劳动相比更具有积累效应，生产要素积累的增长要比劳动收入积累的增长快得多，因此无论是按照资本、技术、土地、劳动力等生产要素对生产的贡献率来分配还是按照劳动者对各种生产要素的拥有程度来分配都会增加人们之间的收入差距。除此之外，由于个人天赋、工作能力、劳动者体力、脑力的差异，在市场经济的发展过程中，不同劳动者能否抓住机遇和承受经济风险的状况不尽相同，因而表现在分配上也就会有多寡之分，这也是市场经济分配体制的必然结果。

国内外的经验证明，社会经济的发展既需要市场机制发挥决定性作用，又需要政府通过法律、法规等管理制度的健全与完善对经济实施宏观管理和调控。但我国的转轨过程是政府让位于市场的过程，某种程度、某些方面存在过大、过多地依靠市场，过快、过分地缩小政府作用。如从 20 世纪 80 年代初开始，我国改革的重点转向城市，工业品的计划价格制度和财政统收统支体制，随着市场化的改革进程而相继退出了历史舞台。企业改革的主要内容有两个：一是扩大企业自主权，其中主要是扩大财权；二是给企业减税让利，使企业手中拥有了可自主支配的"权"，同时拥有了呈上升势头的"钱"，企业给职工增加工资，无论是制度外的各种奖金、补贴还是制度内的工资增加，政府都无力控

制。随着增加工资、奖金的浪潮扩展到了行政事业单位，政府对初次分配层面事实上已经失掉了实施调节的手段和基础；在再分配层面，政府事实上也失掉了实施调节的资源。既没有了可用于调节的"权"，又缺少了可用于调节的"钱"，政府对收入分配的管理与控制名存实亡了。政府不再能像计划经济时期那样有效地控制国民收入分配的流程并掌握居民收入的分配调节的主动权。

我国向市场经济体制转轨过程中，以往对企业和居民广泛采用并行之有效的行政手段逐渐减少或杜绝，如果随着旧的调节机制的离去，新的调节机制能够建立起来并替代旧的机制发挥作用，国民收入的分配格局还不至于处于失控状态。但我国新的管理制度和相应法律法规的建立与完善却相对滞后，政府对经济的管理漏洞普遍存在，这种漏洞既存在于宏观层面，也存在于微观层面。如对市场的非公平竞争、价格垄断和对收入分配秩序的维护等都需要有一套完整的管理措施予以保证，但我国却选择了容忍不平等程度增加，并且寄希望于通过由此换得的经济增长自动解决不平等问题的政策。从而使相关的管理制度的建立和完善与市场经济的发展严重滞后，造成我国收入分配秩序存在一定程度与范围的混乱现象和收入分配差距过度拉大的问题。

四、税收的调节作用难以发挥

税收是成熟市场经济条件下政府大规模介入分配过程最重要的手段之一。政府通过税收不仅可以对高收入群体课以较高的税，而且还可以通过预算程序将征收来的税金转移给低收入群体，实现在一定程度上调节居民收入分配差距的目标。在不同税制结构下，收入分配的调节以及收入公平的实现都会有较大差异。我国当前实行的是以流转税为主体税的税制结构，在各年度总的税收收入中，流转税收入占有绝对比重，而能有效调节收入分配差距的个人所得税和财产税收入所占份额还相对较低。统计数据显示，"十一五"期间，各年流转税收入占全部税收的比重保持在上下，各年个人所得税收入占全部税收的比重保持在左右，远远低于发达国家税收总收入中有来自个人所得税收入的水平。同时，在我国税收体系中对一些重要税种的不合理的制度设计也造成了税收调节收入分配功能的弱化。以财产税为例，目前我国只有房产税、契税、车船税和土地增值税四种税，税种少、税基窄、征收面不宽，而对大额财产转让环节一直没有征税，这就造成因财富积累形成的收入差距扩大没有得到合理的限制。加之现行财产税的计税依据不合理，财产评估制度、财产登记制度不健全，造成征管漏洞大、税负普遍偏低的不利后果，未能充分发挥出该税种调节分配、公平财富的重要作用。

五、财政制度改革滞后造成收入差距扩大趋势不减

市场经济体系强调的是效率，实施的是优胜劣汰法则。因此即使是在完善的市场经济体制下，也不能把解决居民收入分配公平问题全部寄希望于市场分配，市场注重的是收入分配的经济公平和促进经济效率提高，而不能解决社会公平问题。因此，居民收入分配的公平离不开政府作用，这在西方发达国家已得到证实。

通常一国政府对收入再分配调控，主要靠政府的财税政策，具体而言是运用税收手段加强对高收入群体的收入分配调节，通过转移支付改善低收入群体的收入分配境况来缩小收入分配差距，促进收入分配的社会公平。

从税收制度改革看，我国的税收制度未能适应经济改革的发展和经济形势的需要进行及时改革和相应变化，而是远远滞后于我国市场经济的改革进程。现行的税收制度始建于1994年，当时我国的宏观经济形势经济过热，政府的宏观政策基本取向是适度紧缩前提下，加快东部沿海城市、特区建设步伐，同时加大对外开放和引进外资力度。在这样的背景下，我国1994年推出的税收制度与政策具有显著的阶段性特征，即基本目标是限制投资方向、控制投资规模，杜绝通货膨胀抬头，同时配合国家的区域发展和利用外资战略，对企业所得税制定两套税收制度，鼓励涉外企业的顺利发展，同时对东部沿海城市和经济特区实施了

范围广、力度大的税收优惠政策。可以说 1994 年的税收制度与政策适应了当时的经济形势的客观需要，对控制通货膨胀起到了积极作用的同时，对东部沿海城市建设以及非国有经济的快速发展做出了贡献。但是，随着东部地区的快速发展和非国有经济不断壮大，税收制度的改革相对滞后，如内外两套所得税制运行 12 年，直到 2006 年才进行合并，这期间中国经济总体态势以及区域经济发生了很大变化，客观上需求财税制度及时改革，但我国的财税制度改革长期滞后，同样财税政策的调整也远远落后于经济发展实际需要。即没能根据东部地区的快速发展减少过多的税收优惠，也未根据经济改革中陷入困境的相关地区和相关产业或企业，及时给予财税扶持。这不仅造成中、西部经济和国有经济的竞争劣势，并构成我国收入分配差距不断扩大的重要影响因素。2008年国际金融危机后，特别是 2010 年以来，我国财政税收制度改革进程明显加快，增值税改革全面推开、消费税完善持续进行，个人所得税也正在进一步深化，财产税体系健全与税制完善正在做前期调研和准备，我国税收对高收入阶层的收入分配调节作用将得到加强。

从财政教育投资及转移支付上看。教育是提高人力资本的重要手段，也是增强居民收入获得收入能力的有效途径，而教育作为公共品或准公共物品，是财政投资的范围，政府具有投资和参与的责任与义务，特别是农村中小学义务教育更是如此。而我国财政支出中教育支出绝对规模和相对比例都相对较低，在世界范围内，我国的教育支出水平排位与我国的 GDP 水平排位严重不对称。同时教育支出的多重差异导致的教育有失公平，对居民收入差距没能起到缩小功能。另外财政转移支付作为提高低收入者的重要手段，在世界多数国家都具有明显的公平收入功效，但在我国规模很小的转移支付却难当此任。不仅如此，长期以来我国严重偏向于城市的转移支付制度，在城乡居民收入差距扩大中起到了推波助澜的作用，在我国城乡收入差距调节中充当了"逆向调节"的角色，与此相类似的是我国倾向于城市的社会保障制度也未能有效发挥缩小居民收入差距的作用，不仅存在对城乡差距调节功能弱化，甚至还具有一定程度的"逆向"调节，亟待关注和改善。

六、我国社会保障体系发展不协调影响收入分配公平分析

由于历史的、现实的诸多因素影响，我国现行的社会保障体系与社会主义市场经济体制下作为"安全阀"和"调节器"的要求还有很大差距，特别是在调节收入分配方面还存在许多问题。

第一，社会保障制度覆盖存在盲区，制约了收入分配调节功能的充分发挥。经过20多年的探索和努力，我国已经初步建立了城镇社会保障体系基本框架，但是这一体系存在覆盖面小和覆盖不严密的问题。如企业职工养老保险主要局限于国有和集体企业，民营、个体经济参保有限；城镇职工医疗保险参保率较低，针对特殊人群的医疗保障制度尚未建立；原有的农村定期定量救济、"五保"供养、合作医疗等制度难以为继，新型农村合作医疗制度刚刚起步，广大农村居民基本的养老和医疗保障制度的建立和完善亟待进一步加强。

无论是养老、失业、医疗等社会保险制度，还是低保制度，都不同程度地存在盲区。对于以实现收入分配公平为基本目标的社会保障制度而言，这些盲区的存在，既不利于社会公平，又损害了经济效率，突出反映了三个方面的严重问题：一是现行社会保障制度一定程度上忽视了广大农民。在我国城乡二元经济结构情况下，城乡的保障目标、保障方式、保障水平应当有区别，但作为一项制度建设应该考虑到当前和长远，应当考虑到全体社会成员的整体利益和社会政策的相对平衡，应当考虑到统筹城乡发展。尤其是在当今农民收入增长极为缓慢，广大农村仍然处于十分贫困落后的情况下，社会保障在设计上不兼顾农民，不根据农村实际情况建立相应的社会保障体系，会使城乡收入差距进一步拉大。二是现行社会保障制度只注重体制内成员，对于体制外的灵活就业人员的社会保障制度的落实存在长期弱化的现象，这样容易掩盖收入分配领域的问题，不利于收入分配政策的科学可行。三是盲区内的人员恰恰是最困难的群体，是最需要保障的群体。我国当前的弱势群体除了农村的贫困居民以外，还包括文化层次和再就业能力较低的企业下岗人

员、破产企业的一次性安置人员、靠打零工摆小摊养家糊口的城市贫民、生活困难的残疾人和孤寡老人，以及进城务工的农民等，他们中的很多人没有享受到城镇劳动者的同等待遇，其应有的权益往往得不到保护。

第二，就业保障未能充分发挥，下岗失业人员缺乏稳定的就业收入。劳动者的就业保障是最根本、源头上的保障。对于一个劳动者或者一个家庭而言，就业保障永远是第一位的，因为不就业就没有收入，而且养老、医疗等社会保障也就无从谈起。我国逐步建立起了下岗职工基本生活保障制度、失业保险制度和城市居民最低生活保障制度，可以说是社会保障制度的工作重点一直在生活保障上。完善的生活保障政策，可以缓解就业压力，解除职工的后顾之忧。但是，如果不从源头上解决问题，不下大力气降低实际失业率，国家也难以承受社会保障的压力。从这个意义上说，生活保障是治标、是输血，就业保障是治本、是造血。通过就业使劳动者在社会上占有一席之地，获得相对稳定的收入来源，不仅可以改变低收入人群的收入状况，而且有助于增强这部分人员的信心，使之尽快融入社会。

第三，政府提供的基本保障之外的多层次社会保障体系发展缓慢，也制约了社会保障再分配功能的发挥。我国社会保障制度改革的目标是建立健全多层次的社会保障体系，虽然国家财政不断加大对社会保障的支持力度，但社会保障支出在财政支出总额中的比例却始终维持在较低水平，远远低于世界平均水平。另外，有关社会保障一系列的立法缺失也使得社会保障无法获得应有的重视。多年以来，虽然我国的社会保障体系取得了长足发展，但城镇居民参保"三险"的覆盖率还很低。部分城镇居民还游离在社会保障体系之外，我国距离实现全民基本养老保险全覆盖的目标还有很长的路要走。城镇尚且如此，农村的情况就更为严峻。虽然新型合作医疗制度已开始全面实施，但其目前的覆盖程度、保障范围还十分有限；农村的工伤和生育保险等制度迄今还是空白；农村的社会救助体系僵化、落后，许多应该救助未能救助的问题依然突出。此外，随着农村劳动力的大量转移，进程务工的农民工和失去土地的农民既没有纳入城镇社会保障体系，也没有在农村社会保障的覆盖范围之内。缺乏社会保障的农民们只能从其既有的收入中抽取资金用于自我保障。就目前的情况来看，一方面，由政府强制实施的养老、医疗、低保等各项基本保障制度覆盖面还比较小；另一方面，由社会、单位和个人自愿兴办的社会保障事业发展也十分缓慢。

七、其他影响因素

马克思主义认为，收入分配本质上是产权问题。产权配置状况决定了社会收入分配的格局。产权制度既包括以所有权为核心的使用权、受益权和处分权安排，也包括国家对相关产权的限制。要素产权制度对收入分配的影响主要体现在三个方面：一是不同群体占有要素产权的多寡决定了不同群体间的收入分配差距；二是非劳动要素（资本和资源等）的配置状况决定了劳动者在与生产资料结合过程中的交易地位，进而决定了劳动分配率的大小；三是要素产权配置状况决定了要素配置效率，从而直接影响利益分配的大小。在市场化进程中，原有的公有财产所有权部分转变为私人财产所有权，非公有制企业作为市场经济发展的产物形成了与市场机制较为适应的运作和管理体系，其劳动生产率和经济效益自然要比体制转换缓慢、制度创新滞后的国有企业略高一筹。当前的收入分配领域，除了存在竞争初始条件不平等问题外，由于渐进式改革过程中新旧体制的摩擦和冲突，特别是计划经济体制下对资源配置有决定作用的计划权力因素与市场经济条件下迅速的利益分化交织在一起，形成了公共权力的异化，由此导致的部分官员腐败现象和内部人控制现象直接加剧了收入分配的不平等。官员特权依然存在而且深入到市场交换体系之中；在一些重要资源由政府管制而资源分配权缺少有效制约的情况下，官员通过寻租、企业主通过权钱交易，双双获得不正当收入和财富。这些制度缺陷不但造成市场经济中的不平等竞争，而且使得不平等竞争的后果继续复制并加剧不平等，阻碍了社会阶层之间的流动，尤其是明显地减少了低收入群体向上流动的机会。然而，特别需要指出的是，市场化并不必然意味着寻租和腐败，合理的市场化意味着剥夺权力对资源的垄断，通过公平竞争、优胜劣汰来分配资源。衡量市场化程度的高低，不仅要看产品和要素是否通过市场来分配，还要看竞争是否充分、竞争规则是否透明有序。因此，健全和完善有效调节居民收入分配差距的各项制度才是从根本上解决目前国内居民收入分配差距不断加大的根本途径。

综上所述，我国居民收入分配差距的扩大有着多方面的原因，而社会保障制度不完善、体系不健全、制度设计和待遇标准确定及衔接存在缺陷等是产生收入分配差距扩大的重要因素。从根本上解决不合理收入分配差距问题，需要多管齐下，综合运用法律、税收、工资、政府转移支付等政策手段。就社会保障而言，要进一步完善现行社会保障体系，规范各项社会保障标准的确定，整合"三条保障线"等社会保障制度和再就业政策，使之形成良性互动机制，为广大人民群众提供基本的生活保障和就业保障，逐步改善收入分配差距扩大的状况。

第六章

财政调控收入分配效应
实证分析（上）
——从财政收入角度考察

财政调整收入分配作用发挥与效应实现，贯穿于财政收支的全过程，就财政收入层面而言，主要体现为税收对收入分配的调节与控制。

第一节　现行税制调控居民收入分配的定性分析

一、现行税制调控居民收入分配的税种体系

我国现行税制是经过 1994 年税制改革建立，经过不断渐进改革形成的。现行税制对收入分配具有调控作用的税种体系主要体现于以所得税为核心，以财产税、消费税、社会保障税（费）为辅助的体系。

（一）所得税对收入分配调控

我国现行的所得税制度，包括企业所得税和个人所得税两类。所得税对个人收入分配具有积极的调控作用。所得税的税负，特别是个人所得税由纳税人直接承担，在税率结构设计上个人所得税通常采取累进税

率，税率随着个人收入的提高而上升，因此对高收入者的征税率高于对低收入者的征税率，这就使得高收入者与低收入者之间的收入差距在征税后相对缩小，因此能够对促进收入公平分配发挥直接作用。所得税对收入的调节主要体现于对高收入者可支配收入的降低，并为政府筹集财力。运用所得税，特别是个人所得税的征收来调节纳税人的社会收入和财富分布公平状态是世界各国的普遍做法。

2005 年 10 月第十届全国人民代表大会常务委员会第十八次会议通过《关于修改〈中华人民共和国个人所得税法〉的决定》，将费用扣除标准自 800 元提升至 1600 元（自 2006 年 1 月 1 日起执行）。

随着我国物价水平的上涨，2005 年制定的费用扣除标准已经难以跟上当时的物价水平，2007 年 12 月第十届全国人民代表大会常务委员会第三十一次会议通过《关于修改〈中华人民共和国个人所得税法〉的决定》，将费用扣除标准自 1600 元提升至 2000 元（自 2008 年 3 月 1 日起执行）。2007 年将储蓄存款利息所得个人所得税税率由 20% 调减为 5%；2008 年暂免征收储蓄存款利息所得个人所得税；2010 年对个人转让上市公司限售股取得的所得征收个人所得税。

为进一步降低中低收入者税收负担，强化税收对收入分配的调节作用，2011 年 6 月 30 日，第十一届全国人大常委会第二十一次会议通过《关于修改〈中华人民共和国个人所得税法〉的决定》，对减除费用标准从 2000 元调整为 3500 元，税率表由九级累进改为七级累进，同时各级边际税率以及申报时间也有所调整，使个人所得税法向着"提低、扩中、调高"的改革目标进一步完善。

（二）财产税对收入分配的调控

财产税是对个人所拥有的各项财产进行的课税。由于财产是历年收入的积累，因此财产税实际上是对纳税人在缴纳所得税后的所得积聚进行征税，财产税对个人收入分配具有重要的调控功能。通常而言，财产税一般可分为财富税、财产赠与税和遗产税。财富税是对财产所有或占有者自己使用的财产进行征税，对财产征税通常只针对高收入者，具有累进的特点，因而能够起到分散财产，缩小收入差距的作用。实施遗产税和赠与税是消除财富过度集中的一项策略，遗产税和赠与税对缓和分配不公，补充个人所得税调控作用不足具有重要意义。

然而，税收对经济运行调控作用的发挥程度是以各税种的税收收入实现状况为基础的，我国现行税收制度中财产税征收尚未能发挥其对个人收入分配税收调控的基本作用。客观存在的问题是我国居民住房改革正在进行之中，财产税的纳税人、课税范围的确定需要许多前期工作基础，如个人住房私有化程度、个人财产登记制度的完善，相关估价制度的建立与健全等。我国现行财产税征收的覆盖面还很小，房产税的税基有待进一步拓宽，财产税类的税种设置尚不健全，财产税的税率不尽合理等，财产税在我国的税收收入中所占比重还很小，使得我国目前的财产税制度对个人收入分配调控的功能未能充分发挥，但随着我国财产制度的健全和税收制度的完善，财产税的调控功能将值得关注。

（三）消费税对收入分配的调控

消费税是指对消费品和特定的消费行为按消费流转额征收的一种商品税。学术界对于消费税的定义存在两张观点。主流观点认为消费税是以某些特定的消费品为课税对象，课征环节单一，属商品劳务税性质。另一种观点主张对个人及家庭在某一段时间内的消费支出为课征对象，计税依据是支出的数额，即个人及家庭在某一段时间的所得额扣除所得税与储蓄额后的余额，称为消费支出税。目前世界上开征消费税的国家中，皆采用第一种间接征收的消费税。

在正式的消费税政策调整方案出台前，政府释放出的调整信号从征税范围来看主要针对部分高污染、高能耗的资源型产品及部分高档消费品。而高档消费品与普通老百姓的消费行为没有直接的联系，所以并不会普遍推高民生成本。目前我国消费税 15 个税目中包含的高档消费品有高尔夫球及球具、高档手表、游艇等，应对当前新的形势，对于一些先富裕起来的阶层有炫耀式的消费，例如私人飞机等应该作为消费税改革方案里施加调节的重点。高档消费品普遍具有高需求收入弹性，低需求价格弹性，这就是说对高档消费品征收消费税不会产生税收替代效应只会产生税收收入效应。消费税作为一种富人税，对调节高收入有一定作用，但实际生活中，消费税对收入分配的影响甚微。首先，税收仅仅是收入分配体制改革的一个方面，而消费税作为有选择的调节税种，调节能力有限。其次，我国高档消费品范围过窄。再次，税率设计得不合理使得需求收入弹性未能在高收入者身上有效发挥，征收消费税对高收入者而言无关痛痒。最后，消费税还未形成专款专用机制，即使通过政策调整调低高收入者收入，低收入者并未从中获益。

（四）社会保险税（费）对个人收入分配调控

社会保险税也称为薪给税、工薪税，它是为筹集社会保障基金而形成的一个税种，是政府实行社会保障制度的基本财力源泉，因此对于实现收入的公平分配有着间接而重要的促进作用。社会保障制度作为政府一项重要的社会政策和个人收入再分配的经济政策，在现代社会经济发展中发挥着十分重要的作用。社会保障税或社会保险税从目前各国的实施情况看不尽相同，有的国家甚至将其作为社会保障缴款，但就其性质而言与普通税收具有相似性，即如同税收一样其征收也带有强制性、由税务局征收等特点。社会保障税收入纳入国家预算，实行专款专用，社会保险税的收入由财政直接划拨给社会保险机构。因此，社会保险税已成为世界各国实施社会收入再分配调控的重要政策手段。

社会保障税的征收是以社会保障制度的建立与完善为前提的，社会保障制度是指以立法形式，由国家、集体和个人共同筹集资金，以确保公民在遇到生、老、病、死、残、失业等风险时获得基本生活需要和健康保障的一种社会经济制度体系。我国现行的养老、失业等社会保障制度是从1986年开始实行并随着企业改革和社会保障制度改革的深入而不断完善。诸如实行企业职工养老保险基金的社会统筹制度，建立企业职工失业保险制度，推进城乡基本医疗保险制度改革等。逐步建立起国家、单位、个人三者共同负担的医疗保险制度；在较为富裕的农村，实行了农民养老保险制度和农村基本医疗保障制度试点等。我国目前的社会保障制度与推进速度明显加快，但与社会经济改革发展的要求之间仍存在很大的差距。因此，我国现行的社会保障制度在解决个人收入分配差距问题方面有较大的"作为"空间。

二、现行税制调控收入分配存在的问题

我国的现行税制是以流转税和所得税为主体税的双主体税制，但现行税制对居民收入分配的调节，主要体现于所得税的制度设计与征收管理。我国的所得税在税收制度上存在着诸多的不足和问题，同时所得税的征收管理存在空白和漏洞，导致我国的所得税在整个税收收入中占的比重不大，1994 年所得税占税收收入总额 14.99%，2000 年该比重达到19.19%，到 2007 年所得税占税收总收入的比重为 26.00%，2012 年所得税收入所占比重为 25.12%，其中作为直接调节个人收入分配的个人所得税，在税收收入总额的比重 1994 年仅为 1.43%，2000 年达到5.21%，到 2007 年也只有 6.44%，到 2012 年个人所得税所占比重为5.3%。这就决定了所得税在我国个人收入分配中调节作用十分有限，与此同时在调节作用的发挥上还存在诸多问题。

第一，错调，即税收调控收入分配的对象与制度设计初衷出现错位，使税收调控效果适得其反。个人所得税的制度设计和税收征收目的是调节过高收入，缩小收入分配差距。然而，我国个人所得税构成中始终以工资薪金所得税占主要部分，2002 ~ 2005 年分别为 46.33%、52.34%、54.13% 和 55.5%；2006 ~ 2012 年分别为 52.57%、54.97%、60.31%、63.08%、65.29%、64.45% 和 61.67%。由于工薪阶层实行代扣代缴不易避税，而其他类型收入不透明，征管相对宽松，规避较为容易，所以工薪层作为个人所得税的纳税主体具有一定的必然性。由此我国税制中分配功能调节力度最强的个人所得税调控的对象并没能针对高收入者，而是主要以广大工薪阶层为税收对象，减少了工薪阶层居民的可支配收入水平，降低了广大中低收入阶层的消费能力。因而现行税制对居民收入分配的调控对象存在错位，调控结果未能充分实现制度设计的初衷。

第二，漏调，在现存收入制度下许多高收入者的收入游离于税收制度调控范围之外，造成我国税制对高收入者收入的"漏调"。税收调控的范围是居民的合法、正常收入，对于非法以及灰色收入的调节，税收制度力所不能及，而我国长期以来，由于居民收入的初次分配环节秩序混乱，个人收入中存在不合理、不合法的灰色及黑色收入。即便是正常的收入，由于政府难以对其来源及数量掌握全面的信息，使得我国现行个人所得税制对居民收入分配存在"漏调"现象。

第三，偏调，是指我国以税收优惠为内容的税式支出政策的调整滞后，成为地区收入分配差距扩大的重要因素。通常而言，流转税对居民收入分配本来不具有直接的调控功能，但通过增值税和企业所得税的税收优惠却增多企业的留存利润而间接影响居民收入分配水平。

我国改革开放以来，为了促进东部沿海地区的崛起，实施了大量以流转税为内容的税收优惠政策，对加速东部地区经济快速发展，起到了重要作用。但诸多税收优惠政策未能随着东部地区经济的快速发展做及时调整，促使东部地区发展的税收环境常年处于优势地位，对我国居民收入的区域间差距持续扩大产生了一定的"助推作用"，我国对东部地区的税收优惠调整滞后已构成地区收入差距的重要因素。

第四，弱调，这是相对于贫富差距扩大而税收调节乏力而言的。由于税收制度不合理、调控措施手段不得力，致使税收宏观调控的目标不能充分实现。我国现行税制对居民收入分配存在诸多纰漏与不足，再加上税收征管技术不高，造成税收对居民收入分配差距的调控效应弱化，甚至扭曲。同时，从我国具有收入分配能力的税收规模来看，也表明我国现行税制由于收入数量小，难有作为。如个人所得税规模很小，1994年仅占税收的1.43%，到1999年增加到4.01%，到2007年也只达到税收总额的6.44%，到2012年占税收总额的个人所得税比重为5.3%，至于来自居民个人的财产税系，如车船税、房产税和土地使用税的税额更是甚少。因此现行税制对居民收入分配差距调节功能相对较弱，税收对居民收入分配调节存在弱调，甚至存在一定程度的逆向调节效应。

第二节　现行税制对居民收入差距总体调控效应

居民收入分配差距总体状况可以通过多种收入分配差距指标进行测度和分析予以揭示，而税收对居民收入差距的调控效应则可以依据收入分配指标在税前和税后的变化情况进行分析和论证。基于我国居民收入税前、税后统计资料与数据的可获得性所限，本书以现行税制对我国城镇居民收入分配差距调控效应的分析与论证，来研究现行税制对我国居民收入差距调控效应状况。主要通过考察税收使基尼系数、收入均等指数和库兹涅茨比率的税前和税后的变化予以分析和论证。

一、城镇居民收入税前、税后基尼系数的计算与比较分析

基尼系数是反映收入分配差距总体状况的指标，也是国际通用衡量收入分配差距大小的重要依据。因而通过居民税前收入基尼系数与税后基尼系数的比较分析，来说明和论证税收对收入分配差距的调控效应直接而有说服力，这一方法被世界各国普遍采用，如美国、英国、加拿大等。

由于我国税收制度几经演变，税收在社会经济发展中的作用体现强弱不一的阶段性特征。现有的财政、税务和各类经济年鉴中，对税收的数据统计和与税收有关的收入分配状况的统计很不健全。比如，关于收入分配的税前、税后指标在现有各类统计年鉴中无从查到。正是基于这一本质性的制约，导致对我国收入分配税收调控作用的实证研究难以进行。但税收调控效果的定量评价，理应是对其定性描述后的必要升华，也是进行税收制度与政策调整的重要根据。为此，在本书中，通过对资料与数据的大量检索、咨询和分析，采用相关替代指标，对我国城镇居民收入差距的税收调控效应进行定量分析与研究。试图对我国收入分配

的税收调控实证考察作以尝试性的突破和探索，为我国税收制度与政策的收入分配功能评价和进一步完善提供依据。

（一）有关指标的说明

1. 税前、税后收入指标的界定依据

我国的居民收入水平通常用全部收入和可支配收入表示，统计口径分人均收入水平和户均收入水平。其中全部收入是未缴税前的收入水平，可支配收入是完税后的收入，但两者的差，并不一定是税收净额。据中国统计年鉴资料显示，居民可支配收入是从居民全部收入减去个人所得税、个人承担社会保障支出和记账式补贴，用公式表示为：

$$人均可支配收入 = 人均全部收入 - 个人所得税 - 个人社会保障支出 - 记账式补贴[1]$$

其中记账式补贴是指政府给予被调查住户的政府补贴，该项补贴根据地区生活水平不同，通常为每户年均5元或10元，近两年有所提高，但也在10元、20元左右，平均到人均水平数额则更小些；个人社会保障支出如医疗保险、失业保险等、养老保险支出相对数额不大，同时具有一定的强制性和固定性，这样将全部收入视为税前收入，可支配收入视为税后收入来考察税收居民收入差距调控状况具有可行性。

2. 税前、税后收入指标的选取

在现阶段无法获得理想的税前、税后居民收入指标的情况下，本书以可支配收入作为居民税后收入的替代指标，利用中国统计年鉴城镇居民收入等份法的收入数据，进行我国城镇居民收入基尼系数的计算与比较。计算所依据数据如表6-1及表6-2所示。

---

[1] 国家统计局：《中国统计年鉴》，2005年第372页。

表6-1　　城镇居民按七等级划分人均全部收入（税前收入）统计表

收入（元）＼年份	1994	1995	1996	1997	1998
最低收入户	1734.6	2177.7	2453.6	2456.1	2505.0
低收入户	2238.4	2788.4	3148.6	3246.2	3329.1
中等偏下户	2721.1	3363.7	3779.8	3988.0	4234.9
中等收入户	3303.7	4073.9	4579.9	4922.3	5148.8
中等偏上户	4079.1	4958.4	5599.3	6074.2	6404.9
高收入户	5007.2	6036.4	6826.8	7495.3	7918.5
最高收入户	6837.8	8231.3	9250.4	10297.5	11021.5
平均收入	3502.31	4288.09	4844.78	5188.54	5458.34

收入（元）＼年份	1999	2000	2001	2002	2003
最低收入户	2646.7	2678.3	2834.7	2527.7	2762.4
低收入户	3518.3	3658.5	3888.1	3833.0	4209.1
中等偏下户	4391.6	4651.8	4983.5	5209.1	5705.7
中等收入户	5543.2	5930.8	6406.1	7061.4	7753.9
中等偏上户	6942.0	7524.9	8213.6	9437.9	10463.7
高收入户	8674.9	9484.6	10441.6	12555.1	14076.1
最高收入户	12147.82	13390.5	15219.9	20028.4	23483.9
平均收入	5888.77	6316.81	6907.08	8177.40	9061.22

收入（元）＼年份	2004	2005	2006	2007	2008
最低收入户	3084.8	3377.68	3871.37	4604.09	5203.83
低收入户	4697.6	5202.12	5946.10	6992.55	7916.53
中等偏下户	6423.9	7177.05	8103.73	9568.02	10974.63
中等收入户	8746.7	9886.96	11052.05	12978.61	15054.73
中等偏上户	11870.8	13596.66	15199.7	17684.55	20784.19
高收入户	16156.0	18687.74	20699.63	24106.62	28518.85
最高收入户	27506.2	31237.52	34834.39	40019.22	47422.40
平均收入	10128.51	11320.77	12719.19	14908.61	17067.78

续表

收入（元）＼年份	2009	2010	2011	2012
最低收入户	5950.68	6703.70	7819.44	9209.49
低收入户	8956.81	10247.04	11751.28	13724.72
中等偏下户	12345.17	13970.99	15880.67	18374.80
中等收入户	16858.36	18920.72	21439.70	24531.41
中等偏上户	23050.76	25497.81	29058.92	32758.80
高收入户	31171.69	34254.64	39215.49	43471.04
最高收入户	51349.57	56435.17	64460.67	69877.34
平均收入	18858.09	21033.42	23979.20	26958.99

资料来源：根据《中国统计年鉴》（1995～2013）相关数据计算整理而得。

表6－2　　　城镇居民按七等级划分人均可支配收入（税后收入）统计表

收入（元）＼年份	1994	1995	1996	1997	1998
最低收入户	1524.83	1923.8	2156.12	2430.24	2476.75
低收入户	2011.94	2505.68	2808.52	3223.37	3303.17
中等偏下户	2460.87	3040.9	3397.17	3966.23	4107.26
中等收入户	3007.44	3698.41	4146.18	4894.66	5118.99
中等偏上户	3707.26	4512.2	5075.43	6045.3	6370.59
高收入户	4565.43	5503.67	6190.26	7460.7	7877.69
最高收入户	6262.7	7537.98	8432.96	10250.93	10962.16
平均收入	3496.2	4283	4838.9	5160.3	5425.1
收入（元）＼年份	1999	2000	2001	2002	2003
最低收入户	2617.8	2653.02	2802.83	2408.6	2590.17
低收入户	3492.27	3633.51	3856.49	3649.16	3970.03
中等偏下户	4363.78	4623.54	4946.6	4931.96	5377.25
中等收入户	5512.12	5897.92	6366.24	6656.81	7278.75
中等偏上户	6904.96	7487.37	8164.22	8869.51	9763.37
高收入户	8631.94	9434.21	10374.92	11772.82	13123.08
最高收入户	12083.79	13311.02	15114.85	18995.85	21837.32
平均收入	5854.02	6280	6859.6	7702.8	8472.2

续表

收入（元）＼年份	2004	2005	2006	2007	2008
最低收入户	2862.39	3134.88	3568.73	4210.06	4753.59
低收入户	4429.05	4885.32	5540.71	6504.6	7363.28
中等偏下户	6024.1	6710.58	7554.16	8900.51	10195.56
中等收入户	8166.54	9190.05	10269.70	12042.32	13984.23
中等偏上户	11050.89	12603.37	14049.17	16385.80	19254.08
高收入户	14970.91	17202.93	19068.95	22233.56	26250.10
最高收入户	25377.17	28773.11	31967.34	36784.51	43613.75
平均收入	9421.6	10493	11759.5	13785.8	15780.76

收入（元）＼年份	2009	2010	2011	2012	
最低收入户	5253.23	5948.11	6876.09	8215.09	
低收入户	8162.07	9285.25	10672.02	12488.62	
中等偏下户	11243.55	12702.08	14498.26	16761.43	
中等收入户	15399.92	17224.01	19544.94	22419.10	
中等偏上户	21017.95	23188.90	26419.99	29813.74	
高收入户	28386.47	31044.04	35579.24	39605.22	
最高收入户	46826.05	51431.57	58841.87	63824.15	
平均收入	17174.65	19109.44	21809.78	24564.72	

资料来源：根据《中国统计年鉴》（1995～2013）相关数据整理计算而得。

（二）计算方法的选择

本书采用1994～2013年相关数据，依据陈宗胜编著《经济发展中的收入分配》专著中的基尼系数计算公式，对我国现行税制对城镇居民收入分配差距的调控效应予以考察和分析。

基尼系数的计算方法有多种，如利用洛伦曲线回归方程计算基尼系数法、等分法、万分法以及差值法等①。由于洛伦曲线回归方程要求指标个数足够多，因统计年鉴数据只有七组而不能采用；等分法要求各组

① 陈宗胜：《经济发展中的收入分配》，上海三联书店，1994年版，第23页。

人口比重（或家户比重）必须等分，收入比重必须按单调非递减顺序排列，现有数据无法满足其要求，因而不能采用；而"差值法"只适用两阶层的基尼系数的计算①，本书要比较的是七等级的基尼系数，因而不适合本研究宗旨而不予采用；而"万分法"是一种不论人口、家户和收入比重是否等分都适用的比较一般的方法，故本书选用该方法。其公式为：

$$G = \frac{10000 - S}{10000},$$

这里

$$S = \sum_{i=1}^{n} p_i \times V_i \quad (i = 1, 2, \cdots, n)$$

$$V_t = U_{i-1} + U_i$$

$$U_i = \sum_{i=1}^{i} y_i$$

$$p_1 + p_2 + \cdots + p_n = 100,$$

$$p_i = \frac{P_i}{\sum_{i=1}^{i} P_i}$$

$$y_1 + y_2 + \cdots + y_n = 100$$

$$y_i = \frac{Y_i}{\sum_{i=1}^{n} Y_i}$$

式中，G 为基尼系数，G 值越大说明收入分配差距越大，并且当 G 值超过 0.4 即被认为收入分配差距达到了警戒线，要给予关注并作政策调控；式中的 n 为组数或阶层数，y_i 为第 i 组的收入比重（%），u_i 为第 i 组的向下累加收入比重，p_i 为第 i 组的人口比重（%），P_i 和 Y_i 分别为第 i 组的人口和收入。利用以上公式计算基尼系数的程序是，在按人均收入等级划分出 n 组（可任意分组），并计算出各组人口（P_i）和收入（Y_i）以及人口比重（p_i）和收入比重（y_i）的基础上，（1）计算各组的累加收入百分比（U_i）；（2）将累加收入百分比按收入等级两两相

---

① 陈宗胜：《经济发展中的收入分配》上海三联出版社，1994 年版，第 29 页。

加（V_i），其中第一组不变；（3）再将各组数值与相应的人口百分比相乘，并且将乘积加总（S）；（4）将加总数从 10000 中扣除并除以 10000，就得出收入差别基尼系数。

（三）计算结果及分析

以全部收入为税前收入，以可支配收入为税后收入，通过计算得出，我国城镇居民全部收入及可支配收入分配的基尼系数，如表 6 - 3 所示：

表 6 - 3   城镇居民税前、税后基尼系数比较表

年份	1994	1996	1998	2000	2001	2002	2003	2004
税前基尼系数	0.2114	0.2046	0.2238	0.2448	0.2559	0.3064	0.3179	0.3256
税后基尼系数	0.2154	0.2088	0.2266	0.2451	0.2562	0.3057	0.3154	0.3227
年份	2005	2006	2007	2008	2009	2010	2011	2012
税前基尼系数	0.3309	0.3272	0.3224	0.3299	0.3224	0.3154	0.3154	0.3022
税后基尼系数	0.3280	0.3247	0.3208	0.3284	0.3229	0.3165	0.3166	0.3032

资料来源：依据《中国统计年鉴》（1995～2013）的相关数据计算整理而得。

该计算结果与国家统计局公布的计算基尼系数比较而言，相对较小，特别是 2002 年以前的基尼系数较国家统计局公布数据小的较多，这可能与采用"人均可支配"作为"税后收入"的替代指标，存在一定误差所致。但这里计算基尼系数的宗旨不是用来说明收入差距的大小，而是衡量税收对收入分配调控效应大小，替代指标对各年基尼系数带来的影响是一致的。所以，不影响用此对税收对收入分配调控效应的衡量与说明。

将上面计算的结果进行比较，不难发现，我国 1994～2012 年居民收入的税前税后基尼系数，在小数点后第三位才开始出现差异，即税收根本没有对居民收入的基尼系数产生明显的调整功效。这说明现行税制对城镇居民的收入分配差距的调控作用微乎其微。同时，进一步的观察还可看出，2002～2008 年才有所好转，但改善程度甚微。1994～2001

年以及 2009~2012 年的税后基尼系数与税前相比，不仅没有降低，反而还有所提高。说明现行税制对我国城镇居民收入分配的调控效应不仅甚微，而且还存在一定的负效应。在这一点，我国远不如西方发达国家的税收调控收入分配的效用显著，如图 6－1 所示。

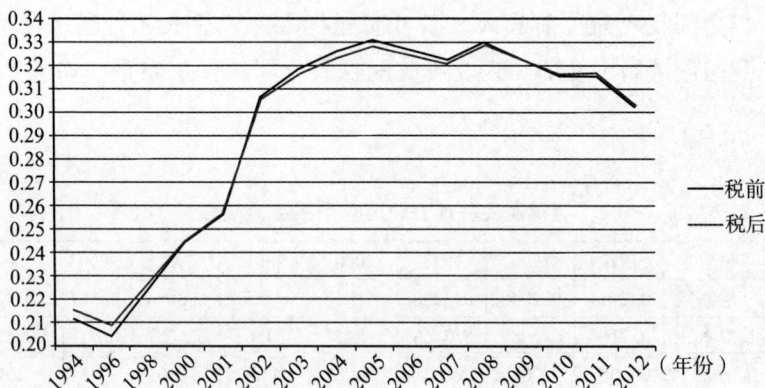

图 6－1　城镇居民税前、税后基尼系数比较图（1994~2007 年）

在西方发达国家同样通过比较税前基尼系数和税后基尼系数的变化，衡量和评价税收对收入分配的调控效果。税后基尼系数比税前基尼系数下降得越多，说明税收调控收入分配的效果越显著，如加拿大1974 年纳税人的税前基尼系数为 38%，税后基尼系数为 34%，到 1993年纳税人的税前基尼系数为 37%，税后基尼系数为 33%，说明加拿大的收入分配差距多年来未发生剧烈变动，税收对收入分配的调控效果明显而稳定。对不同收入群体的税后和税前基尼系数调控差别的存在，更能反映税收对收入分配调控的具体效应，若对低收入群体的基尼系数缩小力度越强，说明税收调控收入分配的效果越好。如加拿大退休家庭原始收入的基尼系数为 66%，税后收入的基尼系数为 32%，说明政府通过财税政策使退休家庭的实际收入差距缩小，基尼系数降低。因而，税收对不同收入群体的收入分配调控效果，因政策取向不同而存在差异，税收对居民收入分配效果十分明显。

二、城镇居民收入税前、税后收入均等指数的计算与比较分析

基尼系数是测度收入分配总体差距状况的世界通用指标，对收入差距总体状况的描述，但其计算复杂，且由于采用数据口径不同，使结果存在很大差异。所以，本书在税前、税后基尼系数法的基础之上，再以收入均等指数①的计算与比较来进一步说明和论证我国税收调控居民收入效应状况。

（一）指标选取及计算方法

收入均等指数是衡量居民收入总体差距状况的重要指标，用于测量各收入组的平均收入份额离全体平均收入份额距离的总和。在本书第五章曾通过该指标的计算测度我国城镇居民收入分配差距状况，再依据居民收入的税前和税后数据，分析税收对居民收入分配的调控效应。其中，税前、税后收入指标的选取与界定说明如同基尼系数部分。计算公式为：

$$k = \sqrt{\frac{n}{n-1}} \sqrt{\sum_{i=1}^{n}(y_i - \overline{y})^2} \quad (i = 1, 2, 3, \cdots, n)$$

其中：k 为收入均等指数，该数值越大，表明收入分配差距越大，反之则表明收入分配差距越小；式中的 n 为收入组数，y_i 为各收入组收入占总收入比重，$\overline{y}$ 为各组收入占总收入比重的平均数。

利用我国 1990~2014 年城镇居民按等级划分人均可支配水平计算我国城镇居民税前、税后收入均等指数如表 6-4 所示。

---

① 李军等："度量收入分配的均等指数方法及其应用"，《数量经济技术经济研究》，2005 年第 6 期。

表6-4   城镇居民税前、税后收入均等指数比较表

年份	1990	1992	1994	1996	1998	2000	2002	2004
税前收入均等指数	0.152	0.155	0.187	0.181	0.199	0.217	0.276	0.293
税后收入均等指数	0.155	0.162	0.191	0.184	0.200	0.217	0.274	0.292
年份	2005	2006	2007	2008	2009	2010	2011	2012
税前收入均等指数	0.287	0.285	0.280	0.286	0.279	0.274	0.274	0.262
税后收入均等指数	0.285	0.282	0.279	0.285	0.279	0.274	0.274	0.262

资料来源：依据《中国统计年鉴》（1991~2013）相关数据计算整理而得。

（二）计算结果比较分析

由上述结果看出，我国城镇居民税前、税后收入均等指数从1994~2004年都处于不断增大的过程，表明我国城镇居民收入差距从1994年开始持续扩大；2005~2012年我国城镇居民税前、税后收入均等指数呈下降趋势，表明我国城镇居民收入差距有所缩小，但我国城镇居民收入差距仍然较大。比较我国城镇居民税前、税后收入均等指数不难发现，税后均等指数与税前均等指数比较，变化幅度不大，表明我国税收对城镇居民收入差距调控的力度微弱。不仅如此，1994~1998年税后收入均等指数比税前收入均等指数还要大，有的年份两者相等，2000年以后，我国城镇居民的税后收入均等指数开始减小，说明税收对我国城镇居民收入差距调控效用首先表现为弱化，其次在2000年以前，税收对居民收入调控始终是负效应，2000年以后开始有所好转，但效应仍然很微弱。如图6-2所示。

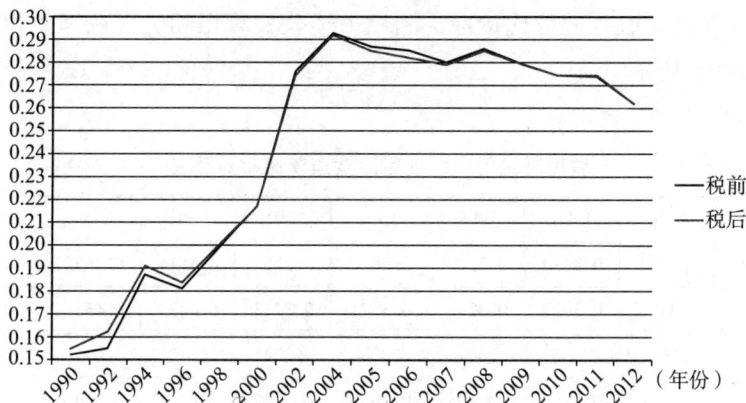

图 6-2　城镇居民税前、税后收入均等指数比较图

三、城镇居民收入税前、税后库兹涅茨比率的计算与比较分析

（一）指标及计算方法

税收对居民收入分配总体差距的调控效果检验还可从库兹涅茨比率[①]计算和比较进行分析。库兹涅茨比率是测度和衡量总体收入差距的统计指标，具体计算公式为：

$$R = \sum_{i=1}^{n} |y_i - p_i| \quad (i = 1, 2, 3, \cdots, n)$$

$$y_1 + y_2 + \cdots + y_n = \sum y_i = 100$$

$$p_1 + p_2 + \cdots + p_n = \sum p_i = 100$$

y_i 代表第 i 组收入占总收入的比重，p_i 代表第 i 组人口占总人口的比重。库兹涅茨比率越大说明收入分配的不均等强度越大。

（二）计算结果及分析

我国城镇居民 1994～2012 年七等分全部收入为税前收入，可支配

---

① 陈宗胜：《经济发展中的收入分配》，上海三联书店，1994 年版，第 24 页。

收入作为税后收入的替代指标，利用上述公式算得相关库兹涅茨比率，如表6-5所示。

表6-5　　　　　　城镇居民税前、税后库兹涅茨比率对照表

年份	1994	1996	1998	2000	2001	2002	2003	2004
税前	0.3071	0.2970	0.3277	0.3666	0.3728	0.4524	0.4653	0.4784
税后	0.3119	0.3027	0.3286	0.3571	0.3733	0.4489	0.4558	0.4738
年份	2005	2006	2007	2008	2009	2010	2011	2012
税前	0.489	0.5	0.49	0.4864	0.4739	0.4627	0.4640	0.4438
税后	0.487	0.501	0.475	0.4837	0.4748	0.4636	0.4646	0.4441

资料来源：依据《中国统计年鉴》（1995~2013）相关数据计算整理而得。

从库兹涅茨比率的计算结果不难看出，以该指标计算结果所反映的收入分配差距状况，库兹涅茨比率在2001~2008年税后稍有改善，其余年份不仅没有改善，反而进一步恶化了收入分配状况，说明我国税收对收入差距的调节作用很弱。如图6-3所示：

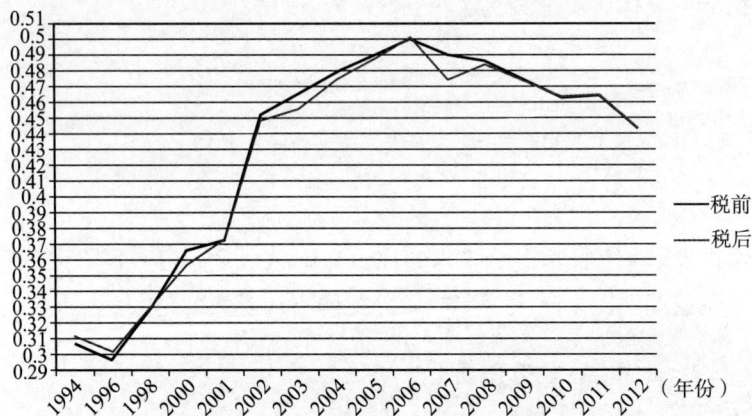

图6-3　城镇居民税前、税后库兹涅茨比率比较图

第三节　现行税制对居民各收入阶层的调控效应

通过上一节税前、税后基尼系数和库兹涅茨比率的计算和比较，表明我国税收对居民收入分配的总体状况未能发挥有效的调控，这里通过阿鲁哇利亚指数和不良指数的计算比较，可以进一步分析税收对城镇居民各阶层的收入分配调控状况。

一、税前、税后阿鲁哇利亚指数计算与比较分析

阿鲁哇利亚指数反映的是 40% 最低收入组人口的收入占全部收入的比重，最高为 0.4，该指数越小，表明低收入群体的收入状况越恶化。根据我国城镇居民收入七等分统计数据，计算出我国城镇居民收入税前、税后阿鲁哇利亚指数变化情况，如表 6-6 所示：

表 6-6　　　　　城镇居民税前、税后阿鲁哇利亚指数比较表

年份	1994	1996	1998	2000	2001	2002	2003	2004
税前	0.2869	0.2888	0.2752	0.2661	0.2595	0.2267	0.2227	0.2177
税后	0.2839	0.2855	0.2747	0.2658	0.2591	0.2284	0.2224	0.2194
年份	2005	2006	2007	2008	2009	2010	2011	2012
税前	0.2166	0.2186	0.2215	0.2215	0.2270	0.2302	0.2311	0.2392
税后	0.2180	0.2200	0.2220	0.2220	0.2259	0.2293	0.2302	0.2385

资料来源：依据《中国统计年鉴》（1995～2013）相关数据计算整理而得。

依据上述计算结果，表明我国城镇居民从 1995～2005 年，无论是按税前收入，还是按税后收入计算，阿鲁哇利亚指数持续下降，即 40% 最低收入组的收入份额逐年减少；2006～2012 年，无论是按税前收入，还是按税后收入计算，阿鲁哇利亚指数呈现上升趋势，但总体上变化不大。1994 年 40% 低收入人口全部收入占收入总额的 28.39%，

2000 年该比重下降到 26. 58% ，而到 2005 年又进一步下降到 21. 66% ，
2006 年之后比重一直稳定在 22% ~24% ；比较税前、税后阿鲁哇利亚
指数变化情况，不难发现两者之间相差十分小，说明经过税收调节，
40% 最低收入人口的收入比重几乎没有得到明显改善，个别年份税后可
支配收入状况比税前进一步恶化。可见，2004 年以前我国现行税制对
低收入群体的收入分配几乎没有发挥明显的积极作用，但从 2006 年开
始，我国城镇居民 40% 低收入群体的收入份额开始上升，达到 22% 以
上，说明我国对收入分配差距调控措施的作用逐渐体现，但税收的调节
作用仍然比较微弱。如图 6 - 4 所示。

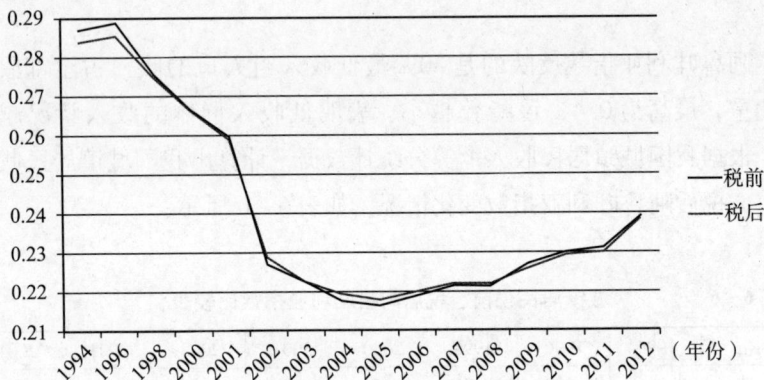

图 6 - 4　城镇居民税前、税后阿鲁哇利亚指数比较图

　　相对于低收入群体的收入份额不断减少，少数高收入群体却占有
越来越多的收入份额，如根据中国统计年鉴相关统计数据计算得出，
我国最高 10% 收入组的收入份额 1994 年为 16. 8% ，到 2012 年该比
重达到 22. 7% ，20% 高收入组的收入份额所占份额由 1994 年的
29. 8% ，上升至 2012 年的 37. 25% ，而税收调控后，高收入组的收入
份额几乎没有得到明显的变化。说明我国现行税制对各阶层的收入分
配调控十分不力。

　　关于这一点，从我国个人所得税的来源构成也可得到同样的验证，

在我国的个人所得税来源构成中，来自工薪阶层的工资薪金所得税比重逐年提高。从 1994 年的 38.7% 增加到 2001 年的 41.2% 以及 2007 年的 54.97%，工资薪金所得税在个人所得税中占有大半壁江山，以工薪收入为生的广大低收入群体充当了个人所得税的主力军，而大量以个体工商收入所得、劳务所得为主要形式的高收入者却占有极小的份额。

通过与西方发达国家对比，更进一步表明我国现行税制对各收入阶层的调控效应的弱化。西方国家考察税收调控收入分配效果，往往通过税前收入差距状况与税后的收入分配差距状况进行比较来说明，税后收入分配差距较税前收入分配差距缩小得越明显，表明税收的调控效果越好。英国在 1994～1995 年纳税年度内，对应税收入实行三级累进税率，1～3900 英镑征 20% 的税，3901～25500 英镑征 24% 的税，25500 英镑以上征 40% 的税。其中 1% 的低收入者税前收入在 3690 英镑以下，税后收入在 3640 英镑以下；10% 的低收入者税前收入在 5270 英镑以下，税后收入在 4980 英镑以下；另有 10% 的高收入者税前收入在 26100 英镑以上，税后收入在 21000 英镑以上；1% 的高收入者税前收入在 68400 英镑以上，税后收入在 48100 英镑以上。由此看出，收入越高其税前与税后的收入差距越大，说明税收对收入分配差距缩小的作用比较明显。

二、税前、税后收入不良指数变化分析

收入不良指数是指 20% 高收入阶层与 20% 低收入阶层所占收入份额之比。通过不良指数的税前、税后变化分析，也可看出税收调控收入分配的效果优劣。世界许多国家通过税收手段对不同收入阶层的调控，使各收入阶层的收入状况通过税收调控得到有效调整。如仍以英国的税收调控为例，1% 的最高收入者与 1% 的最低收入者税前收入比率为 18.5∶1，税后收入比为 13.5∶1。而我国 1994 年以来高收入组收入所占份额快速增长，低收入组收入所占份额不断下降，而税收对各阶层收入分配份额又未能进行有效的调节与控制。进而，使我国的最高最低收入比连年上升，收入分配差距扩大趋势难以得到有效控制。

第四节　税收调控收入分配效应弱化的根源剖析

无论从定性还是从定量角度考察，我国现行税制对收入分配调控效应十分弱化，甚至存在一定程度的负效应。这违背了社会经济发展对税收制度与政策的客观要求，也不应是税收制度与政策设计的初衷。

我国税收调控收入分配效应弱化是由多种因素造成的。既有宏观经济发展战略的背景与导向的影响，又有社会纳税环境的制约；但主要还在于税收制度与政策本身不完善所致，主要表现在以下几个方面。

一、我国现行税制结构在收入分配调控方面的缺陷

我国现行税制结构中流转税地位突出。流转税占税收总收入的比重，在2001年以前均处在70%以上的高水平，而所得税收入所占比重则在20%以下，2001年以后流转税比重有所下降，开始低于70%，所得税比重上升到20%以上，但直到2007年流转税的比重仍在60%以上，而所得税的比重为26%，至于个人所得税的税收比重仅为6.44%，到2012年流转税占税收总收入的比重为58.8%，所得税收入所占比重为25.12%，个人所得税比重为5.3%。由此表明，我国现行税制中流转税的财政收入职能和资源配置职能得到充分发挥。但所得税，特别是个人所得税的地位和作用受到了极大的限制，规模上的微不足道，使我国个人所得税无论在财政收入职能上还是对居民收入的调节上都无法发挥其应有的作用。所以，在当今社会巨富者大量增加，收入分配逐渐向两极分化的条件下，我国以流转税为主体的税制结构在充分发挥收入功能，保障税收大幅度增长的同时，却弱化了所得税调节收入分配的功能。

二、税收调控体系不健全难以形成多税种协同调控合力

在现代复合税制下，一个国家的税收制度无论是采用流转税为主体税种，还是所得税为主体税种的税收制度，其税收对收入分配调控的实现都是由若干个税种协同完成的。我国现行税制对收入分配调控的税种体系极不完善。现行税制的收入分配调控主要靠个人所得税，存在严重的税种体系不健全问题，最严重的是社会保险税、遗产税和赠与税的缺失。

（一）社会保险税迟迟未开征

社会保险税作为筹集社会保障体系所需资金的一种税收，是世界各国普遍征收的税种，特别是以所得税为主体税种的西方发达国家，社会保险税已成为仅次于个人所得税的第二大税种，是税收收入的重要组成部分，构成国家对低收入者进行转移支付的主要资金来源。

而在我国尚未开征社会保险税，只是采用收费制度，即在职工取得工薪收入环节，扣除社会保险费，作为社会保障体系中社会保险筹资方式。目前已开设的主要有养老保险基金、失业保险基金和医疗保险基金等。这些基金从本质上讲是社会保险税的雏形，但由于这些社会保险基金并不是以统一的法律和制度固定下来的，其开征范围和比例具有一定的局限性，同时在各省市区域运行，不仅没有全国范围的统一性和规范性，更未上升到法定的税收层次，在筹资过程中的阻力大，企业拖欠、拒缴社会保险费的情况普遍。因而，这种以收费形式征收社会保障制度资金的方式，不仅无法为社会保障制度提供稳定的资金来源，更难以使社会保险税成为国家调控居民收入分配的有力工具。

（二）遗产税与赠与税缺位

随着一国经济的发展，居民收入形式不仅表现为货币收入，还表现为资产收入，不仅体现资金流量上，还体现为资产存量，所以对收入分

配的调控要考虑对资产的征税。遗产税和赠与税的征收对于防止社会财富的过度集中，缓解收入分配不公，杜绝不劳而获具有积极的意义，是个人所得税对收入分配调节的有利补充。

1950 年 1 月，遗产税曾被列入《全国税收实施要则》，但由于当时的经济基础和法律条件均不具备，因而未能开征。1993 年 12 月国务院批转国家税务总局《工商税制改革实施方案》中，也曾再一次提到"开征遗产税"，但依然未能开征。经过近 30 年的改革开放，我国居民的财产积累程度有相当的提高，特别是高收入群体的财产已积累到非常可观的规模，我国的个人财产转让环节却始终没能开征遗产税和赠与税。这削弱了对高收入群体的收入调控效果，也降低了我国居民收入分配的税收调控效应。

所以，无论依据税收调控理论，还是依据对西方发达国家税收调控收入分配实践成功经验，对居民收入分配调控，单个税种的力量是脆弱的，无法完成对居民收入分配调控的重任，客观上需要多个税种在居民收入分配的不同环节分别实施调控并予以配合。而我国社会保险税与遗产税、赠与税等相应税种的缺失，使我国税收调控收入分配难以形成合力，进而使税收调控收入分配功能受到极大限制而导致税收的收入分配调控效应弱化。

三、具体调控税种不完善制约收入分配调控功能发挥

我国现行税收制度对居民收入产生调控效应的具体税种主要有个人所得税、消费税、财产税，而这三种税收制度不同程度地存在不完善问题。

（一）个人所得税对收入分配调控存在的问题

个人所得税是调节收入分配能力最强的税种，在实现收入公平分配职能方面发挥着其他税种难以替代的作用。但从税收制度与社会经济发展要求相适应角度看，我国现行个人所得税制度存在诸多不完善之处，

缺乏科学性和合理性，导致其税收调控收入分配实施乏力，效应弱化。

1. 分类所得课税模式不尽合理

在个人所得税课税模式选择上，目前世界上大多数国家偏好于综合型，即就个人全年各项收入综合征税，这样能够全面、完整地体现纳税的能力负担原则和税收公平原则。我国现行个人所得税制实行分类分项征收，将个人所得按不同的收入来源分为11个征税项目，对不同来源的所得采用不同的费用扣除方法、适用不同的税率，而不是将纳税人的全部所得综合计算征税。这样，对于收入水平相同的个人之间，由于收入来源不同，承担的税收负担就不同，致使收入来源多，收入高的纳税人不缴税或少缴税；而收入来源少，收入相对集中的纳税人多缴税，这既不符合税收的能力负担原则，也不利于收入公平分配。同时，还容易造成纳税人分解收入，多次扣除费用，逃避纳税义务提供可乘之机，有碍个人所得税制度的顺利实施。

2. 扣除费用不合理，扭曲了收入分配的调控功能

第一，个税费用扣除标准的调整严重滞后，使个人所得税的调控对象错位。我国个人所得税的费用扣除标准最初确定为800元标准，并且从1994~2005年12年尽管经济社会发展状况发生了很大变化，居民收入水平有了较大提高，但个人所得税的费用扣除标准却长期保持不变，直到从2006年1月提高到1600元，2008年提高到2000元，2011年提高到3500元。个人所得税费用扣除标准体现国家对高收入阶层的调控意图。所以个人所得税的费用扣除标准应随着居民收入水平的提高而及时上调，而我国的个人所得税费用扣除标准的调整却严重滞后于居民收入水平变化。1994年我国中等收入水平城镇居民的人均月收入为275.3元，2000年中等收入水平的城镇居民人均月收入为494.2元，到2004年该收入水平上涨到728.9元，是1994年的人均收入水平的近3倍，而个人所得税费用扣除标准保持12年没有随居民平均收入水平上升而提高。致使个人所得税不称其为调节税，而成为工薪阶层的一般税。2006年、2008年及2011年分别对个人所得税扣除标准做了相应提高，但是相对于经济增长状况以及居民收入水平和物价水平状况，现费用扣

除标准有待进一步调整。

第二，我国个人所得税的扣除标准不够科学。我国个人所得税的税前扣除标准，无论是调整前的 800 元、1600 元、2000 元，还是现行的 3500 元，都只考虑了个人的生计需要，而没有考虑到个人的自然状况，如婚否、赡养家庭人口的多少、子女教育费用等，而随着教育、住房和社会保障制度的改革，个人负担的相关费用呈现明显的差异。因而现行的费用扣除标准不能充分体现量能原则。另外费用扣除未考虑通货膨胀的影响，未与物价指数挂钩，使税收制度缺乏弹性，进而在通货膨胀下，加重居民的实际税收负担。

3. 税率设计不合理

对工薪所得采用七级超额累进，最高税率为 45%，而对利息、股息、红利所得则采取 20% 的比例税率，同时比例税率本身具有累退性，不利于税收对收入差距调控作用的发挥。由于我国个人所得税税目实行列出制，导致大量的个人所得游离于个税征管范围之外。另外针对个人银行储蓄存款征利息所得税（已于 2008 年 10 月 9 日暂免征收），在 1999 年开始实施之日起，即实行 20% 的比例税，后由于宏观经济形势变化，对存款利息税率于 2007 年 8 月 15 日调至 5%，并进一步于 2008 年 10 月 9 日暂免征收利息税。利息税的征收虽属个税范畴，但由于其实施单一比例税率，再加上没有起征点等措施，对广大中低收入户的收入状况具有不利影响。

（二）消费税调控收入分配作用甚微

我国现行消费税是 1994 年工商税制改革中新开征的一个税种，是在对货物普遍征收增值税的基础上，在生产环节（金银首饰、钻石及钻石饰品改为零售环节）再对其中 11 种产品征收消费税。作为流转税之一的消费税，1994 年以来对调整消费结构、产业结构起到了积极的作用。为适应社会经济形势的客观发展需要，进一步完善消费税制，财政部、国家税务总局于 2006 年 3 月 21 日联合发布了《关于调整和完善消费税政策的通知》（财税〔2006〕33 号），从 2006 年 4 月 1 日起，对我国消费税的税目、税率及相关政策进行调整，税目由原来的 11 个增加调整为 14 个税目。其中，扩大了石油制品的消费税征收范围，新设成品油税目；为了增强人们的环保意识、引导消费和节约木材资源，增加木制一次性筷子税目；为了鼓励节约使用木材资源，保护生态环境，增加实木地板税目；为了合理引导消费，间接调节收入分配，增加高尔夫球及球具税目；为了体现对高档消费品的税收调节，增加高档手表税目。2008 年 11 月 5 日，国务院第 34 次常务会议修订通过《消费税暂行条例》，自 2009 年 1 月 1 日起施行。为促进节能环保，经国务院批准，自 2015 年 2 月 1 日起对电池、涂料征收消费税。

虽然消费税的征税范围不断扩大，但消费税对个人收入分配的调控作用却依然不那么显著。

1. 消费税的征收范围调整严重滞后

从征税范围看，我国 1994 年的消费税税目是按照 20 世纪 90 年代初消费品分类进行设置的。在经济改革和发展中，我国没有根据居民消费结构变化和消费档次提高而及时地调整消费税的征税范围和税率，直至 2006 年 4 月 1 日进行调整并开始执行新的消费税制。20 世纪 90 年代末以来，特别是 2000 年以来我国居民的消费结构发生了重大变化，当时的奢侈品，如护肤护发品、化妆品已成为了人们的生活必需品和常用品，消费税的调控目标已偏离其征收初衷，而新出现的奢侈品如高尔夫球等直到 2006 年 4 月才被纳入消费税的征收范围，消费税范围调整相对滞后，既造成了多年来的税收流失，又不利于对居民收入状况的调节。所以我国现行消费税对居民个人收入分配的调控作用发挥十分有限。

2. 消费税的调控效果具有较强的间接性

从消费税的征收环节来看，消费税普遍在生产环节征收，只有金银首饰、钻石及钻石饰品在零售环节征收消费税。在生产环节向生产经营者征收消费税，只有存在税负转嫁时，消费税对居民的购买能力和收入状况产生影响，进而发挥对居民收入分配的调控作用。近年来，在我国面临通货紧缩的情况下，消费者购买欲望不强，购买能力相对不足，所以通过消费税转嫁对居民收入的调节作用不大。

(三) 财产税体系不健全

财产税是指对纳税人拥有或使用的财产征收的税种，在我国居民财产总量不断增多，结构日益复杂的情况下，财产拥有状况已逐渐成为居民收入分配差距的重要因素。因此以居民财产为课税对象的财产税应成为税收调控的重要方面，由于我国现行财产税体系极其不健全，使得财产税制对居民个人收入分配调控的功能没有得以体现。主要表现为：

1. 征税范围狭窄

我国课征的财产税属于个别财产税，即是有选择地对部分财产分别征税，税基十分狭窄。目前农村居民的房屋不征房产税，只对城镇居民用于营业的房产征税，而对城镇居民个人拥有的非营业性质的房产则免税，这样由于大部分财产游离于财产税征税范围以外，导致居民因拥有财产不同而造成的贫富差距的税收调节极其薄弱。

2. 计税依据严重不合理

房产税以房产原值作为计税依据，造成税收增长滞后。20 世纪90 年代以后，我国房地产业发展迅猛，商品化程度不断提高，个人购房比重逐步上升，而且一些高收入者已经拥有高档住宅。由于房产税的征收范围狭窄，同时现行房产税以房产原值作为计税依据，造成税收增长严重滞后，影响国家对房地产业的有效调控，制约政府调控收入分配的财力增长，影响财产税的收入调控效应发挥，进而导致现行财产税难以满足调控个人财产的需要。另外，我国目前只对使用中的车船征税，车船使用税具有行为税的性质，也难以发挥财产税的调控功能。

由此看出，我国现行税制中，具有收入分配调节功能的个人所得税、财产税、消费税由于存在诸多不完善之处，制约其对居民收入差距调节作用的发挥，进而降低了我国税收对居民收入分配的调控效应。

四、税收征管能力与水平落后使收入分配调控乏力

税收征管水平是税收制度作用有效发挥的基础和保障，特别是对税收的调控作用而言更是如此，再完善的税收制度，如果没有强有力的征管手段相匹配，也难以在实践中发挥其应有的作用。我国现行的税收征管水平和力度仍比较弱，税收征管工作难以保障个人所得税制度在个人收入分配中发挥积极的作用。具体表现在如下几个方面。

（一）按分项所得征税，征管效率较低

现行个人所得税征收实行分类分项征收，税务部门无法对个人的各项收入实行累计的、综合的征收，同时各项收入的扣除方法和标准存在差异，造成纳税人通过分解收入和多次扣除等方法进行避税进而降低税收对收入分配的调节效果。

（二）估税征收造成税收流失和收入分配不公

我国个人所得税的征收，对管理规范的企事业单位实行单位代扣代缴制，而对一些工资管理不规范的企业，如个体工商户和建筑施工企业的个人所得税实施定额征收，这难免存在税额确定的随意性和不准确性，不仅造成大量的税收流失，而且影响个人所得税对高收入群体的税收调控力度，降低税收的收入分配调控效应，导致收入分配不公。

（三）代扣代缴义务人的法律责任不够明确，使偷漏税有可乘之机

现行税收制度规定中由于对纳税人和代扣代缴义务人所承担的法律责任不够明确，监督措施不得力，使得一些应税项目和代扣代缴责任难以落实，影响税源的全面控制使偷漏税有可乘之机，使得我国税收征管中代扣代缴环节的税收流失问题长期存在。

（四）征管手段落后，征管效率低下

我国的税收征管中，相对于信息化社会对税收征管能力的要求，我国税收征管手段更新滞后，针对控制税源、监督纳税状况的计算机网络系统建设效率较低，不利于对纳税人收入信息的全面掌握和对其实施有效的税收监控。再加上税收征管人员力量的制约，使得我国税收征管效率低下，造成高收入者应征税款的流失，进而影响税收对居民收入分配的调控效果。

第七章

财政调控收入分配效应
实证分析（中）

——从财政支出角度考察

依据财政学原理，财政具有三大职能即资源配置、经济稳定和收入分配，而财政履行收入分配职能的有力工具就是税收和公共支出，与税收通过减少高收入者可支配收入来缩小收入差距的作用机制不同，公共支出则主要通过财政资金的投入措施，提高低收入者获得收入的能力及从增强低收入者的生活保障方面，增加低收入者的收入水平来缩小收入差距，促进收入公平。主要包括转移性财政支出，特别是社会保障制度的建立和相应资金支出，提高低收入者收入水平和改善贫困居民的生活质量，进而缩小贫富差距，以及通过教育支出提高低收入者获得收入的能力，进而促进收入分配公平等。

第一节　转移性财政支出公平收入分配效应分析

一、转移性财政支出内涵及其公平收入分配的主要机制

（一）转移性财政支出内涵

转移性财政支出是按经济性质进行分类的一种财政支出形式，是指

政府的支出不直接形成对产品和劳务的需求，而直接表现为资金无偿的、单方面的转移。这类支出主要包括社会保险和福利支出、抚恤与社会救济支出、财政补贴支出、捐赠支出等。

（二）转移性财政支出公平收入分配的机制和原理

转移性财政支出通过一定机制，诸如最低生活保障制度、财政补贴制度、抚恤与社会福利支出等，将财政资金从多个渠道、多条途径、多个层次转移给相关居民，并成为居民收入来源的重要组成部分——转移性收入。

转移性支出制度具有其自身特点，即支出对象主要为需要政府提供生活保障低收入群体，转移性财政资金的支出过程，即是低收入群体收入得到补偿，生活得到保障的过程，因而转移性财政资金具有内在的公平收入分配作用与职能。一般而言，由于购买性支出注重效率，转移性支出侧重公平，因而在财政支出总额中，若转移性支出所占比重较大，财政活动对收入分配公平的影响就较强。反之，若购买性支出所占比重大，财政活动对生产就业的直接影响就大，而财政的公平效应则相对较弱；因此，以转移性支出所占比重的大小来反映不同国家以及同一国家在不同发展阶段，财政支出促进收入分配公平职能的强与弱。同时在既定规模下，转移性财政资金支出制度设计不同，其收入分配功能大小也将不同，转移性财政资金越是倾向于低收入群体和困难群体，其公平收入分配功能越强，反之则弱，甚至起到逆向调控作用。

二、我国转移性财政支出促进收入分配公平的现状与问题

（一）财政促进收入分配公平功能现状

伴随收入分配差距的扩大，我国财政通过转移性支出缩小差距，促进公平的功能逐渐受到关注和重视，并得到日益发挥。

首先，从国家财政用于抚恤和社会福利支出角度而言，1994 年总

额为 95. 14 亿元，到 2000 年达到 213. 03 亿元，到 2006 年达到 907. 68
亿元，年均增长率为 71. 1%，其增长速度不仅远远高于 GDP 的年均增
长率，并且远大于同期财政支出年均增长率，表明我国不断重视和加强
财政支出的公平效应；从相对规模看，在财政抚恤和社会福利支出结构
中，对居民收入分配具有直接调节作用的社会救济福利费所占比重显著
提高，如 2000 年社会救济福利支出所占比重为 21. 2%，2006 年所占比
重提高到 46. 43%，从另一个侧面反映出财政转移支付结构逐渐倾向于
收入分配差距的缩小和福利状况的改善。

其次，从转移性财政支出的其他项目构成同样反映我国财政支出
中，具有公平作用的支出项目规模不断扩大，增长速度逐渐提高。就社
会保障补助支出而言，1998 年仅为 14. 15 亿元，2000 年达到 42. 62 亿
元，到 2006 年就达到 241. 2 亿元，8 年间，该项支出增加 16 倍多。这
反映出政府对财政支出的社会保障功能的高度重视，并将我国提升财政
支出社会公平目标的政策宗旨体现于相应的财政支出政策。

最后，政策性补贴支出同样是我国减少波动，缩小差距的重要手
段。1998 ~ 2006 年，我国的政策性补贴支出作为转移性支出的重要组
成部分，也成为政府促进收入公平的必要途径。与抚恤和社会福利支出
及社会保障支出相比较，政策性补贴支出的变化态势有其独立性，即政
策性补贴支出规模不是单边上升的，而是随经济运行具体状况以及价格
波动情况而定，该项支出某种意义上发挥了更直接、更有效的收入调节
功能。2007 年财政收支科目实施了较大改革，特别是财政支出项目口
径变化很大，与往年数据不可比。2007 年起财政支出采用新的分类指
标。国家财政支出中，2007 年用于社会保障和就业的财政支出为
5447. 16 亿元，2010 年为 9130. 62 亿元，2013 年增长到 14490. 54 亿元，
年均增长率为 27. 67%，说明我国财政政策依然是增大基本保障支出，
促进社会公平。

所以，从财政转移性支出总体规模的变化趋势，及各个具有公平收
入作用的分项转移性财政支出的总量与增长速度，反映政府从财政支出
角度履行财政公平收入分配功能的重视与加强，为我国财政支出的收入

分配调控创造条件，奠定基础，体现了我国公共财政建设的目标与宗旨。

（二）我国财政支出促进收入分配公平中存在的问题

第一，在财政支出结构中，属于居民收入再分配的支出比重极为有限。1996 年，我国财政支出共 7937 亿元人民币，其中社会福利支出为128 亿元，只占全部财政支出的 6.6%。即使是这样有限的支出，也主要是针对城镇低收入阶层，绝大多数农村地区几乎没有社会保障。相比之下，20 世纪 90 年代初美国社会保障支出占财政支出的比例为 30% 左右，而德国则达到 50% 左右①。与此相对照的是，我国财政支出中生产性支出仍占较大比重。近几年，随着小康社会构建和民生工程建设的进程加快，我国财政的福利性支出受到各级政府的普遍重视，但财政的生产性支出仍然处于较高比重。我国财政在效率方面"越位"严重，同时也造成我国财政支出在公平方面"缺位"问题的存在。

第二，财政转移支出结构不尽合理，对低收入者改善效果有待增强。根据财政转移支出资金的特点，其收入差距调控的效果应突出表现为对低收入群体收入状况的改善。在各类收入差距指标当中，阿鲁哇利亚指数是衡量低收入群体收入状况较常用的指标，转移支付制度的实施，若提高了阿鲁哇利亚指数，说明转移支付政策是正效应，提高的幅度越大，财政转移支出的效应就越强，反之，说明财政转移支出在促进收入分配公平中效应不明显。若转移支付制度实施后，不仅未能使低收入群体收入比重有所上升，反而有所下降，即财政转移支出产生了对收入差距的逆向调节，则表明财政转移支出对收入差距调节产生了负效应。

在我国目前的统计资料中，关于城镇按等级分居民收入来源构成的统计数据无从检索，只有关于农村居民的相关数据。本研究根据中国统

---

① 杨天宇：《论我国财政收入分配职能的重新定位》，《当代经济科学》2000.4 第 42~46 页。

计年鉴我国农村居民收入五等分收入来源构成等数据，通过对我国 2003 年以来（年限选择主要源于数据所限）阿鲁哇利亚指数的改变状况，揭示我国财政转移支付对农村居民收入的调控效应，以反映从财政支出角度考察居民收入分配功能的状况，如表 7 - 1 所示：

表 7 - 1　　　　农村居民阿鲁哇利亚指数、收入不良指数比较表

指标	2003 年	2004 年	2005 年	2006 年	2007 年	2008 年
$K_{前}$	0.2056	0.2112	0.2054	0.2057	0.2058	0.2005
$K_{后}$	0.2038	0.2108	0.2057	0.2067	0.2073	0.2042
$S_{前}$	7.2274	6.8630	7.3211	7.2653	7.4174	7.89
$S_{后}$	7.3298	6.8834	7.2594	7.1671	7.2691	7.53
指标	2009 年	2010 年	2011 年	2012 年	2013 年	2014 年
$K_{前}$	0.1931	0.2003	0.1941	0.1936	0.1991	0.219
$K_{后}$	0.1971	0.2036	0.1984	0.1988	0.2014	0.197
$S_{前}$	8.41	7.84	8.94	8.82	8.778	9.2103
$S_{后}$	7.95	7.51	8.39	8.21	8.23492	8.6512

资料来源：依据《中国统计年鉴》（2004~2015）相关数据计算整理而得。

表中 $K_{前}$ 代表居民获得财政转移性收入之前的阿鲁哇利亚指数，$K_{后}$ 代表居民获得财政转移性收入之后的阿鲁哇利亚指数；$S_{前}$ 代表居民获得财政转移性收入之前的收入不良指数，$S_{后}$ 代表居民获得财政转移性收入之后的收入不良指数。由计算结果不难看出，2003~2007 年，财政转移支出前后，阿鲁哇利亚指数变化不很明显，说明财政转移支出对收入的调节力度微小，政策效果弱化；2004 年以前，农村居民 40% 低收入群体占总收入的比重经过财政转移支出后，不仅没有提高，反而有所降低，说明 2004 年以前，我国财政转移性支出政策对农村的收入调控体现为负效应；2005 年开始，尽管财政转移支出效果仍然不很明显，但政策方向发生了变化，即 2005~2013 年转移支出后的阿鲁哇利亚指数比转移支付前的数值有所提高，而且提高的幅度每年在逐步增强，表明 2005 年以来我国"三农"的重视和政策发生了显著作用。

2013 年增长幅度明显降低，但仍为正效应，而 2014 年转移支出后的阿鲁哇利亚指数首次低于转移支付前的数值，说明我国财政转移支出政策对农村的收入调控到了瓶颈期。

第三，转移性财政支出对居民收入两极分化调控效果越来越明显。收入差距的两极分化程度常用收入不良指数衡量，即 20% 最高收入者收入与 20% 最低收入者收入之比。一般而言，财政转移支付的政策目标往往通过提高低收入者收入，使不良指数有所下调，下调的幅度越大说明转移支付政策的效应越强，否则说明政策效应弱化，若转移支付政策不仅未能使代表高低收入差距的收入不良指数的下调，反而使其提高，则表明财政转移支付政策对收入差距调控具有负效应。

本书通过对我国财政转移支付前后，农村居民收入不良指数的计算与阿鲁哇利亚指数大体一致，2004 年以前表现为负效应，即转移支付实施以后，收入不良指数不仅没降反而提高。但 2005～2014 年，财政转移支付使不良指数一直在下降，而且下降的幅度逐年明显增强，表明财政转移支付政策对农村居民收入差距的调控效应逐年改善和增强。

第四，转移性财政支出对城乡收入差距存在"逆向"调节。城乡收入差距的衡量通常用城乡人均收入比指标，城乡收入比越大，表明城乡收入差距越大，若经过财政转移支付使城乡收入比缩小，说明转移支付政策缩小了城乡居民差距，改善了城乡收入状况，缩小的幅度越大，说明财政转移支付对城乡收入调控的效果越明显，即效应越强。本研究为测度财政转移支付政策实施对城乡收入的调控效果，分别测算了不包含转移支付的城乡收入比和含转移支付收入后城乡收入比，结果发现我国城乡居民经过财政转移支付后，城乡收入比不仅没有缩小，反而明显扩大，也表明财政转移支付制度在城乡收入差距调控中为逆向调节，政策具有明显的负效应，具体如表 7-2 所示。

表 7 - 2 转移支付前、后城乡收入比对照表

收入比	1995 年	2000 年	2006 年	2007 年	2008 年	2009 年
$R_{前}$	2.34	2.23	2.60	2.65	2.67	2.66
$R_{后}$	2.71	2.79	3.28	3.33	3.3	3.33
收入比	2010 年	2011 年	2012 年	2013 年	2014 年	
$R_{前}$	2.56	2.51	2.52	2.46	2.79	
$R_{后}$	3.23	3.13	3.1	3.03	2.75	

资料来源：依据《中国统计年鉴》（1996～2015）相关数据计算整理而得。

1995～2000 年我国城乡居民在未经过财政转移支付前，城乡收入比呈现缩小现象，反而在财政转移支付后城乡收入比进一步扩大。纵观之后的几年，城乡居民经过财政转移支付后，城乡居民收入比不仅没有缩小态势，反而更加严峻。直至 2014 年，转移支付前后居民收入比基本接近，且转移支付后该比值略小于转移支付前。如图 7 - 1 所示：

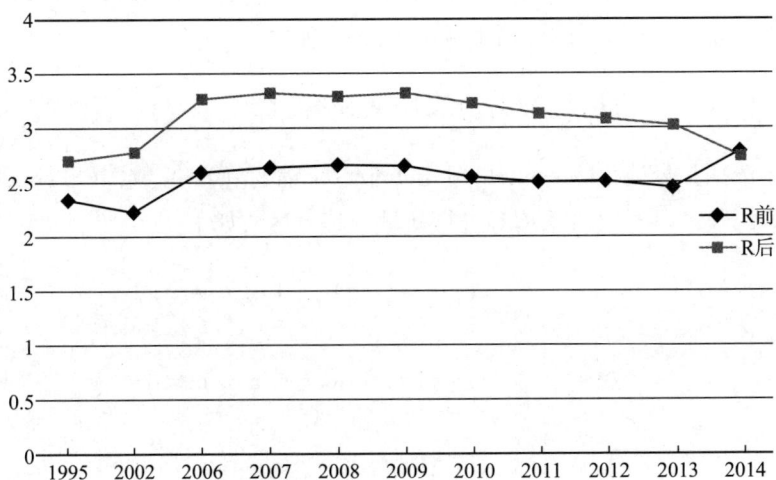

图 7 - 1　转移性财政支出前、后城乡居民收入比示意图

三、基于广义熵视角的转移性财政支出调控效应计量分析

(一) 研究视角选取与指标说明

广义熵是用来衡量收入差距的指标，广义熵的突出特点是能够用于不均等的分解，定量分析各不均等要素对不均等的贡献率，以提出消除和减缓不均等的有效对策。

财政转移性支出通过一定机制，成为成居民收入的一个组成部分，体现为居民收入来源中的"转移性收入"。在《中国统计年鉴》中，将居民的转移性收入界定为以下几个部分："离退休金""价格补贴""赡养收入""赠送收入""亲友搭伙费""记账补贴""出售财物收入""其他"。其中，"离退休金""价格补贴"和"其他"（即"抚恤和社会福利救济"部分）可视为属于政府转移性支付。而"赡养收入""赠送收入""亲友搭伙费""记账补贴"基本上是发生在居民家庭内部的收入转移。这样，年鉴中的转移性收入总额中，财政性转移支出占据主导地位，因而这里以年鉴中的转移性收入为口径，考察财政转移支出调节收入差距作用的强弱，不影响结论的正确性。

(二) 广义熵指数测度及区域分解

选择广义熵（Generailized Entropy），简称 GE 指数，（Shorrocks, 1980，1984）对收入不均等进行衡量，其表达式如下：[1]

$$I(y) = \begin{cases} \sum_{i=1}^{n} f(y_i)\{(y_i/u)^c - 1\}, c \neq 0, 1 \\ \sum_{i=1}^{n} f(y_i)(y_i/u)\log(y_i/u), c = 1 \\ \sum_{i=1}^{n} f(y_i)\log(u/y_i), c = 0 \end{cases} \quad (1)$$

---

[1] 万广华：《经济发展与收入不平等：方法与证据》上海三联出版社 2006 年版第 297 页。

在公式（1）中，I(y)为广义熵指数，y_i是第i个样本的收入，u是总样本的平均收入值，$f(y_i)$是第i个样本人口占总样本人口的比重。至于参数C，其取任何值，GE都是可区域分解的。当C=1时，GE指数便是Theil指数。无论C=1还是C=0，两种不平等指数的计算结果基本上相同，因此，为了简单处理，在本研究的计算中，只取C=0。

在对样本进行分组的基础上，将GE指数分解成组内不平等和组之间不平等。即：

$$GE = I_w + I_b$$

$$= \sum_{g=1}^{G} \frac{N_g}{N} \left| \sum_{i \in s_g} \log \frac{\overline{y_g}}{Y_i} \right| + \sum_{g=1}^{G} \frac{N_g}{N} \log \frac{\overline{y}}{\overline{y_g}}$$

式中，N_g为g组的样本个数，y_g为g组的收入均值，y_i为第i个样本的收入。

（三）基于广义熵视角的居民收入区域差距测度与分解分析

本书计算过程中用一般熵指数GE表示收入差距，以$GE_{前}$表示居民获得财政转移性收入以前的广义熵指数，$GE_{后}$表示居民获得财政转移性收入以后的广义熵指数，利用公式（1）对1998~2012年的时间序列作一个分解计算，结果如表7-3所示：

表7-3　　　　　　　　我国城乡居民广义熵指数变化表

年份	GE 指数	总区域	农村区域内	城镇区域内	农村—城镇区域间
2002	$GE_{前}$	0.059668	0.020763	0.015399	0.040401
	$GE_{后}$	0.085090	0.021036	0.013442	0.066172
2003	$GE_{前}$	0.070177	0.021454	0.017720	0.049832
	$GE_{后}$	0.095698	0.021679	0.014715	0.076087
2004	$GE_{前}$	0.070862	0.020407	0.017641	0.051308
	$GE_{后}$	0.095984	0.020648	0.015065	0.077056
2005	$GE_{前}$	0.074075	0.021032	0.017805	0.054076
	$GE_{后}$	0.099533	0.021357	0.015027	0.080202

续表

年份	GE 指数	总区域	农村区域内	城镇区域内	农村—城镇区域间
2006	$GE_{前}$	0.077712	0.021467	0.017374	0.057577
	$GE_{后}$	0.102450	0.021543	0.014675	0.083141
2007	$GE_{前}$	0.076758	0.019569	0.015457	0.058543
	$GE_{后}$	0.100693	0.019458	0.013024	0.083354
2008	$GE_{前}$	0.076076	0.018678	0.015195	0.058557
	$GE_{后}$	0.098466	0.017759	0.012493	0.082460
2009	$GE_{前}$	0.078991	0.018917	0.014924	0.061422
	$GE_{后}$	0.102175	0.017677	0.012206	0.086346
2010	$GE_{前}$	0.074698	0.017609	0.015307	0.057875
	$GE_{后}$	0.097825	0.016755	0.012047	0.082679
2011	$GE_{前}$	0.071216	0.017148	0.014384	0.055027
	$GE_{后}$	0.092665	0.016321	0.011490	0.078020
2012	$GE_{前}$	0.070154	0.016200	0.013470	0.054919
	$GE_{后}$	0.090536	0.015288	0.010911	0.076794
平均	$GE_{前}$	0.072763	0.019386	0.015880	0.054503
	$GE_{后}$	0.096465	0.019047	0.013190	0.079301

资料来源：依据《中国统计年鉴》（2003～2013）相关数据计算整理而得；《中国人口统计年鉴》（2003～2013）相关数据计算整理而得。

从广义熵的计算结果，可以看出，2002～2012年，我国居民收入的地区差距的变化趋势，以及财政转移性收入对居民收入地区差距的调节效果。

第一，从居民收入总体区域差距而言，2002～2009年大致呈扩大趋势，2010～2012年广义熵开始有所减小；农村区域内的居民收入地区差距2002～2006年广义熵有所增加，2007～2012年居民收入的地区差距则逐年减小；城镇居民收入的区域差距从2002～2005年大致呈扩大趋势，2006～2012年始终处于不断缩小阶段，城乡之间差距在2002～2009年转移支付前呈扩大趋势，2010年及以后略有下降，并且转移支付后的区域城乡差距与转移前相比趋势是一致的。

　　第二，从财政转移支付对居民收入区域差距调节效应而言，通过比较转移支付前、后广义熵指数的变化，可以看出，从总体差距而言，财政转移支付对居民收入的差距，不仅没有发挥应有的正向调节，却起到"逆向调节"作用。2002～2012年居民收入总体区域差距的广义熵指数始终大于转移支付前该指数的数值；对农村内部的区域差距调节前期没有发挥正向调节作用，2007年及以后才开始发挥正向调节作用。而对城镇内部的区域差距调节则一直表现为稳定的正向调节，即来自财政的转移性收入对城镇居民收入的区域差距起到了一定的调节效果。但是财政转移支付对城乡之间差距的调节却具有明显的逆向调节作用，这主要源于相对于农村居民而言，城镇居民得到了相对较多份额的财政转移性收入，如表7-4所示：

表7-4　　　　　　全国城乡居民转移性收入相对份额比较表　　　　单位：%

年份 \ 比重	转移性收入比重（农村）	转移性收入比重（城镇）
2001	3.71	24.32
2002	3.97	26.01
2003	3.69	24.93
2004	3.93	24.63
2005	4.53	25.26
2006	5.04	24.65
2007	5.37	24.55
2008	6.79	24.89
2009	7.72	26.29
2010	7.65	26.65
2011	8.07	26.17
2012	8.67	25.92
2013	8.82	26.01
2014	17.89	16.69
平均	6.85	24.78

　　资料来源：依据《中国统计年鉴》（2002～2015）相关数据计算整理而得。

第三，从各项收入差距对总体差距贡献度而言，无论是转移前还是转移后我国居民的区域收入差距主要来自于城乡间的收入差距，区域内部的收入差距占比较小。比如总区域的转移支付前收入差距在 2002 年为 0.059668，城乡间的收入差距为 0.040401，占 67.71%；2010 年总区域的转移后收入差距为 0.097825，城乡间的收入差距为 0.082679，占 85.52%，其他年份区域间的收入差距占总区域的比重也都在一半以上。

第二节　社会保障支出公平收入分配效应分析

社会保障支出作为履行社会公平功能的支出范畴，为世界许多国家所重视和运用，社会保障支出规模拓展与结构优化是对低收入群体实施保障以及缩小贫富差距的重要手段。

一、社会保障内涵及其公平收入分配的主要机制

（一）社会保障制度的基本内涵

社会保障通常被称为社会的"安全网"，是政府进行收入再分配的重要手段，也是实现收入分配合理公正的重要途径，具有收入分配"调节器"的作用。所谓社会保障是指以国家或政府为主体，依据法律规定，通过国民收入再分配，对公民在暂时或永久失去劳动能力以及由于各种原因生活发生困难时给予物质帮助，保障其基本生活的制度。社会保障制度有广义和狭义之分，狭义的社会保障制度国际劳工组织曾从发展中国家社会经济发展水平出发，认为社会保障的最低标准应包括疾病保险、生育保险、老年保险、残障保险、工伤保险、失业保险、遗嘱保险、职业病保险、家庭补助九个方面，因为这九个方面仅局限于社会保险和社会救助的范围，所以它被认为是狭义的社会保障体系。广义的社会保障体系则是指现代国家以社会保险、社会救助和社会福利等为主要

内容构建起来的社会安全体系，因为它保障国民生活安全和社会秩序稳定，促进社会良性运行和协调发展。本节所研究的社会保障制度指前一种即狭义的社会保障制度。关于社会救助和社会福利待下一节论及。

（二）社会保障公平收入分配的内在机制

社会保障促进收入分配公平的机制与原理主要体现于社会保障费（税）是一种有指定用途的专款专用的收入，即收入入库后，按照不同的保险类别分别纳入各专项基金专款专用，以保险救济金的形式再分配给符合条件的、又真正需要的人，这种收入再分配本身体现了社会公平的要求。同时，这些保险项目受益程度往往是低收入者大于高收入者。

社会保障调节收入分配差距的效应主要有代与代之间分配效应、家庭之间的分配效应和地区之间的分配效应。例如政府取得社会保障资金后，如果政府采用现收现付的方式，一手从正在工作的一代人征税取得社会保障所需资金，一手又将其支付给已退休的一代人，这种方式就是代与代之间的收入再分配，实现的是纵向间的公平。由于富裕家庭要征较多的税，而贫穷家庭少纳税或不纳税，但贫穷家庭从社会保障中受益较多，因而社会保障资金存在着从富裕家庭到贫穷家庭的财富转移，实现的是横向间的公平。如果一个国家存在着地区发展的不平衡，且在全国范围内按统一的制度和标准实行社会保障制度，就必须产生地区之间的收入再分配，通过社会保障机制促进区域间的收入公平效应。

当然，社会保障调节机制的再分配功能的充分发挥，受到诸多条件制约。首先，社会保障支出在财政转移性支出中占有较大的比重。只有这样当社会成员基本生活发生困难财政方可通过雄厚的社保财力发挥其保障作用，否则，将会造成财力捉襟见肘，社保作用难以发挥的局面。其次，全国实行统一的社会保障制度。在一国范围内，地区与地区间、居民与居民间应实行大体一致的社会保障制度。否则，即使同一地区、同一层次的居民内部得到的社会保障是一致的，但不同地区、不同层次的居民之间得到的社会保障则是不一致的，社会保障调节机制也没有真正发挥调节收入差距的作用。最后，社会保障制度本身的健全和完善。

社会保险制度、社会救助制度和社会福利制度等作为社会保障制度的重要组成部分，各自所保障的对象是不同的，如果其中的某一部分制度不完善，就会导致社会中有部分社会成员的基本生活得不到保障，影响社保制度对收入分配公平作用的发挥，特别是作为社会保障制度核心内容的社会保险制度的健全与完善，对收入分配公平有着重要作用。

二、我国社会保障制度公平收入分配的现状与存在的主要问题

（一）我国社保制度公平收入分配现状分析

在我国，社会保障制度作为一种有效的再分配手段和工具，随着经济体制改革的深入发展而逐步健全和完善，特别是自20世纪80年代以来，我国初步建立了以"三条保障线"（下岗职工基本生活保障、失业保险和城市居民最低生活保障）和养老、医疗保险、失业保险为主要内容的城镇社会保障体系，及近几年新型农村合作医疗制度的广泛开展，我国社会保障制度对低收入群体和困难群体的保障作用日益显露并不断加强。

首先，社保基金的规模迅速扩大，为发挥收入分配功能奠定基础。社保基金收支规模是其发挥收入分配作用的前提和基础，1998年以来，我国基本社会保险的基金收支规模迅速扩大，1998年我国基本养老保险、基本医疗保险、失业保险、工伤保险、生育保险基金收入、基金支出以及基金累计结余仅为1623.1亿元、1636.9亿元和791.1亿元，到2007年该组数据分别为10812.3亿元，7887.9亿元和11236.6亿元。十年间，以上五项基金收支余额的年增长率分别为20.9%、19.4%和29.7%，是我国社会保障制度迅猛发展，为社会保障制度发挥收入分配功能奠定坚实基础的重要时期，2007年以后，我国社会保障制度的建立和完善受到党和国家的高度重视，特别是对农村居民的社会保障制度得到长足发展，2014年，基本养老保险（含城乡居民养老保险）、基本

医疗保险（含城乡居民医疗保险）、工伤保险、失业保险、生育保险
（以下简称五项社保）基金总收入 39828 亿元人民币，比 2013 年增加
4575 亿元，增长 13.0%，比 2009 年增加 23713 亿元，年平均增长
19.8%。五项社保基金总支出 33003 亿元，比 2013 年增加 5087 亿元，
增长 18.2%；比 2009 年增长 20701 亿元，年平均增长 21.8%。五项社
保基金收支规模达到 72831 亿元，比 2013 年增加 9662 亿元，增长
15.3%；比 2009 年增长 44414 亿元，年平均增长 20.7%。五项社保基
金累计结余 52463 亿元，比 2013 年增加 6875 亿元，增长 15.1%；比
2009 年增长 33456 亿元，年平均增长 22.5%（见表 7-5）。

表 7-5　　　　　　　我国五项社保基金收支状况表　　　　单位：亿元

年份	基金收入	基金支出	基金累计结余
1998	1623.1	1636.9	791.1
1999	2211.8	2108.1	1009.8
2000	2644.9	2385.6	1327.5
2001	3101.9	2748	1622.8
2002	4048.7	3471.5	2423.4
2003	4882.9	4016.4	3313.8
2004	5780.3	4627.4	4493.4
2005	6975.2	5400.8	6073.7
2006	8643.2	6477.4	8255.9
2007	10812.3	7887.9	11236.6
2008	13696.1	9925.1	15225.6
2009	16115.6	12302.6	19006.5
2010	19276.1	15018.9	23407.5
2011	25153.3	18652.9	30233.1
2012	30738.8	23331.3	38106.6
2013	35252.9	27916.3	45588.1
2014	39828.6	33003.5	52463.1

资料来源：依据《中国劳动统计年鉴（2015）》，中国统计出版社 2015 年版。

其次，社会保障覆盖面逐渐扩大，参保人数持续增加，为调节收入分配范围拓展创造条件。随着社会保障制度宣传广泛以及制度不断健全，参保人员范围日益扩大，社保覆盖面逐日扩大，参保人数迅速增加，1998年我国基本社会保险的参保人数为27568万人，到2007年参保人数为51730万人，10年将近翻番。到2014年末全国参加基本养老保险人数为84232万人，比2007年增长62%。全国各项参保人数中，基本医疗保险年均增长速度最快，基本养老保险和失业保险增速次之，工伤和生育保险参保人数也有较大幅度增长，如表7-6所示：

表7-6　　　　　　　我国五项社会保险参保人数状况　　　　单位：万人

年份	基本养老保险	基本医疗保险	失业保险	工伤保险	生育保险
1998	11203	1879	7928	3781	2777
1999	12485	2065	9852	3912	2930
2000	13617	3787	10408	4350	3002
2001	14183	7286	10355	4345	3455
2002	14737	9401	10182	4406	3488
2003	15507	10902	10373	4575	3655
2004	16353	12404	10584	6845	4384
2005	17488	13783	10648	8478	5409
2006	18766	15732	11187	10269	6459
2007	20137	22311	11645	12173	7775
2008	21891	31822	12400	13787	9254
2009	23550	40147	12715	14896	10876
2010	35984	43263	13376	16161	12336
2011	61573	47343	14317	17696	13892
2012	78796	53641	15225	19010	15429
2013	81968	57073	16417	19917	16392

资料来源：《中国劳动统计年鉴（2014）》，中国统计出版社2014年版。

最后，社保收入和支出显现良性态势，社保制度收入分配效应正逐渐显现。由于社保参保范围不断扩大，参保人数日益增多，再加上财政投入力度加大，使得社保收入迅速增加，各项支出增长速度总体低于收入增长，收支状况不断改善。与此同时，基本养老保险待遇逐年增长，基本医疗人均支出水平逐年提高，工伤、生育保险享受待遇人数增幅较大，为鼓励居民参加社会保险起到了示范与推动作用，社会保障制度的公平收入分配效应正在逐渐显现。

（二）我国社保制度公平收入分配存在的问题

在我国经济社会发展中，由于历史及现实诸多因素的影响，我国现行的社会保障体系与社会主义市场经济体制下作为"安全阀"和"调节器"的要求还有很大差距，特别是在调节收入分配方面还存在诸多缺陷和问题，亟待深入研究和逐步解决。

第一，社会保险统筹层次低，结构性矛盾突出，不利于地区收入差异的缩小。目前全国社会保险基金统筹层次低，相对封闭，基金基本不能调剂，一定程度上固化或加大了居民收入分配的地区差距。在养老保险制度方面，我国养老保险收支状况，存在严重的省际差异，积累基金主要集中于东部沿海，海南、东北等部分省区基金累计结余可支付存在较大缺口，同时社会保险制度基金累计与使用，相对封闭，互济性弱，导致社会保障待遇上的地区差异一定程度固化甚至加剧了地区收入差距，违背了社保制度的初衷。在医疗保险方面，由于制度建设初始设计问题，也存在统筹层次低、地区差异大的问题，各省区之间的医疗保险单位费率也畸重畸轻，从而使医疗保障方面出现了新的待遇不平等。与此相对应，在失业保险、最低生活保障方面由于各地经济发展状况不同，各省市县的保障待遇水平差异较大，使得居民社会保障的地区差异明显，影响了我国居民收入差距的有效缩小。

第二，社会保障覆盖面窄，社会保障制度覆盖存在盲区。我国现行的社会保障制度建设主要是围绕"三条保障线"进行的，即社会基本养老保险制度、下岗职工基本生活保障和失业保险制度、城市居民最低生活保障制度。三项制度基本上注重的是体制内成员，没有覆盖体制外成员，特别是忽视了广大农民。社会保障制度覆盖存在盲区，制约了收入分配调节功能的充分发挥。一是在养老保险方面。按照制度设计的初衷，养老保险应覆盖所有城镇企业职工，但实际执行的结果仅仅覆盖了国有企业和部分集体企业职工，大量的中小集体企业、乡镇企业、外资企业及私营企业的职工、城镇个体劳动者、进城务工农民等参加养老保险的还不多。与此同时，大部分机关事业单位职工仍执行原有的离退休工资制度，少数地区虽建立了机关事业单位养老保险，但有名无实。据有关专家测算，我国仍有相当规模的城镇就业人群未被养老保险制度所覆盖。二是在失业保险方面。我国《失业保险条例》规定，所有的城镇企业、事业单位及其职工都要参加失业保险，但实际上失业保险参保人数仅占城镇企事业单位职工人数的不到一半，主要是因为进城务工农民、事业单位职工参保率较低。三是医疗保险方面。我国城镇职工医疗保险制度改革已实施多年，但其覆盖范围仍然较小，弱势群体拥有医疗保险的人数甚少。因此，我国在社会保障方面，多年形成的农村与城镇两个相互独立、迥然不同的二元结构态势，社会保险制度盲区的存在，使得多数非国有企业及灵活就业人员（其收入和生活稳定性最差，是最需要保障的人群）被游离于社会保障制度之外，一定程度上固化或加剧了收入差距和贫富差异，这将影响整个社会公平，从而影响了经济的发展。

第三，社会保险基金保值增值能力较弱，中长期支付压力较大。根据 2000 年全国第五次人口普查结果显示，我国 60 岁以上和 65 岁以上人口比重已达到 10% 和 7%，表明我国已进入老年型社会。与西方发达国家相比，我国的老龄化速度快，根据人口学家推测，2020 年我国 65 岁及以上人口占总人口的比重将达到 11.3%，2050 年这一指标将达到 21.2%，远快于西方发达国家老龄化的发展速度，这对我国中长期养老保险基金的顺利支付带来较大压力。我国基金的保值增值极弱，面临重大的减值风险，进而从代际公平的层面影响我国的收入分配公平状况的改善。

第四，财政对社会保障的支持规模过小，公平职能难以发挥。从理论上讲，社会保障属于广义的财政分配范畴，是政府财政分配的重要组成部分，在建立社会保障制度的进程中，财政支持是财政履行其职能的内在要求。从西方发达国家的中央财政支出看，社会保障支出已超过其他一切支出位居第一，如在 1991 年瑞典、美国、加拿大社会保障支出占中央财政支出的比重分别为 56.4%、28.7%、36.4%，而我国社会保障总支出占财政支出的比重多年一直徘徊在 11% 以下，如 2001 年全国财政社会保障支出总额为 1987.40 亿元，占财政总支出的比重为 10.51%，到 2006 年全国财政社会保障支出总额达到 4361.78 亿元，占财政支出的比重为 10.79%，2010 年社会保障和就业支出总额为 9130.62 亿元，占财政支出的比重为 10.16%，2013 年社会保障和就业支出总额为 14490.54 亿元，占财政支出的比重为 10.33%，就业支出拉低了比重，但社会保障支出比重近些年有所提高，但是与世界大多数国家 30% 以上的支出比重相比，我国社会保障支出规模明显偏低。面对我国人口老龄化加速，离退休职工人数骤增，再加上我国屡禁不止的大量提前退休现象，我国养老保险基金供求存在巨大缺口的状况依然严峻，我国目前的财政社保支出规模难以发挥其财政应有的作用和职能，需要制定有效机制，保证财政支出对社会保障制度的支持，有效发挥财政在社会保障方面维护收入公平的作用。

三、社会保障调节收入差距弱化的根源

（一）中国二元社会保障机制是收入分配逆向调节的根本性原因

我国社会保障是典型的城乡二元体制，中国农村居民占人口总数的比重较高，农村社会保障制度缺失或滞后，其中多数没有被社会保障制度所覆盖，仍主要依靠家庭和土地保障，保障体制的分割造成了城乡间收入的逆向转移，由此，城乡间的收入差距因社会保障差距而有所扩大。

根据劳动保障部资料显示，我国在养老保障方面，全国基本养老保险参保人数中城镇参加企业基本养老保险覆盖率远大于农村养老保险覆

盖率，在社会救济方面，用于城镇最低生活保障的支出也远高于农村最低生活保障支出水平。在医疗保险方面，根据 2009 年 2 月公布的第四次全国卫生服务调查结果，我国城市居民拥有各种医疗保险的比例为 71.9%，参加城市职工医疗保险率为 44.2%，比第三次全国医疗服务调查的 2003 年增加 14 个百分点，在农村，参加合作医疗的人口比例增长较快，由 2003 年的 9.5% 上升到 89.7%，2013 年已经增长到了 98.70%，但保障水平远低于城市居民的医疗保障水平。另外，中国卫生资源医疗、护士、医疗设施与设备大约 80% 分布在占全国人口 35% 的城市，其余 20% 分布在占全国人口 65% 的农村。由于长期的城乡分割，农村居民大多缺乏社会保障，公共财政的转移支付在惠及普通农民方面还有待进一步加强，城乡二元社会保障结构亟待进一步改善。

（二）社会保障对象的瞄准机制不健全为收入分配逆向调节推波助澜

在社会保障项目实施的过程中，对目标群体的瞄准机制的建立健全，是社保基金发挥救助作用的前提基础和重要保障。我国社会保障的目标瞄准机制有社会救助的家计调查、社会保险的资格审查等。以保证符合资格的群体能够享受到社会福利服务，杜绝福利欺诈等现象的出现。然而，由于信息的不对称导致调查的成本高昂，再加上我国目前的瞄准机制不够严谨和周密，存在一些不适合的人群混入到福利给付群体之中的现象。领取失业津贴却隐性就业的现象并不鲜见。提前退休人群通过创造提前退休条件，给统筹账户带来难以承受的压力，导致福利资源短缺与福利资源浪费并存的现象。至于低保人群发生的道德风险更为普遍一些，如此等等的社保资金瞄准机制一定程度的失灵而导致的社会保障资金给付失当，造成了收入分配的逆向转移。

（三）社会保障制度设计的缺陷使收入逆向调节趋势难改

通常而言，社会保障制度通过转移支付、统筹给付和调剂机制等措施达到收入分配的正向转移。即政府的社保资金多数流向低收入群体和贫困家庭，但现实运行中，由于制度设计的缺陷，收入分配的逆向转移现象大量存在，如农村新型合作医疗制度简称"新农合"制度，实行农民自愿参加，并按规定缴纳费用。不可避免的结果是，最贫困的农村居民必然因为缺乏缴费能力而无法参保，进而使新农合制度对农村困难群体的救助作用受到限制。

（四）多层次社会保障体系发展缓慢，也制约了社会保障再分配功能的发挥

我国社会保障制度改革的目标是建立健全多层次的社会保障体系，但就目前的情况来看，由政府强制实施的养老、医疗、最低生活保障各项基本保障制度覆盖面还比较小，同时由社会、单位或个人自愿兴办的社会保障事业发展也十分缓慢，与我国市场经济发展对社会保障制度的要求存在较大差距。

第一，由慈善机构、扶贫机构、社会福利机构、社会救助团体等非政府组织和社会成员开展的捐助、互济互助活动尚未走上规范发展的轨道。我国是一个发展中的人口大国，政府经济实力的有限性，客观上需要社会力量的协助以共同解决贫困问题。但是，目前这项事业的发展受到以下几方面因素的制约，如现有的《捐赠法》《社团登记条例》等有关法律法规规定的限制条件过多，门槛过高；在财税政策上缺乏有力的支持措施，如在税收上规定，捐赠额只有应税所得额的3%可以在所得税前列支，对社会力量兴办的慈善事业缺乏充分的财税政策支持机制等；由于社会诚信的缺乏，我国尚未形成一个乐善好施、助人为乐的社会风尚。

第二，企业补充保险以及与个人自我保障相关的商业保险发展还处于初级阶段。一是我国现行养老、医疗等基本保险的制度模式没有给企业补充保险和个人储蓄性保险的建立和发展留下足够的空间；二是对补充保险和个人储蓄性保险的鼓励只是停留在表面上，并没有税收优惠等实质性的鼓励政策出台。

第三节　财政教育支出的公平收入分配效应分析

教育发展是促进社会公平、建设和谐社会的重要基础。掌握公共教育资源的政府通过财政教育支出，促进城乡之间、地区之间、各个层次之间教育的均衡发展，确保每个公民具有均等的受教育机会，进而促进收入分配公平。

一、财政教育支出的内涵及其公平收入分配的机理

财政教育支出是指以公共教育经费支出的、用于教育事业的支出。中国财政性教育经费包括：国家财政预算内教育经费、各级政府征收用于教育的税费、企业办学经费等。在企业办学规模递减，校办产业不具有普遍性、接受社会公益性捐款十分有限的状况下，我国教育投入特别是初等教育资金来源主要依赖于财政资金。因此，本书以财政预算内教育支出代替公共教育支出。

人们受教育程度对其获取收入的能力具有重要的内在联系。当今社会，随着技术的迅猛发展，人力资本对财富占有的影响越来越大，甚至社会中很大的一部分收入分配差异，实际上是由于所受教育的不同而引起的。因此，教育作为提高人的劳动能力的一种手段，有利于提高劳动者个人的劳动效率和收入水平，并提高整个社会的劳动生产率，提高民族文化与文明程度。

国家通过财政参与教育投资，源于教育的公共品属性，特别是对于小学和初等教育，是任何社会和国家提高居民文化素质、增进社会和谐的重要途径和手段。市场机制不可能自发满足社会的教育需求，政府必须进行干预，通过财政教育支出，关注那些在市场供给情况下处于相对困难的群体，政府干预的重点是以小学和初等教育为内容的基础教育，给贫困家庭的孩子以较为平等的受教育机会，使处于不利境况的劳动者

有更多的机会提高劳动技能和水平，获得增加收入的机会与能力，进而缩小与高收入者的差距。如果说，税收及社会保障是通过对不平等的分配结果进行矫正以控制收入差距的话，财政教育支出是更侧重于形成收入分配的起点公平。实践证明财政教育投资，特别是基础教育的费用承担，不仅有利于国民文化素质的提高，还能够通过保障教育机会均等促进居民收入分配公平。因而，加强和完善财政教育投资成为各国公平收入分配的有效机制和路径。

二、我国财政教育支出的公平收入分配现状与问题

在我国经济和社会发展中，教育的发展、人才的培养逐渐得到重视，随着财政对教育的投入规模逐年扩大，我国教育得到了快速发展，特别是高等教育人才培养得到空前拓展，知识、技术和人才对经济发展的贡献与推动日益增强。但是，我国教育发展取得成绩的同时，仍然存在诸多问题。无论是财政教育支出规模及其增长速度，还是财政支出在各层次教育发展适度均衡乃至财政在促进基础教育的城乡之间、各地区之间协调发展化方面，都存在诸多问题，亟须改善和加强。

（一）财政教育支出规模较小及增长缓慢，制约了居民收入能力的整体提高

第一，财政性教育支出规模小，所占比重低。财政教育支出在世界各国都得到普遍重视，据世界银行的世界发展数据显示，世界多数国家教育支出占 GDP 比重普遍在 4% 以上，发达国家达到 7% ~ 9%，经济欠发达的国家也达到 4.1%，我国早在 1993 年就提出要在 2000 年实现国家财政性教育经费占 GDP 4% 的目标，但我国财政教育支出占 GDP 比重增速缓慢，2006 年占比 2.93%，直到 2012 年才首次突破 4% 的目标，达到了 4.46%，财政的教育支出多年来都处于较低水平，远低于世界平均水平，在世界排名相当靠后。这在整体上影响了居民受教育状况的改善，阻碍了居民接受新技术及获取收入能力的提高，进而对我国

居民收入状况的及时改善形成制约作用。

第二，财政性教育资金的增长速度低于财政支出的增长速度。

随着我国经济发展，财政收支规模得到了空前提高，相应财政性教育支出也持续增加，但是财政性教育指出的增长速度常年低于财政支出的增长速度（见表7-7）。长期以来我国教育投资具有倾向于高等教育的特点，因此如果以初等教育财政性支出为统计口径，财政支出与教育财政支出的增长速度相差会更为明显。所以我国应加大财政性教育支出，特别是财政性义务教育经费支出力度以增强我国财政的公平功能。

表7-7　　　　　财政支出增长率与财政性教育支出增长率比较表　　　单位：%

增长率＼年份	2000	2001	2002	2003	2004	2005	2006
财政支出增长率	20.46	18.98	16.66	11.77	15.57	19.11	19.13
财政教育支出增长率	12.04	19.29	14.20	10.28	15.97	15.56	23.00
增长率＼年份	2007	2008	2009	2010	2011	2012	2013
财政支出增长率	23.2	25.7	21.9	17.8	21.6	15.3	11.3
财政教育支出增长率	30.43	26.20	17.05	19.94	26.70	19.64	5.79

资料来源：依据《中国统计年鉴》（2001~2014）相关数据计算整理而得。

（二）财政教育支出结构不合理

对公共品特征显著的初等教育，财政支出比重过低。通常而言，小学、初等教育为代表的义务教育公共产品特征显著，这就要求国家财政在全国范围内提供这种公共产品。对此，世界各国的初等教育的经费主要由中央政府和省级政府承担更大的责任。如日本1980年中央政府承担了初等、高等教育经费的25.4%，县级政府（相当于中国的省级政府）承担了67.8%[①]，德国、美国等也与日本类似，即中央和省级政府

---

① 刘乐山：《财政调节收入分配差距的现状分析》，经济科学出版社2006年版。

承担了义务教育的主要支出责任。但我国多年来实行的是"分级办学，分级管理"的教育体制，使得义务教育投入的任务主要由县、区、乡、村基层承担。由此造成财政能力强的基层政府教育投入多，而财政能力弱的基层政府，特别是相当多的农村地区，县乡两级财政薄弱，致使基础教育的预算内经费供给匮乏，造成教育机会不均等，导致收入分配的起点不公平。我国重视财政义务教育支出的政府分级承担机制改革，强化中央和省级财政对义务教育的投入力度，中央和省级政府承担了主要责任，为义务教育均衡发展，促进教育起点公平起到重要作用。但由于各省财政实力差异，教育，包括义务教育的地区差异还难以在短期内彻底消除，免费义务教育在具体实施中还存在诸多问题和困难，需要逐日完善和解决。

目前，我国教育经费主要是由地方政府提供，并非中央财政提供。2007～2014 年地方财政教育支出占比均在 93% 以上，中央财政教育支出占比不足 7%，所以各省财政实力的差异将会造成教育的不公平，进而影响区域间居民收入差距的扩大趋势。如表 7-8 所示：

表 7-8　　　　　　　　中央和地方财政教育支出比较表

支出 年份	国家财政教育支出（亿元）	中央财政教育支出（亿元）	中央财政教育支出比重（%）	地方财政教育支出（亿元）	地方财政教育支出比重（%）
2007	7122.32	395.26	5.55	6727.06	94.45
2008	9010.21	491.63	5.46	8518.58	94.54
2009	10437.54	567.62	5.44	9869.92	94.56
2010	12550.02	720.96	5.74	11829.06	94.26
2011	16497.33	999.05	6.06	15498.28	93.94
2012	21242.1	1101.46	5.19	20140.64	94.81
2013	22001.76	1106.65	5.03	20895.11	94.97
2014	23041.71	1253.62	5.44	21788.09	94.56

资料来源：依据《中国统计年鉴》（2008～2015）相关数据计算整理而得。

第八章

财政调控收入分配效应
实证分析（下）

——从福利优势角度考察

　　这部分根据福利经济学原理，将我国城乡居民收入水平提高和收入差距扩大并行的两个变量纳入同一研究框架下，从收入分配福利优势视角对财政对居民收入分配的调控效应给予测度和比较，进而对我国财政调控收入分配功能的强与弱进行揭示，通过收入分配的福利指数测算与比较对财政调控收入分配的效果给予全新的定位与分析，根据我国长期以来居民收入统计数据的二元结构特征，本研究分为二个层次即城镇居民收入分配财政调节的福利优势分析，农村居民收入分配财政调控的福利优势分析。

第一节　数据选取与研究方法说明

一、数据选取

　　长期以来，收入分配乃至收入分配差距的研究，依据其"收入单位""时间单位"及"收入内涵"使收入分配，乃至收入差距的研究视角和层次呈现多样性和广泛性。比如收入单位是指流入每个家庭的收入，还是流向每个成人的收入，或是将成人收入的一部分分给儿童后得出的流向每一个人的货币收入；时间单位是每周、每年还是一生的收入；收入内涵是仅局限于工资性收入，还是包括扩大范围至包括转移性收入乃至财产性收入等。

本书研究我国居民收入分配的福利效应的数据选取，采用《中国统计年鉴》中的城镇居民税前税后收入，农村居民转移支付前后收入。选取城镇税前税后收入是为了说明财政对居民收入福利状况的调控效应，选取农村居民转移支付前后收入是因为城镇居民收入比农村居民收入水平高，是个人所得税纳税主体，多数农村居民游离于个人所得税之外。因此，对城镇居民收入分配的福利状况通过税前税后基尼系数、广义洛伦兹以及福利指数等进行比较，对农村居民收入分配的福利状况通过转移支付前后基尼系数、广义洛伦兹以及福利指数等进行比较。

二、方法说明

关于收入分配与收入分配差距的研究方法有很多，其中洛伦兹曲线与基尼系数是最为经典与常用的方法，该方法以不同收入阶层收入额占总收入的份额来测定收入分配的不公平程度。然而，洛伦兹曲线与基尼系数仅说明了总收入这块蛋糕是如何分配的，但是没有考虑蛋糕的大小和人口的多少，两条形状完全相同的洛伦兹曲线反映的收入分配福利程度一定相同吗？两条洛伦兹曲线出现相交时，如何对其两种不同的收入分配的福利状况作出评价与取舍？两条洛伦兹曲线出现多个交点的状况下，又如何对其反映的收入分配福利差异进行判断？如此等等的诸多情形，有必要对洛伦兹曲线和基尼系数给予拓展。

首先，本书立足于洛伦兹曲线的核心内涵（称之为传统洛伦兹曲线）；其次，当出现两个或多个年份洛伦兹曲线出现相交现象而难以作出福利优势判断与取舍时，依据阿特金森（Atkinson）、舒罗克斯（Shorrocks）和森（Sen）的广义洛伦兹优势定理以及福利函数定理，将收入水平和人口规模信息纳入传统洛伦兹曲线得出广义洛伦兹曲线，以此作为对收入分配的福利优势进一步评判与比较的理论与依据；最后，本书在利用前三种序数法比较的基础上，再依据森（sen）福利定理，通过我国城镇居民各年份收入分配的福利指数具体计算，对我国城镇居民收入分配福利优势给予更为具体的揭示与比较。

（一）阿特金森福利优势原理

社会福利函数可表示为：

$$W = \frac{1}{n} \sum U(x_i) \frac{1}{2} \tag{1}$$

其中，$U'(x) > 0$，$U''(x) < 0$，对于所有 $x \geq 0$

（二）舒罗克斯社会福利优势定理与方法

舒罗克斯（1983）在阿特金森定理基础上，将人均收入纳入洛伦兹曲线参数范畴形成收入分配的广义洛伦兹曲线：

$$GL(p) = \mu L(p)$$

广义洛伦兹曲线进一步的优势在于居民福利水平取决于相应的收入分配方式，而分配方式的优劣取决于收入水平和收入差距的综合福利效应。依据舒罗克斯定理：令 A 和 B 是两种收入分配，于是：

若对于所有 $W \in W_1 \Leftrightarrow GL_A(p) \geq GL_B(p)$，$p \in [0, 1]$

$$则 \ W_A \geq W_B \tag{2}$$

（三）森（Sen，1976）社会福利函数优势定理与方法

依据 Sen 提出的社会福利函数的基数方法，依据 Sen 得出社会福利函数，我们可以计算不同年度的社会福利指数：

$$w_A = \mu_A(1 - G_A) \tag{3}$$

其中：w_A 指 A 种方法的社会福利指数，G_A 是 A 种分配方法的基尼系数。

第二节　我国城镇居民收入分配及
财政调控福利视角分析

一、传统洛伦兹曲线视角下我国城镇居民收入分配福利优势排序

运用阿特金森模型，采用中国统计年鉴权威数据，我们对 2000 ~ 2012 年各年度城镇居民税前收入的洛伦兹曲线和基尼系数进行计算与比较，如表 8 - 1 所示：

表 8 - 1　　　　　我国城镇居民税前收入传统洛伦兹曲线表

人口 年份	10%	20%	40%	60%	80%	90%	100%	基尼系数
2000	4. 09%	9. 69%	23. 91%	42. 03%	65. 04%	79. 53%	100. 00%	0. 2448
2001	3. 96%	9. 39%	23. 31%	41. 21%	64. 16%	78. 74%	100. 00%	0. 2559
2002	3. 07%	7. 72%	20. 37%	37. 52%	60. 44%	75. 68%	100. 00%	0. 3064
2003	2. 99%	7. 55%	19. 90%	36. 69%	59. 34%	74. 58%	100. 00%	0. 3179
2004	2. 92%	7. 37%	19. 55%	36. 13%	58. 62%	73. 93%	100. 00%	0. 3256
2005	2. 82%	7. 16%	19. 14%	35. 64%	58. 34%	73. 93%	100. 00%	0. 3309
2006	2. 89%	7. 32%	19. 41%	35. 90%	58. 58%	74. 02%	100. 00%	0. 3272
2007	2. 95%	7. 42%	19. 68%	36. 30%	58. 94%	74. 38%	100. 00%	0. 3224
2008	2. 85%	7. 18%	19. 20%	35. 68%	58. 43%	74. 04%	100. 00%	0. 3299
2009	2. 95%	7. 38%	19. 61%	36. 31%	59. 14%	74. 57%	100. 00%	0. 3218
2010	2. 99%	7. 55%	20. 00%	36. 87%	59. 59%	74. 85%	100. 00%	0. 3154
2011	3. 05%	7. 64%	20. 05%	36. 80%	59. 50%	74. 82%	100. 00%	0. 3154
2012	3. 20%	7. 97%	20. 75%	37. 81%	60. 59%	75. 70%	100. 00%	0. 3022

资料来源：依据《中国统计年鉴》的相关数据整理而得。

第一，2000 年以来，我国城镇居民收入的收入差距全方位扩大。首先，最低收入 10% 人口的收入份额从 2000 年的 4.09%，几经下调到 2012 年的 3.20%，表明居民收入越来越不利于最低收入群体，亟待关注；其次，与之形成对照的是 10% 高收入群体的收入份额却呈不断扩大的趋势，由 2000 年的 34.96% 持续提高到 39.41%；最后，中等收入 60% 人口的收入占比由 42.03% 下降到 37.81%，表明就整体而言居民收入差距呈扩大态势。

第二，由基尼系数的计算结果可以看出，反映我国城镇居民收入差距综合状况的传统基尼系数从 2000 年的 0.2448 迅速扩大到 2002 年的 0.3064，2003 年以后虽几经波动，但均在 0.31 以上（除去 2012 年的 0.3022），表明我国城镇居民收入差距状况值得关注与有效控制。

第三，城镇居民收入的洛伦兹曲线存在相交现象，由表 8-1 可以看出 2000~2005 年的洛伦兹曲线没有交点，而且洛伦兹曲线由缓变陡，对居民福利的负面影响逐年明显。但 2006 年以后收入差距状况相对复杂，2006~2012 年的洛伦兹曲线均相交，阿特金森无法做出优劣衡量与判断，需运用舒罗克斯的广义洛伦兹福利优势定理，对各个年份的收入分配福利优势给予进一步的测度与分析。

运用阿特金森模型，采用中国统计年鉴权威数据，我们对 2000~2012 年各年度城镇居民税后收入的洛伦兹曲线和基尼系数进行计算与比较，如表 8-2 所示：

表 8-2　　　　　　　我国城镇居民税后收入传统洛伦兹曲线表

人口 年份	10%	20%	40%	60%	80%	90%	100%	基尼系数
2000	4.08%	9.66%	23.88%	42.01%	65.03%	79.54%	100.00%	0.2451
2001	3.94%	9.37%	23.28%	41.19%	64.15%	78.74%	100.00%	0.2562
2002	3.10%	7.79%	20.48%	37.61%	60.42%	75.57%	100.00%	0.3057
2003	3.00%	7.60%	20.05%	36.61%	59.52%	74.71%	100.00%	0.3154
2004	2.92%	7.43%	19.71%	36.36%	58.88%	74.14%	100.00%	0.3227
2005	2.82%	7.23%	19.32%	35.87%	58.58%	74.08%	100.00%	0.3280

续表

年份 \ 人口	10%	20%	40%	60%	80%	90%	100%	基尼系数
2006	2.88%	7.35%	19.55%	36.13%	58.81%	74.20%	100.00%	0.3247
2007	2.92%	7.42%	19.75%	36.43%	59.13%	74.52%	100.00%	0.3208
2008	2.82%	7.18%	19.25%	35.82%	58.62%	74.17%	100.00%	0.3284
2009	2.86%	7.29%	19.52%	36.26%	59.11%	74.54%	100.00%	0.3229
2010	2.92%	7.47%	19.93%	36.82%	59.56%	74.78%	100.00%	0.3165
2011	2.95%	7.53%	19.99%	36.77%	59.46%	74.73%	100.00%	0.3166
2012	3.13%	7.90%	20.69%	37.79%	60.54%	75.65%	100.00%	0.3032

资料来源：依据《中国统计年鉴》的相关数据整理而得。

第一，经过税收调节，我国城镇居民 10% 高收入群体的收入份额并没有明显下降，仅在 2002～2008 年期间，最高 10% 收入阶层的收入份额略有降低，其余年份高收入者收入所占份额不仅没有下降反而略有升高。与此同时，低收入阶层税后收入所占份额也没有提升。由此表明我国税收制度对居民收入差距的调节功能弱化或甚至存在一定时期的逆向调节，亟待通过税收制度改革，增强税收的收入分配调节功能。

第二，由税前、税后基尼系数测算结果的比较可以得出同样的结论，即税收对我国城镇居民收入差距调节具有波动性特征，税后基尼系数仅在 2002～2008 年略有减少，而在 2000～2002 年以及 2009～2012 年税收基尼系数比税前基尼系数扩大了，表明我国城镇居民收入差距情况复杂，现行税收制度对其调节作用亟待加强。

第三，由表 8-2 可以看出 2000～2005 年的洛伦兹曲线没有交点，而且洛伦兹曲线由缓变陡，对居民福利的负面影响逐年明显。但 2006 年以后收入差距状况相对复杂，2006～2012 年的洛伦兹曲线均相交，阿特金森无法做出优劣衡量与判断，需运用舒罗克斯的广义洛伦兹福利优势定理，对各个年份的收入分配福利优势给予进一步的测度与分析。

二、广义洛伦兹曲线基准下我国城镇居民的收入福利优势再审视

依据舒罗克斯的广义洛伦兹福利优势定理，将人均税前收入这一因素加入后得到的城镇居民广义洛伦兹曲线有明显变化，如表 8 - 3 所示：

表 8 - 3 我国城镇居民税前收入广义洛伦兹曲线表

人口 年份	10%	20%	40%	60%	80%	90%	100%
2000	258.36	612.10	1510.35	2654.96	4108.45	5023.76	6316.81
2001	273.52	648.57	1610.04	2846.41	4431.58	5438.63	6907.08
2002	251.05	631.30	1665.74	3068.16	4942.42	6188.66	8177.40
2003	270.93	684.12	1803.18	3324.56	5376.93	6757.86	9061.22
2004	295.75	746.47	1980.12	3659.43	5937.33	7488.01	10128.51
2005	319.25	810.57	2166.80	4034.72	6604.54	8369.45	11320.77
2006	367.58	931.04	2468.79	4566.19	7450.90	9414.74	12719.19
2007	439.80	1106.22	2934.01	5411.83	8787.13	11089.02	14908.61
2008	486.43	1225.47	3277.01	6089.78	9972.70	12636.98	17067.78
2009	556.31	1391.73	3698.07	6847.37	11152.67	14062.48	18858.09
2010	628.90	1588.02	4206.68	7755.02	12533.81	15743.51	21033.42
2011	731.37	1832.01	4807.83	8824.35	14267.62	17941.24	23979.20
2012	862.69	2148.63	5593.99	10193.19	16334.45	20407.96	26958.99

资料来源：依据《国家统计年鉴》的相关数据整理而得。

第一，比较表 8 - 3 各年的收入份额数据，不难看出 2003 ~ 2012 年的广义洛伦兹曲线没有交点，社会福利水平完全呈逐年递增状态。

第二，2000 ~ 2003 年的广义洛伦兹曲线有交点，其中 2000 年与 2001、2002 年各有一个交点，2001 年与 2002 年、2003 年同样各有一个交点。

第三，对于广义洛伦兹曲线相交情形下的福利优势比较，舒罗克斯

的广义洛伦兹福利优势定理无能为力，需进一步应用森（Sen）提出的社会福利函数的基数方法，通过社会福利指数的计算与比较方可得出结论。达戴诺妮和拉姆伯特福利优势定理与方法，通过方差的计算与比较方可得出结论。

　　依据舒罗克斯的广义洛伦兹福利优势定理，将人均税后收入这一因素加入后得到的城镇居民广义洛伦兹曲线有明显变化，如下表8-4所示：

表8-4　　　　　　我国城镇居民税后收入广义洛伦兹曲线表

年份\人口	10%	20%	40%	60%	80%	90%	100%
2000	256.13	606.91	1499.64	2638.43	2638.43	4084.12	6279.98
2001	270.40	642.45	1596.88	2825.23	2825.23	4400.49	6859.58
2002	238.64	600.20	1577.53	2896.64	2896.64	4654.23	7702.80
2003	254.11	643.58	1698.64	3126.79	3126.79	5042.44	8472.20
2004	274.84	700.12	1856.97	3425.25	3425.25	5547.44	9421.61
2005	296.33	758.13	2026.81	3764.25	3764.25	6147.00	10493.03
2006	338.73	864.64	2298.68	4248.22	4248.22	6915.23	11759.45
2007	401.96	1023.00	2722.57	5022.08	5022.08	8150.99	13785.81
2008	444.28	1132.46	3038.23	5652.19	5652.19	9251.21	15780.76
2009	490.47	1252.53	3352.05	6227.69	6227.69	10152.39	17174.65
2010	557.35	1427.39	3807.81	7035.65	7035.65	11381.33	19109.44
2011	643.92	1643.31	4358.73	8019.34	8019.34	12967.61	21809.78

资料来源：依据《国家统计年鉴》（2001~2012）的相关数据整理而得。

　　第一，与税前广义洛伦兹曲线相比，我国城镇居民税收广义洛伦兹体现的福利状况总体而言变化不大。仍然是2004~2012年间的广义洛伦兹曲线没有交点，社会福利水平完全呈逐年递增状态。

　　第二，2000~2003年的广义洛伦兹曲线有交点，其中2000年与2002年、2003年各有一个交点，2001年与2002年、2003年同样各有一个交点。

　　第三，对于广义洛伦兹曲线相交情形下的福利优势比较，舒罗克斯的广义洛伦兹福利优势定理无能为力，需进一步应用森（Sen）提出的社会福利函数的基数方法，通过社会福利指数的计算与比较方可得出结论。

三、城镇居民福利指数测算与分析

根据 Sen 提出的社会福利函数的基数方法，可以对 2000 年以来我国城乡居民收入的社会福利状况进行动态揭示和优势比较。如表 8 - 5 所示：

表 8 - 5　　　　城镇居民税前收入社会福利指数及其变化情况表

年份	2000	2001	2002	2003	2004	2005	2006
福利指数	4770.45	5139.56	5671.84	6180.66	6830.67	7574.73	8557.47
增长率	—	7.74%	10.36%	8.97%	10.52%	10.89%	12.97%
年份	2007	2008	2009	2010	2011	2012	
福利指数	10102.07	11437.12	12778.24	14399.48	16416.16	18811.98	
增长率	18.05%	13.22%	11.73%	12.69%	14.01%	14.59%	

资料来源：依据《中国统计年鉴》（2001～2013）的相关数据计算整理而得。

第一，从绝对量上讲，城镇居民的 Sen 福利指数自 2000 年以来一直处于上升状态，尽管前面所述存在收入差距波动扩大的趋势使得福利指数变小，但平均收入水平提升幅度超过了收入差距带来的负面影响，这表明城镇居民福利水平正处于不断提升阶段。

第二，从福利指数的增长率来看，城镇居民福利水平在 2003～2007 年呈现加速上升状态，自 2008～2009 年增长率大幅下降，2010 年之后又重新有所好转，这与 2008 年之前中国经济高速发展及随之而来的世界金融危机冲击相吻合，这也说明居民生活福利水平同整体经济社会发展有较大关联性。

第三，长期以来，由于对我国城镇居民收入差距逐渐扩大对社会公平和居民福利的负面影响的高度重视与关注，及对居民收入水平提高所带来的福利正效应的相对忽视，导致我国居民收入分配的任务与目标过多地倾向于对差距的控制，似乎差距控制了，居民福利就上来了，本书表明，其实不然。居民福利的切实改善离不开收入水平的提高，即注重居民收入水平的整体提高是居民福利水平提升的根本前提，在此基础上寻找控制差距的办法与路径才是辩证客观的思路与做法。

根据 Sen 提出的社会福利函数的基数方法，可以对 2000 年以来我国城镇居民收入的社会福利状况进行动态揭示和优势比较。如表 8 - 6 所示：

表 8 - 6　　城镇居民税后收入社会福利指数及其变化情况表

年份	2000	2001	2002	2003	2004	2005	2006
福利指数	4740.76	5102.17	5348.05	5800.07	6381.25	7051.30	7941.19
增长率	—	7.62%	4.82%	8.45%	10.02%	10.50%	12.62%
年份	2007	2008	2009	2010	2011	2012	
福利指数	9363.32	10598.36	11628.96	13061.30	14904.80	17116.70	
增长率	17.91%	13.19%	9.72%	12.32%	14.11%	14.84%	

资料来源：依据《中国统计年鉴》（2001～2013）的相关数据计算整理而得。

第一，从社会福利指数变化趋势而言，城镇居民税后收入的社会福利指数相类似，即自 2000 年以来一直处于上升状态，尽管前面所述存在收入差距波动扩大的趋势使得福利指数变小，但平均收入水平提升幅度超过了收入差距带来的负面影响，这表明城镇居民福利水平正处于不断提升阶段。

第二，从福利指数的增长率来看，城镇居民福利水平在 2002～2007 年呈现加速上升状态，自 2008～2009 年增长率大幅下降，2010 年之后又重新有所好转，这与 2008 年之前中国经济高速发展及随之而来的世界金融危机冲击相吻合，这与城镇居民税前收入社会福利指数的变化态势较为一致。

第三，值得注意的是，我国城镇居民税后收入的社会福利指数与税前社会福利指数相比，仅有 2004 年有所提高，其余年份都有不同程度的下降。这一方面是由于税收使居民收入可支配收入减少，另一方面是税收对居民收入差距调节功能弱化甚至逆向调节所致。由此，再一次表明税收对城镇居民收入分配调节功能不仅影响收入分配公平，而且会对城镇居民社会福利提高产生拖累，税制的公平作用亟待加强。

第三节　我国农村居民收入分配及财政调控福利比较分析

农村居民收入分配作为"三农"问题的核心，是农村居民福利状况的重要标志，同时也是我国促进经济增长与扩大居民消费中倍受关注的瓶颈因素，更是我国下一步收入分配制度改革避不了和绕不过的事关全局的战略性问题。该书基于农村居民收入差距扩大与收入水平提高并存，运用著名的阿特金森定理（Atkinson，1970）等福利理论，对我国农村居民收入分配福利变化特征给予揭示和解析，试图在审视和评判我国农村居民收入分配格局演变中的优与劣，以及如何突破以往停留于收入差距缩小与收入水平增长相脱离的局面，为增强农村居民福利，探寻履行政府责任，构建富民强国的新思维与新路径，进行原创性尝试。

2002 年以来，我国农村在国家政策重点关注发展的促进下，一方面通过优惠发展政策推动农村产业升级，促进农村经济发展；另一方面通过转移支付方式提高农村居民纯收入，使居民生活水平有了巨大飞跃。通过对政府转移支付调整前后的农村居民福利水平比较，可以对政府调节收入差距、提高农村居民福利绩效加以测度与评价，直观展现政府绩效水平。

一、我国农村居民转移支付前广义洛伦兹福利优势改善

转移支付调整前的农村居民收入由工资性收入、家庭经营性收入和财产性收入三部分组成，可统称为要素性收入。通过对 2002～2012 年

要素性收入洛伦兹曲线和基尼系数分析可探明收入差距发展趋势以及人均福利状况，如表 8 - 7 所示。

表 8 - 7　　　　　　我国农村居民要素性收入传统洛伦兹曲线

年份 \\ 人口	20%	40%	60%	80%	100%	基尼系数
2002	6.43%	18.02%	34.22%	56.81%	100.00%	0.3381
2003	6.09%	17.43%	33.47%	56.02%	100.00%	0.3480
2004	6.29%	17.87%	34.12%	56.84%	100.00%	0.3395
2005	5.95%	17.40%	33.63%	56.41%	100.00%	0.3464
2006	5.97%	17.38%	33.66%	56.64%	100.00%	0.3454
2007	5.84%	17.32%	33.71%	56.66%	100.00%	0.3459
2008	5.55%	16.82%	33.13%	56.21%	100.00%	0.3531
2009	5.24%	16.31%	32.53%	55.87%	100.00%	0.3602
2010	5.57%	16.76%	33.06%	56.35%	100.00%	0.3530
2011	4.94%	16.03%	32.36%	55.83%	100.00%	0.3634
2012	5.00%	15.98%	32.29%	55.88%	100.00%	0.3634

资料来源：依据《中国统计年鉴》（2003～2013）的相关数据整理而得。

第一，单从基尼系数看，我国农村居民转移支付调整前人均收入差距呈显著扩大趋势。从 2002 年 0.3381 上升到 2012 年 0.3634，虽然在 2004 年、2010 年基尼系数变小，但未能影响整体上升的趋势，这说明要素性收入差距问题亟须政府进行调整。

第二，从洛伦兹曲线看，曲线呈斜率由平缓到激增变化态势。最低收入 20% 的人口要素性收入占总要素性收入的比例在 2002～2009 年呈下降趋势，说明低收入人口收入有所提升，与之相对应的最高收入 20% 的人口要素性收入占总要素性收入的比例始终在 53% 以上，也进一步说明亟待调节收入差距问题。

此外不难看出，2005 年与 2003 年、2006 年，2011 年与 2012 年洛伦兹曲线均存在诸多交点，尚不能对农村居民收入福利水平整体趋势加以判断，因此需要进一步分析。

根据舒罗克斯的修正，在原有洛伦兹曲线基础上，引进居民人均要素性收入得出以下广义洛伦兹曲线（见表8-8）。

表8-8 我国农村居民要素性收入广义洛伦兹曲线

人口 年份	20%	40%	60%	80%	100%	人均 要素收入
2002	166.68	467.18	887.23	1473.05	2592.77	2592.77
2003	167.67	480.31	922.32	1543.57	2755.36	2755.36
2004	193.02	548.49	1047.34	1744.89	3069.58	3069.58
2005	201.25	588.29	1136.58	1906.72	3380.10	3380.10
2006	220.96	643.46	1246.19	2097.09	3702.41	3702.41
2007	249.12	738.29	1437.07	2415.77	4263.57	4263.57
2008	268.11	812.37	1599.87	2714.51	4828.92	4828.92
2009	270.99	842.72	1680.74	2886.87	5167.26	5167.26
2010	331.77	998.41	1969.78	3357.34	5957.80	5957.80
2011	347.09	1126.10	2273.90	3922.57	7026.52	7026.52
2012	396.76	1267.71	2560.58	4431.83	7930.83	7930.83

资料来源：依据《中国统计年鉴》（2003～2013）的相关数据整理而得。

第一，从人均要素收入绝对量看，农村居民人均要素收入呈显著上升趋势，由2002年的2592.77元上升到2012年的7930.83元，年平均增长率为11.89%，说明政府在促进农村劳动力就业、资本性投资收入提高方面取得了较大成果。

第二，经过人均要素性收入修正，广义洛伦兹曲线不存在相互交叉且呈福利递增状态，这说明要素收入增加引起福利水平的增加抵减了由基尼系数展现出的要素收入差距对居民福利的负效应。

二、我国农村居民转移支付后广义洛伦兹福利优势改善

为改善低收入人群生活水平、促进社会公平正义、提高整体社会福祉，政府在通过增加就业、出台优惠政策等方式间接增加农村居民收入

的同时，也以转移支付方式直接对农村低收入人群进行收入补贴，在要素性收入基础上加转移性收入构成农村居民纯收入。通过对农村居民转移支付后人均纯收入洛伦兹曲线和基尼系数分析，可以判断不同时段农村居民收入提升和差距扩大对福利水平的影响，如表8-9所示：

表8-9　　　　　我国农村居民人均纯收入洛伦兹曲线和基尼系数

人口 年份	20%	40%	60%	80%	100%	基尼系数
2002	6.35%	17.82%	33.86%	56.31%	100.00%	0.3426
2003	6.06%	17.29%	33.19%	55.61%	100.00%	0.3514
2004	6.31%	17.84%	33.99%	56.59%	100.00%	0.3411
2005	6.03%	17.45%	33.56%	56.20%	100.00%	0.3470
2006	6.07%	17.48%	33.65%	56.48%	100.00%	0.3453
2007	5.98%	17.45%	33.71%	56.50%	100.00%	0.3454
2008	5.80%	17.15%	33.41%	56.34%	100.00%	0.3492
2009	5.54%	16.69%	32.78%	55.92%	100.00%	0.3563
2010	5.81%	17.05%	33.27%	56.37%	100.00%	0.3500
2011	5.25%	16.40%	32.68%	56.00%	100.00%	0.3587
2012	5.35%	16.45%	32.70%	56.12%	100.00%	0.3576

资料来源：依据《中国统计年鉴》（2003~2013）的相关数据计算整理而得。

第一，单从基尼系数看，我国农村居民人均纯收入差距呈现波动上升趋势，从2004年基尼系数0.3514的最低水平不断波动上升到2011年的最高水平0.3578，这种波动表明在整体经济社会快速发展过程中，政府采取促进农村居民收入公平分配、缩小收入差距的措施在一定程度上发挥了作用；但2002~2008年均低于0.35，而2009年之后便高于这一水平，这也说明农村居民收入差距仍未得到有效控制。

第二，从洛伦兹曲线看，尽管通过比较可以得出2002年较2003年居民收入福利占优、2012年比2011年具有福利优势等结论，但2002~2011年农村居民收入洛伦兹曲线存在诸多交叉点，如2002年与2004年、2005年与2007年及2008年与2010年曲线都至少存在一个交点，尚不能对农村居民收入福利水平整体趋势加以判断，根据舒罗克斯的修正得出以下广义洛伦兹曲线（见表 8 - 10）：

表 8 - 10　　我国农村居民转移支付后人均纯收入广义洛伦兹曲线

人口 年份	20%	40%	60%	80%	100%	调整后 人均纯收入
2002	171.43	480.93	913.75	1519.84	2698.97	2698.97
2003	173.18	494.49	949.11	1590.47	2859.84	2859.84
2004	201.37	569.77	1085.47	1807.00	3193.13	3193.13
2005	213.44	617.11	1187.30	1987.96	3537.43	3537.43
2006	236.49	680.90	1310.60	2199.92	3894.87	3894.87
2007	269.38	785.73	1517.49	2543.45	4501.59	4501.59
2008	299.96	886.96	1727.58	2913.30	5171.34	5171.34
2009	309.86	931.88	1832.30	3125.81	5589.62	5589.62
2010	373.96	1098.21	2142.54	3630.65	6440.59	6440.59
2011	400.10	1251.25	2492.79	4271.51	7628.12	7628.12
2012	463.24	1424.74	2832.94	4861.36	8663.14	8663.14

资料来源：依据《中国统计年鉴》（2003～2013）的相关数据整理而得。

通过以上广义洛伦兹曲线不难看出，2002～2012 年我国农村居民人均纯收入呈逐步增加状态，人均纯收入从 2002 年的 2698.97 元上升到 2012 年的 8553.14 元，人均纯收入有了大幅提升，年平均增长率达12.43%；再者，将人均收入纳入洛伦兹曲线后，2002～2012 年的广义洛伦兹曲线均没有交点，且随着时间推移，呈良好的福利递增状态。由此可得出结论：

$$W_{2012} \geqslant W_{2011} \geqslant W_{2010} \geqslant \cdots \geqslant W_{2002}$$

三、农村居民福利指数测算与分析

一方面，通过比较居民转移性收入调整前后的基尼系数可以测度政府直接补贴在控制收入差距方面的绩效，进而及时调整转移支付策略，促进农村居民收入的公平分配。另一方面，福利 Sen 指数融合了收入差距和收入双因素，能够反映居民综合福利水平，通过这一指标比较能够测度政府转移支出对农村居民福利的改善状况。如表 8 – 11 所示。

表 8 – 11 　　农村居民转移支付收入前后基尼系数与福利水平比较

指标 年份	基尼系数		福利 Sen 指数	
	转移支付前	转移支付后	转移支付前	转移支付后
2002	0.3381	0.3426	1716.21	1774.18
2003	0.3480	0.3514	1796.62	1854.87
2004	0.3395	0.3411	2027.41	2104.07
2005	0.3464	0.3470	2209.16	2309.81
2006	0.3454	0.3453	2423.56	2550.14
2007	0.3459	0.3454	2788.81	2946.74
2008	0.3531	0.3492	3123.73	3365.39
2009	0.3602	0.3563	3305.98	3597.86
2010	0.3530	0.3500	3854.48	4186.26
2011	0.3634	0.3587	4473.17	4891.88
2012	0.3634	0.3576	5048.92	5565.54

资料来源：依据《中国统计年鉴》（2003～2013）的相关数据计算整理而得。

第一，基尼系数：从横向看，2002～2005 年政府转移性收入尚未扭转收入差距扩大趋势，2006 年之后政府对农村居民的直接收入补贴在一定程度上缩小了收入差距；从纵向看，转移支付调整前基尼系数呈显著上升趋势，意味着农村居民要素性收入差距逐步扩大，转移支付调整后的人均纯收入基尼系数亦有上升趋势，综合横向比较说明居民要素性收入差距扩大并未因政府直接收入补贴得以扭转，政府调节收入差距措施有待加强。

第二，福利 Sen 指数：从纵向看，转移支付前福利指数由 2002 年的 1716.21 逐步上升至 2012 年的 5048.92，年平均增长率为 11.46%，

转移支付后福利指数由 2002 年的 1774.18 逐步上升至 2012 年的
5565.54, 年平均增长率为 12.18%, 即便在金融危机的影响下福利指数
仍保持 5.83%、6.90% 的增长; 从横向看, 政府转移支付在 2002 ~
2012 年均使居民福利水平得以提升, 说明政府在转移支付收入方面引
起福利水平的提高抵消了因收入差距扩大而导致的负面影响。

第九章

国外典型国家财政促进收入
分配公平的经验与启示

　　注重财政收入分配公平作用的发挥是世界各国的普遍做法，对市场失灵导致的收入秩序和收入差距的调整，既包括完善的累进税收制度对高收入进行调低，又有规范的财政转移支付与资助制度对低收入群体和困难家庭的收入予以调高，但各国做法各有差异，既有经验，也有教训，进而对我国具有深刻启示。

第一节　国外典型国家税收调节收入分配
差距的经验与启示

　　税收制度作为调节收入差距的主要手段，在西方国家得到普遍应用，尽管各国都有其自身特点，但仔细分析会发现发达国家的税收调控收入差距具有其共性规律，值得思考与借鉴。

一、美、日、德税收调节收入分配经验与启示

　　美国对居民收入实行多税种、多环节调节。在美国税制中，以累进的个人所得税为主体税，并辅之以遗产税、赠与税、个人财产税、个人

消费税、社会保障税等，形成多税种相互协调、相互配合共同发挥作用以缩小收入分配差距的税收调节体系。其中，个人所得税和遗产税（赠与税）实行累进税率，个人应税收入（或财产）越高，征税比例就越大，对个人收入差距调节效应越强。个人所得税的最高边际税率曾经高达50%，遗产税的最高边际税率曾经高达70%。个人财产税、个人消费税、社会保障税实行比例税率，其调节收入分配差距的效果尽管不如个人所得税和遗产税，但同样对收入分配差距具有明显调节功能。

税收调节收入分配差距的效果是明显的，主要表现在低收入者税后收入所占比重比税前升高。1991年，50%的低收入者税前收入所占比重为14.9%，税后收入比重升为16.45%。少数高收入者缴纳的个人所得税占全部个人所得税的主要部分：10%的最高收入者缴纳的个人所得税占55%。而50%的低收入者缴纳的个人所得税只占4.8%。美国财政部公布的数据显示，2006年，占美国总人口0.1%的最高收入群体收入占据居民总收入的9.1%，而他们缴纳的个人所得税占居民个人所得税总额的17.4%。此外，占美国总人口1%的富人年均收入超过32.8万美元，他们的收入总额占社会总体收入的19%，而他们缴纳的税费则占税费总额的36.9%；年收入在3万美元以下的美国人超过美国总人口的50%，他们的收入总额占居民总收入的13.4%，但他们缴纳的税费则只占税费总额的3.3%。2008年税前不良指数为10.49，而税后则调整为8.11，表明美国税收对贫富差距调节效果显著。2011财政年度，美国个人所得税占联邦财政收入的比重高达47.1%，远远超过公司所得税8.3%的比重。

日本的税收制度是政府进行收入再分配的主要手段之一。传统的日本税制有三个显著特点：一是税制的结构主体是直接税，核心税种为所得税及法人税，所得税大于生产税，采用阶梯累进制税率；二是税负较轻；三是强调中央的财政作用，并兼顾地方利益。此外，日本的税收制度包括固定资产税、住民税、收入税及遗产税等其他税种，对收入分配产生了很强的调节作用。

在实行新自由主义经济前，日本个人所得税实行累进税制，即对高收入者征收高税率，对低收入者征收低税率，并且收入在一定金额下免税，纳税按 10%～50% 的五级超额累进税率进行征收，日本税制非常重视累进制，进而使税制更好地起到收入再分配的作用。日本税制与中国最大的不同点在于，日本以个人所得税作为基本税种，在经济发展中不仅承担着筹集财政资金的职能，同时又是调节收入分配的主要手段。自 1969 年以来，日本的个人所得税占税收总收入的 30% 以上，是与企业所得税并驾齐驱的主要税种。基于以上，日本个人所得税在调节收入分配关系、稳定社会各阶层的收入起到至关重要的作用。

除了个人所得税对收入分配的改善作用之外，日本还征收了其特有的高额遗产税、赠与税以及固定资产税、住民税。遗产税的最高边际税率曾达 70%。据日本内务府统计局"家计调查"的数据结果显示，税收的再分配率大体在 4% 左右，纳税后的基尼系数比起最初所得的基尼系数都有明显的下降，起到了调节收入分配差距的作用，这种累进税率的税收调节作用在经济增长速度加快时愈加明显。然而，日本政府自 20 世纪 80 年代实行的新自由主义经济弱化了税收的再分配功能。根据日本 1987 年出版的《金融财政事情》记载，由于所得税、居民税与继承税的最高税率均从初始的 70% 降为 50%，法人税的基本税率由原来的 43.3% 降至 42%；税率的级数由 15 个减为 6 个，税率由 10.5%～70% 改为 10%～50%，诸种税制改革措施导致了税收再分配功能的逐渐弱化。

德国的税收在国民经济中占据十分重要的地位，征收最广泛的税种是个人所得税，所得税也是德国收入比重最大的税种，征收范围包括所有取得应税所得的居民。德国个人所得税不仅征收范围广，不仅如此，德国个人所得税税率也较高，其最高边际税率曾经为 56%，后来经过几次下调达到目前的 50% 以下。调节收入分配差距的税种还有遗产税和财产税等，德国遗产税的最高边际税率曾高达 67%，德国税制改革趋势中不断增强税收制度的公平作用。

二、韩国、巴西税收调节收入分配额经验与启示

韩国是政府主导经济发展,强调经济增长同时兼顾公平的国家。在税收制度方面,韩国是以增值税与所得税为主体税种的双主体税制结构。韩国税制与多数发展中国家一样具有两个普遍特点,一是以商品税和所得税为主体的双主体税制结构;二是从税收管辖角度分为中央税和地方税,而且税源广,税收规模大的税种划归中央,中央政府在税收收入占有比例上具有优势,国税占总税收的比重从 1966 年的 45.5%、1970 年的 65.6% 逐步上升到目前的 80% 以上。个人所得税作为韩国税收体系的重要税种,对有效控制收入差距都发挥了重要作用。从基尼系数看,韩国从 1965 年的 0.34 到 1980 年的 0.39 达到最高值,随后下降到 1995 年的 0.28,收入状况明显好转,即使 1997 年亚洲金融危机对韩国产生较大冲击,1999 年基尼系数回升到 0.32,其后逐步回低,在政府的调控下,基尼系数始终控制在 0.4 警戒线以下。依据 2006～2012 年税前基尼系数和税后基尼系数计算出个人所得税的调节数值和收入差距的改进程度,这两大项数值都为正数,虽然与美国相比,韩国个人所得税对收入差距的改进程度不大,但却大于我国个人所得税发挥调节效应,从性质上分析,韩国的个人所得税在调节收入分配差距方面起到的作用都是正面的,也就是说韩国的个人所得税起到了缩小收入分配差距的作用。

巴西现行税制是直接税和间接税相辅相成,以间接税为主的税制模式。间接税主要有工业产品税(增值税)、市政服务税、液体燃料税等,其税收占全国税收总额的 70% 左右。直接税种主要有个人所得税和公司所得税,其税收占全国税收总额的 30% 左右。巴西税制中专项税和目的税所占份额比较大,如联邦政府管辖的社会税,就是专门用于国家的卫生、教育等社会公平方面,以控制差距维护收入等社会公平。

巴西在征收个人所得税时分为联邦政府征收和地方州政府征收,为了调节收入分配,在联邦政府征收的基础上,州政府可以继续加征

1%～5%的地方个人所得税，这样就使得调节的力度增强。同时调整了税率结构、减少个人所得税的税率级次，从而使得个人所得税的最高边际税率在原来45%的水平下降到25%左右，并由原来的九级超额累进税率简化为三级超额累进税率；逐步的扩大个人所得税的税基，并相应的取消一些税前的扣除项目和优惠措施；另外，巴西政府还采取指数化货币单位，以此来划分课税收入的级距；以及采用预征个人所得税的方法，来充分发挥个人所得税调节收入分配的作用。

第二节　国外典型国家社会保障促进收入分配公平的措施与启示

一、美、日、德社会保障促进收入分配公平措施与启示

美国的社会保障由社会救济、社会福利和社会保险三部分组成。一是由联邦或州政府出资并管理的社会救济和社会福利项目，保障的主要对象是低于社会贫困线的低收入者、丧失劳动能力的人以及这些家庭中的未成年人及其母亲。福利内容有现金补贴、食品券、住房补贴、医疗补贴等。按照政府规定的贫困线，2010年个人年收入在11139美元以下、4口之家的年收入在22314美元以下即为贫困，这样的家庭可以得到联邦政府的多种经济资助，如每月可以领取价值数百美元的食品券、学生在公立中小学享受免费午餐等，美国大约有6800万人依靠食品券获取食品。在住房保障方面，1949年美国制定"住房法"（the Housing Act of, 1949），不少地方都建成了一定数量的公共住房帮助低收入者缓解住房困难。如芝加哥曾建168幢高层建筑，约有19700套家庭公寓的公共住房。二是由政府立法强制实施、全体劳动者参加并共担费用的社会保险项目。主要有养老、医疗、失业、残疾、工伤与职业病保险等，实施对象是所有劳动者和退休人员。政府只对这些项目提供基本保障，

并在主要项目上体现了一定的社会共济和再分配原则，如联邦养老保险，平均替代率只有42%，但低收入者替代率为60%，高收入者的替代率只有28%，这些项目的实施不分区域，不分行业，以利于劳动力流动和平等发展。三是由各种基金组织委托商业保险公司等金融机构经办的私人团体年金、医疗保险和个人储蓄。政府对这一层次的保费和保费投资收入实行免税鼓励。据有关专家估计，美国政府为此每年减少税收上千亿美元。美国有专门为穷人提供医疗服务的医疗救助（Medicaid）系统，为买不起医疗保险的低收入家庭提供优质的医疗保障，所有费用由政府支付。医疗救助预算占州GDP的22%，其中联邦政府补贴57%。2008年，美国就有4900万人享受到医疗救助，联邦政府支出部分为2040亿美元。由于经济危机，美国不少家庭收入降低，享受医疗救助的人数剧增。2009年，美国有9个州享受医疗救助的人数达到州总人口的9%。2010年3月，奥巴马总统签署法案，将医疗救助的标准降低到贫困线的133%（2009年美国多数州贫困线为：一口之家年收入10830美元，两口之家年收入14570美元，三口之家年收入18310美元），这样将有更多的人被纳入医疗救助体系，美国社会保障制度促进公平的作用逐步增强。

日本社会保障制度既体现了日本的国情和传统文化的独特性，也体现了东西方文化融合的兼容性。日本社会保障制度的特点主要有以下几点：一是社会保障形式、品种多样化，覆盖社会所有人群，尤其是对低收入阶层的保护；社会保障金的负担区分不同收入阶层的支付能力。二是实行个人、企业、社会共同负担社会保障制度，以政府负担为主。在公共救助方面，由政府来承担保障最低生活水平的责任。在养老保险和医疗保险方面，其保险资金来源则是由参保人、雇主、政府三方面共同承担的。三是重视社会保障立法。日本社会保障支出占国民收入比重1980～2008年呈不断上升趋势，且其中的年金、医疗以及其他福利支付占国民收入比重均逐年上升。

社会保障对收入分配的改善作用大于税收的作用，得益于社保支出占国民收入比重不断上升，日本社会保障的改善度逐年上升。此外，日本社会保障支付区分不同收入阶层而有差别，高收入阶层缴纳的金额相对高一些，低收入阶层则相对缴纳较少。在支付时，由于社会保障属于公共投资的一部分，只支付给处于无法维持正常生活水平的低收入阶层，从而起到收入再分配以及稳定社会的作用。

德国是世界上社会福利程度较高的国家之一，德国建立健全社会保障制度和社会保障体系的目标主要是为社会成员提供福利，防止经济自由和社会公正之间出现矛盾和冲突。德国的社会保障体系主要由社会保险和社会救济以及其他一些社会福利项目构成，其中社会保险是最主要的部分。德国的社会保险主要包括失业保险、养老保险、事故保险和医疗保险四大部分。失业保险金的缴纳由雇主和雇员缴纳相等数额，领取失业金的数额大体相当于失业者最后工作净收入的60%，多数失业者领取失业金的时间在一年内，最长的领取时间也不超过两年。如果超过了领取失业保险金的期限，仍找不到工作，失业者就只能申请失业救济。失业救济当然是低于失业金的。养老保险费、医疗保险费一般也是由雇员和雇主各交一半。但德国法律规定年收入高于全国平均水平的1.8倍者就可以自愿参加养老保险，如果收入较高（如年收入5万马克以上）则自愿参加医疗保险。德国社会救济的负责单位是市或县，而不是联邦政府和州，原因在于基层的政府和社区组织更了解本地具体情况。社会救济的形式有许多种，如提供咨询和照顾、给予物质或资金上的帮助等。德国的社会救济不但强调要帮助贫困者能够维持一种符合人尊严的生活，更要求通过社会救济使贫困者能借此得到一种生存的本领或提供一个让其能自食其力并过上正常生活的机会。

二、韩国、拉美国家社会保障促进收入分配公平措施与启示

（一）社会保障调节居民收入分配的作用表现

在市场经济条件下，由于市场分配的内在缺陷，国民收入由实行初次分配的结果如你是财富和收入在社会成员之间的分配不公、高低悬殊

和两极分化，这不仅仅会危机社会稳定，而且也会影响市场机制本身的健康有序运行和经济效率的提高。因此，需要对市场分配的结果进行矫正性的再分配和再调节，以维护社会公平、公正，促进经济社会稳定协调发展。社会保障是政府对国民收入进行再分配的重要手段，国家通过社会保障制度介入国民收入再分配，改变社会不同阶层、不同社会成员的收入分配状况以及同一阶层、同一社会成员不同时期的收入状况，达到维护社会公平、促进经济发展的目的。社会保障的收入再分配功能主要从以下两个方面实现：

一是对劳动者个人不同时期的收入进行再分配。劳动者在职期间收入的一部分，通过社会保障费（税）的形式纳入社会保障基金参与再分配，遭遇风险时由社会保障满足其基本生活需要。社会保障对收入再分配的影响力度受社会保障基金积累方式的影响。在现收现付制下，社会保障基金以代际转移的方式实现个人收入再分配，下一代人创造的财富中，有一部分转移给上一代，对社会公平的影响力度大。而在基金积累制下，个人收入再分配是对个人生命周期内的收入进行再分配，对社会公平的影响力度小。

二是对同代社会成员之间的收入进行再分配。这表现在不同收入水平的社会成员之间和不同地区的社会成员之间的收入再分配。社会保障对不同群体采取不同的收入再分配计算方法。社会保障费一般以工资收入为基数，按照一定比例计算缴纳，高工资者承担较多的缴费义务，而低工资者承担较少的缴费义务。社会保障通过这种方式实现同代社会成员之间的收入再分配。

社会保障的收入分配职能，一方面体现在社会保障资金的筹集过程中；另一方面体现在社会保障资金的使用上。社会保障资金的筹集是指政府按照社会保障制度规定的比例和计征方法，通过税务机关或者社会保障经办机构定期向负有缴纳义务的单位和个人征收用于社会保障的资金的行为。各国通行的做法是，社会保险资金由企业和个人共同负担，通过社会保险费的方式筹集，由取得工资收入的职工和企业共同缴纳，不足部分由政府财政给予补贴。社会福利和社会救济资金来源于一般税收收入，由政府通过财政预算拨款解决。社会保障资金的筹集过程充分体现了社会保障资金筹集的社会共济性，形成社会成员收入的部分转移，起到调节收入水平的作用。我国目前尚未开征社会保障税，采取缴费的方式筹集社会保险基金，其他社会保障支出来源于政府一般税收收入。

社会保障资金的使用是指按照社会保障制度规定的条件、标准和方式，由社会保障经办机构将资金支付给保障对象，以保障他们的基本生活需要。具体管理社会保障项目的机构既有政府部门，也有民间团体和企业，但社会保障项目却由政府集中制定和组织实施，待遇支付的标准和支付程序都有明确的法律规定。社会保障通过向社会成员，尤其是贫穷阶层的转移支出，形成大规模的社会性收入和财富转移，从而起到调节社会成员收入水平和保持社会相对公平的作用。

在充分肯定社会保障对调整收入分配所具有的积极作用的同时，也不能忽视其可能带来的负作用。也就是说，如果社会保障水平超越经济发展和财力承受能力，国家包的太宽，项目列的太多，标准定得过高，制度不尽合理，一方面会减弱工资对劳动者的刺激作用，使收入分配的平均主义重新抬头，从而使社会保障成为一种养懒汉的制度；另一方面也会加重政府、企业和居民的负担，并减少用于生产、消费和其他方面的财力，这样就必然会引起效率的降低和损失。

（二）韩国及拉美的社会保障制度

韩国的社会保障制度是随着经济高速增长逐渐建立起来的。目前，韩国的社会保障体系主要包括三个方面内容：一是社会保险，包括公共年金制度、医疗保险制度、产业灾害补偿保险以及就业保险制度等；二是社会救助，包括生活补助、医疗补助、灾害救济、伤残军人补助等；三是社会福利服务，包括老年福利、儿童福利、残疾人福利等等，其中最重要的是社会保险。

韩国社会保障制度具有以国民年金为核心，医疗保险、产业灾害、就业保险、社会救济等制度为补充的多层次、全覆盖之特征。韩国国民年金制度于 1973 年颁布，几经周折，于 1986 年开始正式实施，国民年金的覆盖面从 1986 年的 10 人以上单位，逐渐扩大到城市所有居民、农村居民甚至渔民，国民年金对增进国民福利发挥了重要作用。同时，伴随韩国经济的长期发展，韩国医疗保险的覆盖面、社会救助范围的不断扩大，就业保险法的不断完善，使韩国社会保障制度真正成为国民生活的安全网和保障网功能。

拉美的社会保障始于 20 世纪初，乌拉圭、智利、阿根廷和巴西在 20 世纪 20~30 年代制定了社会保障条款和法案，建立了初步的社会保障制度。随后，墨西哥、哥斯达黎加、巴拿马、厄瓜多尔、巴拉圭、秘鲁和委内瑞拉等国也建立了相应的社会保障体系。内容涉及疾病、养老、残疾、死亡、工伤以及医疗保健等。在发展中国家，拉美国家社会保障的总体水平是最高的。早在 20 世纪 20 年代中期，拉美国家就已全面实施了养老保险计划。

第三节　国外典型国家财政教育支出促进收入分配公平的措施与启示

一、美、日、德财政教育支出促进收入分配公平措施与启示

美国设立义务教育制度，在全国范围对全体学龄儿童实行一定年限的免费教育，通过教育机会的均等来提高人的劳动能力，从而达到缩小收入分配差距的目的。美国从公立小学到高中教育免费，公立大学教育经费也主要由政府负担，学生只负担一小部分。社区大学的学费低于 1500 美元/年，约是美国从业人员平均年收入的 1/30。为确保条件具备且愿意读书的孩子能读大学，政府对贫困家庭提供各种形式的资助。

为保证不同地区之间义务教育的公平性，美国联邦和州政府加大对义务教育的投入。州政府实行不同学区的差别拨款补助方式。近 20 年

来，联邦政府对教育的支出在不断加大，如针对残疾儿童的资助、为缩减班级规模的经费支出等专项支出的绝对额和相对比例都呈上升趋势。联邦资助在原有项目的额度不断加大的同时，又新增了不少支出项目。各级政府在义务教育总支出中的比例结构也发生了变化：地方政府大于州政府、州政府又大于联邦政府的旧格局逐渐被打破，形成州政府大于地方政府、地方政府又大于联邦政府的新局面。联邦政府和州政府对公立中小学教育投资的比例以 1940 年为分界点，在此之前分别是 0.4% 和 16.9%，之后猛升到 1.8% 和 30.3%。并且这一比例不断攀升。到 1980 年，联邦政府的投资比例达到历史最高点 9.8%，州政府达到 46.8%。然后，又有所下降，1990 年，联邦、州和地方政府的投入比例分别是 6.1%、47.2% 和 46.2%。2010 年 3 月，美国总统奥巴马向国会提交了《2010 年教育改革蓝图——基础教育和中等教育发展纲要》，明确提出"确保公平，为每名学生提供平等的教育机会"，强调满足各类学生多样化的学习需求，学校应为每一名学生提供适合他们的帮助与辅导。对于有特殊需求的学生，无论是学习英语的学生、残疾学生、无家可归的学生、移民学生、农村学生、有犯罪记录的学生，还是美国本土学生，学校都应提供有针对性的指导和帮助，确保每名学生毕业时都能达标。成功的早期教育计划不仅能提高孩子的学习成绩，还在提高学习效率、促进孩子成长以及事业成功等方面起到积极的支持作用。因此，美国政府十分重视 0~5 岁儿童教育计划，在《2009 年美国复苏与再投资法案》中，美国政府承诺投资 50 亿美元用于儿童早期教育。奥巴马政府对布什政府的《儿童保育发展拨款计划（Child Care Development Block Grant)》进行调整，为低收入家庭的儿童提供关键性的支持，同时开发保育分级体系，以保证儿童保育质量的提高以及教师专业培训和发展，并列有专款用于无家可归儿童的教育，由此看出，美国政府的教育支出是多层次、系统而全面地体现其对公平的促进。日本重视教育支出的公平性具有悠久的历史，也取得了较为成功的经验。如 20 世纪 60 年代后，日本的经济腾飞和高速增长与其明治维新以来就开始实施的义务教育制度是密切相关的。目前，日本的义务教育就学率几乎达到了

100%，高中升学率约为95%，大学升学率也接近50%。基础教育普及率的提高以及城乡之间受教育机会均等，不仅促进了日本国民素质的普遍提高，从而为其成为世界第二大经济大国奠定了坚实的人力资源基础，而且对调节收入分配差距起到了积极和有效的作用。

日本是一个单一制中央集权型国家，行政上划分为三级。第一级为中央；第二级为都道府县，相当于中国的省、直辖市；第三级为市町村，相当于中国的市、县、乡、村。在实施初等义务教育之初，日本曾把初等教育管理经营和经费负担的责任全部交给了町村级基层地区政府，多项费用支出致使许多财政负担能力原本就有限的町村政府不堪重负。对此日本中央财政通过立法开始对市町村义务教育实行补助，以便保证那些入不敷出的地方政府能够获得必要的财源，保障全国范围内最低程度的教育机会均等。在当代，日本政府实施了农村与城市一体化的义务教育财政体制，并以义务教育财政均衡为目标，继续采取了向城乡义务教育财政实施补助的制度。

日本自1960年起实行了9年制义务教育，同时扩充学费减免制度减轻学费负担以及完善教育环境，减少了家庭经济力量对接受教育的影响。诸种政策的结合执行以实现教育机会的均等，不仅显著地提高了国民整体素质，还因此提升了劳动者的能力，从而实现缩小收入差距的目标。自19世纪50年代起，日本各阶段的教育升学率逐年上升。目前，日本义务教育入学率已基本接近100%，达到了全民基础教育的目标，且高中升学率也高达95%，大学升学率接近50%，远远超过了中国及世界平均水平。全民基础教育的普及化以及城乡教育机会、教育资源的均等化，不仅全面提升了日本的国民素质，提高了劳动生产率，提高科研技术能力，也为其曾一度成为世界第二大经济体奠定了人力资源基础，同时对缩小国民收入差距具有非常积极的作用。2008年以来，面对经济危机给低收入阶层带来的不利影响，日本政府依然遵循教育机会均等政策，进一步扩大财政支出，以减轻普通家庭教育费用负担。此外，教育机会的均等也改善了工资收入初次分配的结构。高学历者在劳动者总体中比例的提高，不仅提高了平均劳动生产率，也相应减少了低学历者的供给，形成了蓝领工人的紧张，因而大大缩小了低学历雇佣者与高学历雇佣者之间的工资差别。

德国义务教育始于 1763 年，1919 年的《魏玛宪法》中就已明确规定实行 8 年制义务教育，因此它是世界上实行义务教育最早的国家之一。联邦德国现行的义务教育制度，就是在这个基础上发展起来的。20世纪50年代联邦德国义务教育时间为 8 年，60 年代中期延长到 9 年，80 年代在少数州里又延长到 10 年。在完成普通学校的义务教育之后，如果不继续升入高一级学校深造，准备就业，而年龄不满 18 周岁者，必须要接受 3 年职业义务教育，因此整个义务教育时间可以说是 12 年或 13 年。德国教育普及程度非常高，据统计，6 ~ 16 岁的人口中入学率平均达到 99%。

从美、日、德等发达国家义务教育的实施来看，其保证义务教育本身的公平性对我国财政促进义务教育发展，保障收入分配起点公平和机会均等具有积极启示。在美、日、德等发达国家义务教育不分城市和农村实行一体化的政策和财政体制，农村学校和城市学校一样，公立义务教育经费全部由政府承担，以保证义务教育的公平性。而目前我国农村义务教育经费则主要由县及县级以下的政府承担，由于地方经济发展的水平不平衡，这种主要由地方政府负担教育经费的做法，不能保证全国所有儿童在义务教育阶段受到同等的对待，导致使本来具有再分配功能的义务教育，不能起到调节收入分配差距的作用。我国财政教育支出，特别是义务教育支出提高政府支出级次是实现义务教育公共属性，维护教育公平乃至促进收入分配公平的客观要求，也是我国公共财政建设的重要内容与任务。

二、印度财政教育支出促进收入分配公平的措施与启示

印度作为经济发展水平世界落后的国家，其居民收入水平很低，但印度政府为发展义务教育做出了持久的努力，并取得了不小的成就。早在 1950 年 1 月 26 日开始生效的《宪法》第四十五条规定："国家要尽

力在《宪法》生效之日起以后的 10 年中，对全部 14 岁以下儿童实施免费义务教育。"但是，由于经济制约，该目标先后对此被推迟，印度政府在 2010 年为全国所有 6～14 岁的孩子普及 9 年制义务教育，为此印度政府招募教师，成立相应的领导委员会以督促落实这一计划。

在提供免费义务教育方面，在印度的中央、邦、区、县、乡五级行政管理体制中，中央和邦政府共同承担义务教育的公共投资，并以邦政府为主，而基层地方政府基本不承担义务教育投资责任。在邦一级，对义务教育的投资实行预算管理制度，义务教育预算编制从乡一级开始，根据上一年度的支出编制本年度概算，包括乡辖区内所有小学教师和乡教育行政人员费用、校舍基建和受补助学生的补助金。然后县一级、专区一级逐级作出自己的预算，最后提交到邦公共教育局。经邦财政部门审查后提交邦立法机关审查批准。在全部公共教育支出中，中央占 9% 左右，邦和中央直辖区占 91% 左右。印度义务教育教师工资全额由州或邦财政独立负担。实行集中或比较集中的教师工资管理体制，教师工资由中央和高层次地方政府承担，不仅切实保障教师工资的发放，而且能在全国或全省范围内为义务教育教师创造一个大体相当的福利条件，从而保证教师队伍的稳定。义务教育经费提供的政府级次划分方面，印度的做法符合发展中国家的经济和教育发展实际，也符合义务教育发展的规律，对义务教育资源均等化，实现从起点维护收入公平，促进社会稳定形成成功经验。

三、拉美国家财政教育支出促进收入分配公平的经验与教训

拉美国家作为低收入国家在其促进收入分配公平进程中十分艰辛，经历动荡，受到中等收入陷阱的煎熬，我国正处于中等收入向高等收入迈进的征程，为了吸取拉美国家的教训，少走弯路，这里对拉美的收入分配与教育支出多用一些笔墨，以便清楚了解拉美国家矛盾形成的根源与脉络，以更好地总结拉美国家的经验与教训，为我国借鉴其经验和吸取其教训做参考。

（一）在拉美发展中，收入分配不公是一个复杂的社会问题和经济问题

1. 工业化模式具有资本密集型和技术密集型的特点

2001 年的全球就业论坛提出："工作是人们生活的核心，不仅是因为世界上很多人依靠工作而生存，它还是人们融入社会、实现自我以及为后代带来希望的手段。这使得工作成为社会和政治稳定的一个关键因素。"就业是民生之本，也是安国之策。但拉美的工业化模式却没有在创造就业机会方面发挥更大的作用。

20 世纪初，尤其是在 20 世纪 30 年代世界经济大萧条和第二次世界大战结束后，在一系列因素的作用下，拉美的工业化进程进一步加快。这些因素包括：第一，由于第一次世界大战在一定程度上影响了拉美国家的制成品产业的快速发展，发展本国的制造业这一任务变得更加迫切；第二，外国资本在拉美的活动范围开始从传统的初级产品生产部门扩大到制造业；第三，初级产品出口的"黄金时期"使拉美国家积累了一定量的资本，而从为政府和私人企业在制造业中进行较大规模的投资创造了条件；第四，英国和美国等发达国家的工业化进程为拉美国家提供了示范效应。在拉美，无论是具有革新思想的政府领导人，还是受欧美影响较深的知识分子，都认为通向现代化的道路就是实现工业化。

毫无疑问，工业化模式在一定程度上能影响一个国家的收入分配。"如何分经济'蛋糕'固然是重要的，但如何做这一'蛋糕'以及谁来做这一'蛋糕'也是重要的。"在发展中国家，劳动力资源比较丰富，而穷人拥有的"资产"，就是自己的双手。因此，"与贫困做斗争最成功的国家都推行一种有效地使用劳动力的增长模式……"事实上，不仅解决贫困问题需要创造就业机会，改善收入分配也是如此。

一个国家的工业化规模之所以与收入分配有关，主要是因为工业化或依赖劳动密集型产业，或以资本密集型和技术密集型为基础。

战后拉美国家的进口替代工业化进程明显具有资本密集型的特点。如在 1960～1966 年拉美的资本产出比率达 4：1，即为了使产值增长 1 比

索，需要投入 4 比索。毫无疑问，资本密集型工业化模式必然会减少对劳动力的需求。

此外，拉美的资本密集型工业化吸纳的具有技术和半技术劳动力，而且以男性劳动力为主。实证研究的结果表明，由于家庭子女多以及文化程度低等原因，拉美妇女的就业率比较低。而且，妇女主要在工资水平较低、稳定性较差的非正规部门中就业。

2. 城乡差别

在第三世界，农业是国民经济的基础。著名的诺贝尔经济学奖获得者缪尔达尔曾说过："经济发展长期斗争的失败取决于农业部门。"事实上，收入分配的改善何尝不是取决于农业部门。如同在其他发展中地区，在拉美，穷人主要集中在农村，而富人则生活在城市。在巴拉圭、厄瓜多尔等国，一半以上的穷人居住在农村，80%～90%以上的富人则生活在城市。

有关研究报告认为，拉美国家农村劳动力的收入比城市工人低20%，而实际差距可能更大，因为城市工人在社会保障等方面享受着农村劳动力难以享受的好处。此外，由于农村的基础设施薄弱、经济发展水平低下和土地所有制高度集中，因此城乡差别构成了拉美收入分配严重不公的另一个主要原因。

经过几十年的发展，拉美的制造业部门明显壮大，工业化达到了较高的水平。但是，制造业的壮大是以牺牲农业发展为代价的。其结果是，城乡差别长期得不到缩小，大量农村人口流入城市。然而，由于拉美国家的工业化模式具有资本密集型和技术密集型的特点，城市并不能提供足够的就业机会，许多来自农村的"移民"或在非正规部门谋生，或沦为新的失业者。

应该指出的是，在农业社会向城市社会过渡的最初阶段，大多数人口居住在农村，因此全社会的收入差距可能不太明显。当农村劳动力开始向高工资的城市转移时，城乡之间的收入差距将逐渐扩大。当这一过程接近完成时，大多数劳动者转移到了城市，城乡收入差距对收入分配不公的影响可能会减少。可见，城市化与不公平两者之间存在着一条倒

"U"形曲线。美洲开发银行的经济学家认为，当城市化率达到50%时，城市化对收入分配的负面影响最大。过去几十年，拉美的城市化程度正好处于这一阶段。国际经验表明，如果城市化进程继续下去，收入分配不公的趋势会有所改善。

（二）教育不公平曾一度制约其收入分配公平

世界各国的经验表明，发展进程不仅包括物质资本投入的增加，而且还包括劳动力受教育程度的提高。教育的高额回报与教育机会的不公平分配，是拉美国家收入分配严重不公的另一个重要原因，随着拉美国家对教育的重视与政策出新，对拉美收入分配调节切实发挥了重要作用。

第一，受教育程度高低不仅影响劳动力素质，而且还影响其工资收入。在绝大多数拉美国家，工资收入是普通劳动者的主要收入来源，一般占全部收入的80%。在任何一个国家，由于劳动者所掌握的技能不同以及他们所从事的工作不同，其工资收入有明显的差距。例如，具有一技之长的工人或者管理人员总是比那些文化水平低或者无技术的体力劳动者获得较高的工资。如在20世纪60年代，墨西哥高级管理人员的工资约为非技术工人的10倍。因此，拉美工资收入的差距在很大程度上已成为该地区收入分配不均的主要原因之一。

第二，拉美的工资收入差距不仅存在于技术工人与非技术工人之间，而且还体现在城乡之间以及正规部门与非正规部门之间。例如，有关研究表明，在拉美，农村劳动者比城市劳动者的工资水平平均低28%，有些国家的差距在40%以上。而正规部门中的劳动者不仅比非正规部门中的劳动者得到较高的收入，而且还能享受更为稳定的工作保障和多面的优惠或福利。

第三，不同职业之间的工资差距可以通过影响工资收入差距而影响收入分配。而形成工资差距的主要原因之一是受教育水平不同。统计调查的结果表明，在拉美，与文盲劳动者相比，一个受过6年教育的劳动者在从事第一份工作时得到的工资收入要高出50%，一个受过12年教育（相当于中学毕业）的劳动者则超过200%。根据2001年的统计，在阿根廷，一个受过小学教育的劳动力比文盲劳动力的工资收入高出22%，受过中学教育的劳动者的工资则比小学文化的劳动力高出40%，而大学毕业生的工资则高出70%。

上述差距会随着劳动者年龄的增长而扩大。有关研究结果表明，在巴西，文盲与大学毕业生在25岁时的工资收入差距约为1:4。当他们随着年龄的增长而积累了多年的工作经验以后，大学生的工资收入稳步上升，而文盲劳动者的工资基本不变。在他们40岁时，工资差距扩大到1:6，55岁时达到1:10。还应该指出的是，由于受教育程度不同，文化程度低的劳动者通常为了获得更多的收入而付出更多的劳动时间；而且，受教育少的劳动者（尤其是文盲）更容易成为失业者。

第四，教育与收入分配不公之间存在着一种反比例关系，即文化教育越不普及（从而导致劳动力文化水平越低），收入分配就越不公平。这是因为，如果有文化的工人在数量上得到增加，他们所获得的所谓"稀缺租金"或"稀缺溢价"就会减少。如果有文化的工人不敷需求，那么根据供求价值规律，他们的工资水平就会上升，从而进一步扩大他们与无文化工人的工资水平的差距。相反，教育普及后，有文化的工人增多，其工资水平就会下降，他们与无文化的工人相比工资水平差距就随之缩小。此外，发展教育还能降低劳动力市场的交易成本，增加劳动力在这一市场上寻求新的就业机会的可能性，因而能在一定程度上缓解摩擦性失业和结构性失业。

在拉美，没有受过文化教育的人，有56%的可能性会成为穷人，而受过大学教育的人成为穷人的可能性只有4%。世界银行的一个研究报告认为，在年龄、工种和其他因素为既定的条件下，受教育程度越高，他所获得的工资也就越高。该报告还指出，在导致拉美收入分配不公的各个因素中，教育所占比重高达25%。

在讨论拉美的收入分配报告的原因时，国际上许多学者常将拉美与东亚作比较。他们的结论是，东亚收入分配比较公平的原因之一是工资收入差距较小，而工资收入差距较小的原因之一是东亚劳动者的受教育程度较高，例如 1982～1997 年如果发达国家的指数为 1，那么东亚"四小龙的指数"则从 1.4 下降到 1。这表明，东亚的工资收入差距不断缩小，已基本上与发达国家的差距相同。拉美国家的工资收入差距虽从 1982 年的 2.1 下降到 1988 年的 1.3，但此后又开始扩大，至 1997 年已达到 1.9，随后的多年时间里拉美国家收入分配状况矛盾依然突出。

世界各国的经验表明，在发展教育事业的过程中，必须重视教育的公平分配。既然教育是绝大多数人依赖的主要生产资源，那么这种教育资源就应该得到公平分配。换言之，教育资源分配的不公平，会在一定程度上加剧收入分配不公。在拉美，教育资源的分配非常不公。最富有的 10% 的人口与最穷的 30% 的人口受教育程度的差距，在墨西哥、巴西、巴拿马和萨尔瓦多等国相差 8～9 年。当然，不同社会阶层的人受教育程度的不同在学校教育的最初几年并不明显，此后这一差距不断扩大。这进一步表明，家庭收入与子女受教育程度的高低两者之间存在非常密切的关系，而且，随着年龄的增长，富人和穷人之间的差距不断扩大。

（三）20 世纪 90 年代以来，拉美国家重视教育促进了收入分配公平

20 世纪 90 年代以来，拉美国家的教育事业取得了较快的发展。70 年代，一个 25 岁以上的拉美人受到的教育平均只有 3.3 年，至 90 年代初，已增加到 4.8 年。在此期间，文盲在总人口中的比重从 36% 下降到 23.6%，而受过一些大学教育的人口在总人口中的比重则从 2% 提高到 8.6%。但是，与东亚相比，拉美的成就似乎并不突出。如在 20 世纪 70 年代，东亚的平均教育水平为 3.5 年，与拉美大体相当。至 20 世纪 90 年代初，东亚已上升到 6 年多。在此期间，拉美的平均教育水平每年提高 0.9%，而东亚则为每年将近 3%。

但是，拉美和东亚的教育结构仍有着明显的差别。在拉美，尽管受过高等教育的人在总人口中的比重较高，但是受过中等教育的在总人口中的比重则比较小。这是拉美和东亚的最大的差别。

在韩国，据统计，1976～1986 年，劳动力的文化程度发生了明显的变化。小学文化程度以下的工人在劳动力总数中的比重从 19.6% 下降到 7.5%，中学文化程度的工人从同期的 62.5% 提高到 68.9%。与此相适应，中学文化程度的工人所得收入高于小学文化程度的工人所得收入的百分比，从 47% 下降到 30%。此外，教育还对经济增长产生不容忽视的影响。如果韩国在 1960～1985 年的小学生入学率与巴西一样低，那么韩国在 1960～1985 年的经济增长率就不会是实际取得的 6.1%，而是 5.6%，1985 年人均 GDP 就会比实际取得的低 11.1%。由于经济增长对减少贫困有着直接而密切的影响，因此，发展教育就能改善收入分配。

（四）应该指出的是，拉美国家并非不重视教育

无论是在 1960 年还是在 1989 年，东亚的教育经费占 GNP 的比重并不比拉美的这一比重高出多少。但是，由于以下两个因素，拉美和东亚的儿童所获得的人均教育经费却是不同的。

第一，东亚的经济增长速度快于拉美。因此，尽管两地区教育经费占 GDP 的比重大体相同，但教育经费的实际数额却有差异。如在 1960～1980 年，马来西亚经济的年增长率仅为 7.4%，而阿根廷为 3.4%。即使两国教育经费占 GDP 的比重不变，上述差异仍然意味着马来西亚教育部门获得的实际经费增长了 1 倍多，而阿根廷仅增长了 50%。韩国与墨西哥的增长也说明了同样的道理。1970 年，韩国每个学龄儿童获得的公共教育经费为 95 美元（1987 年的价格），墨西哥为 68 美元。但是，1970～1989 年，韩国的这一经费增长了 354.7%，而墨西哥仅增长了 63.6%。其结果是，1989 年，墨西哥每个学龄儿童获得经费仅相当于韩国儿童的 26%，尽管这一时期韩国公共教育经费占 GDP 的比重在下降，而墨西哥则在上升。但是相较之下，韩国用于基础教育的绝对额增长更快，因为韩国的 GNP 增长率高于墨西哥，而且墨西哥的学龄儿童数量增长了 60% 多，而韩国则不仅没有增长，反而减少了 2%。

第二，与东亚相比，拉美的生育率亦然是比较高的。尤其在玻利维亚、洪都拉斯等国，平均每个母亲有 5 个以上的子女，而在韩国平均每个母亲有子女不足 2 个。拉美的这一状况无疑使教育经费的平均分配变得更为拮据。

还应该指出，教育与收入分配的关系既与教育的"供给"相连，也与对教育的"需求"有关。根据 N. 博索尔等的研究，在制成品出口占 GDP 比重越高的国家，教育对经济增长的贡献度也就越大。在东亚，教育对经济增长的刺激似乎因外向度而不断强化，但在奉行内向发展的拉美，这一点却不明显。

但是，在开发人力资源方面，学龄的长短并不足以反映人力资本积累的程度。换言之，起决定性因素的不仅仅是数量，而且还包括教学的质量，即学生在一定的时间内学到多少知识和技术。拉美初等教育和中等教育的质量似乎也不及东亚。

综上所述，拉美收入分配不公的原因之一是该地区劳动者的工资收入有着很大的差距，而工资收入差距的根源则与劳动者所受的文化教育有着极为密切的关系。换言之，教育是影响收入分配的最重要的因素之一。拉美国家的经济发展水平和人口增长状况制约其教育质量提高，进而影响其教育对收入分配的调节作用发挥。

（五）加大财政教育投入，促进教育公平

拉美国家经济发展中国家，虽然其经济发展水平和居民收入水平较低，而且居民收入差距较大，拉美国家教育发展过程中面临诸多问题和困难，但拉美国家对教育的重视却不断增强，逐渐加大财政教育投入，促进教育的普及以提高居民素质并增进社会公平方面取得显著成就，主要表现在注重教育普及，促进起点公平。在过去相当长的时期里，尽管资金不足、管理水平低，教师短缺，拉美国家注重提高教普及率，提高入学率，使拉美国家的大部分儿童接受了初等教育。同时，教育投入适度向高等教育倾斜，使其高等教育有了长足的发展，拉美国家教育随着现代化进程的推进取得了长足的发展，公共教育的迅速发展，使社会贫

困阶层因此得到受教育机会。初等教育基本普及，人文素质大大提高，文盲人数大大下降；中等教育获得很大发展，并且日益大众化；高等教育是拉美正规教育中发展最快的。当然，拉美国家的教育城乡差距等方面也存在与我国类似的困难与问题，需要随着经济增长以及财政教育支出向农村的适度倾斜来逐渐改善。

履行财政义务教育职能事关国家长期经济发展及社会公平之大略，拉美国家财政义务教育支出虽没有发达国家那样具有足额的保障和成功经验，但其政府在始终关注教育重视教育，并力图通过长期努力进行适合本国国情的普及义务教育，提高教育质量方面做出成就的思路和努力对我国财政促进义务教育发展，推动教育机会均等，维护社会公平具有积极启示。

第十章

提高财政调控收入分配效应的
制度设计与政策构建

第一节　行政管理体制改革是解决不合理
收入分配的必要前提

一、深化行政管理体制改革为财政再分配提供前提条件

我国的收入分配是由不同的层次组成的，第一层次的分配是初次分配，主要表现在创造价值的生产领域，具体是工薪和利润的分配等；第二层次的分配是再分配，这主要是由政府对社会进行再次分配，主要表现在财政通过税收和转移性支出进行的再分配等；第三层分配则是指社会的慈善捐助等。财政的收入再分配要以初次分配结果为基础，初次分配中的不合法、不合理等，要靠我国行政管理体制改革，理顺收入分配秩序，为二次分配奠定基础，我国收入差距问题长时间得不到解决，重要原因之一就是我国目前没有一个政府部门整体负责收入分配的调控工作，缺乏和谐统一的收入分配制度。因此，应改革行政管理体制，推进政府职能转变，政府的管理重点应从投资、经营型向服务、协调型转

变。所以针对我国收入分配不均衡的复杂状况，行政体制改革是收入分配公平的前提和基础。

二、规范初次分配格局为财政再分配奠定客观基础

解决收入分配不合理问题，首先是解决中国个人收入隐性化的问题，如灰色收入和黑色收入的大量存在等，为此应建立个人收入信息系统，其内容从工资发放、消费、个人储蓄存款、股票债券基金、期货交易记录和个人出入境信息等方面；其次是严格控制垄断行业收入水平，逐步缩小垄断行业与其他行业的收入差距；再次是规范公务员收入分配秩序，加强对事业单位经营收入的监管，规范津贴补贴制度，严格禁止变相、违规发放各种工资性的福利和津贴补贴；最后是进一步建立健全普通职工工资增长机制和农民增收的渠道，只有这样，才能为财政二次分配提供前提和奠定基础。为此应注意以下几个方面：

一是机关公务员收入分配的问题，主要是津贴补贴发放的不透明，缺乏统一的规章制度，据有关部门统计的数据来看，中央国家机关之间的津贴补贴收入差距很大，各省市区之间的差距更大。解决机关公务员津贴补贴乱发放的问题，是规范收入分配秩序的起点。

二是事业单位仍普遍存在分配双轨制，即国家的工资制度与单位自己的分配制度并存，制度内工资不高，制度外收入不少的问题。解决该问题首先要解决事业单位的管理体制和职能定性问题，这一问题不解决，事业单位规范收入分配秩序也就无法谈起。

三是企业的收入分配问题，解决垄断行业收入过高的问题是关键。为此，政府要放松对垄断行业的进入限制，取消行政垄断，用市场竞争打破垄断，发挥市场配置资源的作用，对存在的垄断行业要执行严格的收入监管制度。

四是解决农民工收入低的问题，除了逐年提高城市最低工资标准问题外，还要落实"同工同酬"或"同岗同酬"问题，真正做到按岗位取酬，而不是按"身份"取酬。

五是企业与机关事业单位离退休人员养老金差距不合理，有失收入分配公平目标的实现，为此应关注企业与机关事业单位退休制度的统一与协调问题，适度增加企业的离退休费用，以便缩小企业退休人员的养老金和事业单位退休人员的养老金之间的差距。另外应逐步建立覆盖全社会的社会保障制度，尤其要加大对落后地区和农村地区转移支付，当前要以农村最低生活保障、农村医疗保险、农村养老保险为重点来完善社会保障制度。

由此可见，我国收入分配差距控制的前提是初次分配的有序、合法与合理，在此基础上，方可依靠财政税收与转移性支出等制度设计与政策构建来缩小差距，促进公平。

第二节　提高税收调控效应的制度设计与政策优化

一、优化税制结构，扩大所得税比重

我国税收对居民收入分配调控不力，由诸多原因导致。但从总体上看关键在于税制结构问题。要提高税收的调控收入分配功能，最根本的就是要改革现有的税制结构。根据我国转轨经济的发展和税制、政策的演变规律，笔者认为我国应该实行以增值税和个人所得税为主体的双主体税制。

（一）优化税制的目标是进一步发挥税收的公平职能

伴随着我国经济转轨的逐步深入，市场机制在经济与社会发展中的基础作用得以充分发挥，居民收入分配状况主要决定于市场机制的初次分配。由于市场机制以优胜劣汰为特征，居民收入分配差距的产生和扩大成为我国经济社会发展面临的新问题，并要求政府利用宏观政策调控收入差距，公平居民收入分配。税收作为政府调控经济的重要手段肩负

起收入分配调控重任，是市场经济发展的客观要求和历史必然。在税收体系中所得税，特别是个人所得税对收入分配的调控功能最为直接和适用。西方多数市场经济国家的个人所得税普遍充当主体税种，这为西方国家税收制度具有较强的调控功能奠定了重要基础，正像邓子基指出的，"一般来说，某一对于调节收入分配具有重要意义的税种，只有在它成为整个税制的主体税种时，才能真正有效地发挥该税种调节收入公平分配的功能。"① 所以，改革我国现有税制，增加其收入分配调控功能的首要选择是增加个人所得税比重，降低流转税比重，构建我国以增值税和个人所得税为主的双主体税制。

（二）税制优化的核心任务是强化个人所得税

我国现行税制结构从名义上来讲，虽然是以流转税和所得税为双主体税种的税制体系，但是从目前的情况来看是以流转税，并且主要是以增值税为单一主体的税制体系。1994 年以来，流转税在全国总体税收收入中占比接近70%，仅增值税一项就占了将近50%的比重。1994 年所得税占税收收入总额的比重为 14.99%，2000 年该比重达到19.19%，到 2007 年所得税占税收总收入的比重为 26.00%左右，其中作为直接调节个人收入分配的个人所得税占税收收入总额的比重 1994 年仅为1.43%，2000 年达到 5.21%，到 2007 年也只有 6.44%，所以无论是从理论上来讲，还是从税收在实际经济中的作用来看，不能称所得税为我国现行的主体税种，加强个人所得税制的优化与完善，重要而迫切。

第一，个人所得税的覆盖面宽，渗透力强。社会的多数成员都是个人所得税的纳税人，个人所得税渗透人们工作和生活的方方面面，所得税制的变化和调整会带来较广泛的影响。同时，由于个人所得税涵盖人们的主要收入来源，所以具有相当大的渗透力和影响力。

第二，个人所得税已成为最具活力的税种。近年来，我国个人所得税收入的增幅较大。比较税收制度中的其他各个税种而言，个人所得税

---

① 邓子基:《税种结构研究》，中国税务出版社 2000 年版。

在税收收入中增长速度最快，其税收收入占我国税收总量的比重逐年增加。这表明随着我国经济发展水平提高，居民收入状况不断改善，我国个人所得税具有持续高速增长的巨大潜力，根据世界银行汇集世界各国税制改革的经验报告，在市场经济国家个人所得税具有广泛的税基，应成为取得收入的主要税种，最高边际税率应在 30% ~ 50% 之间。所以，个人所得税将成为我国税收制度的主体税种。

第三，法人所得税实施将促进个人所得税收收入增长。个人独资企业和普通合伙企业虽然名为企业，但是它们在法律上属于自然人，承担无限责任，这与公司制企业作为法人，承担有限责任是有很大区别的，即只对其投资者经营所得征收个人所得税。个人独资企业以单个投资者作为纳税的义务人，合伙企业以每一个合伙人作为纳税的义务人。将个人独资和合伙企业投资者原来缴纳的企业所得税变为个人所得税范围，这是我国个人所得税制度的重大变革，这将使我国的个人所得税的税收收入在今后会有更大幅度的增长，有力地促进了个人所得税成为我国税收制度的主体税种。

第四，个人所得税为主体税种符合世界税制发展趋势。经济活动全球化给各国税收制度决策带来的一个重要影响是各国税收制度的趋同性。20 世纪期间世界各国的税制结构经历了巨大变化，个人所得税作为主体税种已成为世界各国税收制度发展的基本趋势。选择个人所得税作为主体税种，应当成为我国未来税制改革的发展方向，这不仅符合我国国情，更顺应世界发展潮流。

当然，就个人所得税在我国税制结构中的现实状况而言，实现个人所得税作为我国税收制度主体税种的税制改革，绝非在短期内一蹴可就，还需要以经济发展背景和良好的征管条件为依托，而且外部环境和相应配套措施的建立与完善也不可或缺。所以在我国个人所得税真正成为主体税种，切实发挥税收制度的收入分配调控功能是逐步与渐进的。

二、完善税收调控体系，提高收入分配调控效率

税收调控是国家调控个人收入分配的重要环节，体现国家对居民收入分配的政策意图，但税收制度中的各个税种对收入分配的调控力度、调控环节和调控重点各有侧重。所以建立健全的税种体系，在多个方面、多个环节和多个角度协同对居民收入分配予以调控，将使税收对居民收入分配的调控产生合力并提高调控效率，世界许多国家特别是发达市场经济国家的税收对居民收入的调控都是通过多税种相互协调配合得以实现的。而我国现行税制在调节收入差距的功能履行上却存在着严重的税种缺失问题，具有调控收入分配作用的税种结构单一，难以形成调控合力，进而严重制约我国税收调控综合效应的充分发挥。所以，要结合我国经济和社会发展的具体国情，及时开征社会保障税、物业税、遗产税和赠与税等缺失税种，并确立各相关税种的主辅地位，逐渐形成我国调控收入分配的立体税收体系，提高税收调控收入分配综合效率。

（一）社会保险税的开征与制度要素设计

我国应该尽快将社会保险的缴费制度改为社会保险税，尽早地开征社会保险税，合理地设计相应税收要素。不仅能够增强社会保险的强制性、有利于增加筹集社会保障资金的稳定性，而且还能够促进社会保险税对居民收入分配的调控作用。

1. 社会保险税的课征范围

对于社会保险税的课征范围，实际就是对现阶段社会保险整体覆盖面的确定。社会保险税应该覆盖到社会各阶层的所有人员，也就是将行政事业单位、外商投资企业、私营企业及其员工、个体劳动者等全部纳入社会保险税的课征范围内。但是基于我国农村生产的社会化程度较弱，农民的收入水平普遍较低，担负起税收的相应能力有限。就应该本着因地制宜的原则，把征税范围逐渐扩大到农村范围，推进城乡税制的一体化。

2. 社会保险税的计税依据

社会保险税的计税依据，指的是相关课税对象在扣除法律规定的减免项后的余额。对于社会保险税专款专用的税款，国家最终将该部分资金用于改善大部分低收入群体的生活状况，因此社会保险税不需要像个人所得税那样扣除许多项目，而是应把最低生活保障线以上的那部分收入视为计税依据。另外，同样要考虑到高收入者自我保障的能力相对较强，根据税收受益原则，应将社会保险税的计税限额加以规定，所谓计税限额就是指超过规定限额的那部分工资可以不计征社会保险税。如今有的西方发达国家已经规定了社会保险税的计税限额，比如美国1999年便规定，社会保险税的工资计税限额为72600美元。因为高收入者在社会保险中受益较少，理应给应税工资薪金规定一个最高限额，超过此限额的部分可不缴纳社会保险税，以此来维护高收入者的积极性，体现税收公平原则。

3. 社会保险税税目和税率的确定

当年我国对社会保险中的基本养老、医疗、失业保险等的征收颁布了相应的规定，并且已经在全国进行推进，给社会经济带来了极大的影响，这也为社会保险税税目的确定奠定好了基础，我国社会保险税目前的税目可以暂定为基本养老保险、基本医疗保险和失业保险。另外，按照养老、医疗、失业这三个税目分别确定不同的税率，同时确定企业和个人各自应负担的比重。

4. 社会保险税的征收管理

对于社会保险税的征收管理，则应该交给地方税务机关进行负责。因为社会保险税的税基和个人所得税的税基密切相关，有利于地方税务机关管理；而且，地方税的征收基本涵盖了所有纳税人，也就是说地方税的纳税人也是社会保险税的纳税人，因此由地方税务机关进行征收，不仅便利纳税人和征税机关，同时节约征税成本。当前，我国大部分省市已经开始实行由地税机关进行征收社会保险费，同时也应进一步的推广和深入，以便积累征收经验，为社会保险税的顺利开征和实施奠定坚实的基础。

（二）遗产和赠与税的开征及税制要素设计

如今，居民收入中财产差异对分配的影响作用逐渐明晰，财产税通过调控居民之间财产的差距，间接地影响居民收入的状况，具有调节收入差距的作用。在个人财产转让环节，我国存在比较严重的税收缺失，因此开始征收遗产税和赠与税，不仅完善了财产税体系，也健全了税收调控对个人收入分配的一项重要作用。我国目前应在借鉴国际经验的同时，结合我国经济发展的水平、社会发展的特点，适时地开征遗产税与赠与税。

1. 课税模式的选择

遗产税的税制模式有三种：即总遗产税制、分遗产税制、总分遗产税制。总遗产税制是在处理遗产方面实行"先税后分"，即先就遗留下来的财产净值进行征税，然后再将税后财产分配给法定继承人或受遗赠人；分遗产税制是在处理遗产方面实行"先分后税"，即先按国家有关继承法对遗产进行分配，然后根据各继承人分得的遗产进行课征遗产税；总分遗产税制的特征是"先税—后分—再税"，即对遗留的财产先课征一次总遗产税，然后再对税后遗产分配给继承人的那部分，课征一次分遗产税。根据我国当前的情况，宜选择总遗产税制，并选择赠与税制与总遗产税制相配合。

2. 税制要素的确定

遗产税和赠与税的纳税人应为遗嘱执行人、遗产继承人与受赠与人。遗产税的课税范围应尽可能包括纳税人的各类财产和遗产，即包括动产、不动产和其他具有财产价值的权利，其中动产包括现金、银行存款、有价证券、票据等；不动产包括私人住房、营业用房、机器设备等；具有财产价值的权利包括保险权益、债券、土地占用、著作权、专利权等。同时，还要考虑相应扣除项目，如遗产管理费用扣除、被继承人生前债务、应纳未纳的税收扣除、公益性捐赠扣除等。目前我国遗产税和赠与税的开征主要是公平个人收入分配，应集中对巨额遗产和赠与财产进行调节，因而可以制定较高的起征点。在税率选择上，应选用累进税率，累进税率可以充分体现税收的调控功能，根据世界各国的经验，结合我国国情，最高边际税率应定在 40% 左右。

（三）确立各相关税种主辅地位，构建收入分配调控的立体税收体系

在市场经济条件下，居民收入的来源渠道是多方面、多层次的，作为调控居民收入分配的重要手段，税收调控收入也应是全方位的，即从居民收入的获得、使用及转让等整个流程都分布相应的税种，根据各自的课税依据和税率，行使其对居民收入分配的调控职责，实现居民收入公平分配。通常而言，在税收制度中具有收入分配调控功能的各个税种，对居民收入分配的调控重点、调控力度和调控范围存在差异，并各具自身特点。所以，税收调控收入分配不仅要建立完备的税收体系，多个税种共同实施，而且要将各个税种相互配合、协调运用，进而达到事半功倍的功效。

1. 突出个人所得税和社会保险税的调控核心作用和基础地位

在居民收入分配的形成环节，征收个人所得税和社会保险税，直接作用于纳税人及其收入在改变纳税人可支配收入水平和影响纳税人的购买力方面，比其他税种如消费税、财产税具有相对优势。同时由于个人所得税和社会保险税涉及范围广、影响面大和渗透力强，无论是对维护经济公平，还是对促进社会公平都有着重要作用。因此，这两个税种在调控个人收入分配的税收体系中居于主导地位，其他税种则居于辅助地位。

2. 增强财产税在收入使用和积累环节的调控作用

要完善现行的财产税、调整目前实行的消费税，进而形成多税种、多层次的税收分配的体系，从个人收入的形成、使用、积累等方面进行调控。使多个税种在不同层次上各尽其责、扬其所长，又相互配合、相互补充，进而提高我国税收调控收入分配效率。

三、改革个人所得税制，强化收入分配调控功能

市场经济条件下个人所得税的作用十分重要和突出。许多西方国家的税收制度中，个人所得税都作为主体税种，在财政收入和经济调控中发挥着举足轻重的作用。而我国个人所得税却规模较小又流失严重，税收制度存在诸多不合理因素，与社会经济发展的客观要求不相适应。所以，应借鉴国际成功做法，结合我国实际，完善我国个人所得税制度。

（一）调整征收模式，即逐步由分类征收向分类综合征收过渡

目前我国采用的分类所得税存在的主要问题是，无法较好地体现量能纳税，有失公平，而且易形成纳税人通过分解收入和多次扣除费用，逃避税收责任的现象。因此，改进分类所得税制是必然趋势，模式选择可以有部分项目分类征收与部分项目综合征收相结合的模式、先分类再综合的国际一般模式及一步到位的综合所得税模式等三种思路。其中，综合所得税不仅能够较全面地考虑纳税人的收入费用扣除，还能很好地体现出量能负担的原则，但是这种模式对个人申报和税务机关的稽查要求较高，需要稽查部门以获得发达的资料网络以及全面可靠的原始资料为先决条件，当前我国还不具备采用综合所得税的条件。而先分类后综合的模式是首先按较低的比例税率对各类税收进行分别扣缴，年终的时候将收入综合以后扣除费用，仅针对超过标准的部分实行累进征税。该模式虽然能够兼顾国家收入及纳税人的合理负担，但是也需要以纳税人的全面申报、税务机关资料的准确性、同时可以进行稽查审核作为前提，可以认为此模式是我国个人所得税的目标模式。从我国居民的纳税意识和法制观念、经济的核算水平和资料的可获得程度出发，目前比较可行的是部分分类征收与部分综合征收模式，即选择那些相对稳定、构成纳税人主体收入、易控管的项目，如工薪所得、承包经营所得、劳务所得、生产经营所得、利息、红利、股息等，由个人申报，综合扣除费

用，按累进税率征收；而偶然所得、稿酬所得、财产转让所得、特许权使用费所得、其他所得等应分类代扣代缴。这种模式固然在负担合理性方面稍逊一筹，但申报项目少，便于纳税人操作，税务机关也易于审核、稽查，因而是可行性较大的过渡模式。

（二）扩大课税范围

我国随着市场经济的发展，个人收入类型日益增多，需要我们及时地通过补充法律法规或对法律法规的补充解释，将其纳入课税范围。对一些已免税的项目，也应根据形势的变化进行分析予以修改。诸如各种索赔收入及时纳入个人所得税范围。同时对一些免税项目应及时更新和调整，比如对于个人所得代扣代缴税款的相关手续费实行免税政策，离退休费也进行免税，外籍人员从外商投资企业获得的股息、红利进行免税等等，应重新审视和调整。

（三）改革生计费用扣除

目前我国的个人所得税中对工薪收入者和承包经营者实行单一标准的定额生计费用扣除办法，虽简便易行，但极不合理。主要在于不考虑赡养人口的多少，例如对没有经济来源的父母赡养费用的扣除、对抚养双胞胎家庭生计费用标准的提高、对家有患病、残疾病人的相应费用扣除及子女教育支出费用、偿还银行贷款支出以及家庭成员就业状况等都未作考虑，也没有相应措施，无形中加重了纳税人尤其是中低收入纳税人的负担，影响了社会公平。建议个人所得税的生计费用扣除先采取分档次定额扣除的办法，按赡养人口、主要扣除项目情况分成几种类型定额扣除，待社会核算条件改善之后，采用自由选择据实按项目扣除和分类定额扣除的国际通用办法改革和完善我国个人所得税的生计费用扣除。

（四）优化税率，平衡不同收入项目的税负

目前个人所得税不同类别应税收入的税率不同，不仅使税率复杂

化，而且造成税负不公。比如同是劳动所得，工资薪金适用3%～45%的超额累进税率，承包经营收入和个体工商户的生产经营所得则适用5%～35%的超额累进税率，劳务报酬收入则采取20%的比例税率。由此形成了在同一收入段上的不同劳动者的税负不公平；对非劳动收入按20%征税，也形成不同收入段上劳动收入者的税负不同，尤其是高收入段的劳动收入税负偏重，不利于鼓励劳动投入。对这一问题，应本着劳动收入不高于非劳动收入税负的原则，结合分类征收方式改革加以改进，但应尽可能采用累进税率，以维护社会公平。

四、强化税收征管体系建设，增强收入分配调节力度

税收征管能力与水平是税收制度作用有效发挥的基础和保障，特别是对税收的调控作用发挥更是如此。再完善的税收制度，如果没有强有力的征管手段相匹配，也难以在实践中发挥其应有的作用。

现阶段我国税收征管水平和力度仍比较弱，税收征管工作难以保障税收制度在个人收入分配中发挥积极的作用。对此要从以下几方面加强税收征管，提高税收征管效率，促进税收对收入分配的调控。

(一) 提高税务人员素质

1. 提高税务人员的职业道德

职业道德是税务人员的一种工作规范，是一种对税务人员执行公务时行为规范的要求。税务队伍的职业道德水平直接反映税务人员在执行税务征管工作中的执业水平，税收征管的执法力度也是以税务人员的职业道德水平为基础的，因而税务人员职业道德水平的高低体现着税务人员执业的规范性和业务技能。脱离业务技能空谈职业道德是不可行的，同样缺乏执业规范的税收征管，也就是说即使税务人员业务技能比较高，依然很难提高加强税收征管。提高我国税务人员的职业道德是提高税收征管水平之基础，应作为一项长期的基本任务。

2. 提高税务人员的业务技能

税务人员的业务技能高低直接制约着税收征管工作的效率。当今个人所得税税收人员的业务技能更多地体现在对目前经济运行情况是否适应及对税收法规是否进行了熟练的掌握。同时为提高税收稽查工作的效率和水平，税务人员需要计算机应用技能，掌握运用计算机稽查软件来审查电算化信息资料的技能等并及时更新和提高相关技能水平。

（二）更新征管模式，加强税收征管力度

以居民个人为纳税人的所得税，其征管方面的重要特征是纳税人众多而税收收入量少，利用手工操作方式实施对个人所得税的征收、管理、稽查和处理，显然不能做到得心应手。同时，个人所得税征管方面存在严重的信息不对称，税务部门难以全面获得纳税人的收入和支付信息。在征收信息不对称的情况下，税务机关就不会有强化的税收监控，并难以对纳税申报情况的正确性做出全面可靠的评价。因此，为改善税收征管的被动局面，减少税收流失，提高税收征管效率和水平，应建立有效的税收征管计算机网络体系。以使税务部门能切实全面、及时和正确地获得纳税人的纳税信息，有效监控个人所得税的缴纳状况。有效的个人所得税征管计算机网络应当包括税务、海关、银行、企业四个方面。运用计算机加以采集，运用网络技术对信息快速传递、核对来自各方面的纳税信息，并与纳税人的申报情况作比较与核对，实施对纳税人纳税申报的逐一审核。税务机关只有在充分掌握纳税人的纳税信息的情况下，才能确保个人所得税应收尽收。

落实个人所得税代扣代缴制度。加强税收征管的第一步就是要对税源实施监控，个人所得税的税源征收是指纳税人在取得部分收入时，由其收入的相应支付者根据税法的规定，在收入中扣减应纳税额，然后再将税后收入支付给该部分收入的所得者。代扣代缴是我国目前个人所得税征收方式中最重要的环节，只有对源头加强监控，才可以充分发挥个人所得税的调控作用。而且，税务机关要在对个人所得税的征收管理中，根据税法的相关规定加强对代扣代缴单位相关代

扣代缴工作的落实情况进行监督，以确保代扣代缴在个人所得税征收中发挥重要的作用。在这其中，尤其要加强个人所得税调节过高收入的功能。过高收入阶层的个人所得税是调节收入分配问题的重点，也是难点。高收入者除了企业高级管理人员以外，还包括一些个体工作者，如经纪人、演员、律师等，他们的主要收入大多来自劳务收入。这些收入如果他们自己不进行申报，税收征管部门不加强征管就很容易流失。为提高对高收入者的税收征管力度，首先要掌握情况，其次要加强重点监控，同时还要加大违法处罚力度。只有这样才能逐步将过高收入阶层的收入纳入税制调控的范围，依法征税，使税收对居民收入分配差距调节方面卓有成效，使收入分配调控效应得以充分发挥。

五、加强外部环境建设与配套措施实施

运用税收调控个人收入分配，并不意味着税收是实现个人收入分配公平的唯一手段。由于税收调控本身具有其内在局限性，单独依靠税收手段无法对个人收入分配进行有效调控。所以，加强税收调控作用发挥，不仅需要税收制度的完善，而且需要外部环境建设和配套措施的配合。从某种意义上讲，税收外部环境的建设状况和配套措施的完善程度，直接制约着一个国家税收调控作用的实现程度。

（一）加强外部环境建设

税收调控的外部环境建设主要包括经济环境、社会环境和法制环境三个方面：

1. 加强税收调控的经济环境建设

所谓税收调控的经济环境建设是指通过健全的市场经济体制，规范初次分配秩序，为税收调控收入分配奠定基础和创造条件。为此要加强以下几方面工作：

首先，要建立统一、开放、竞争、有序的产品市场和要素市场，使

各种收入形式都能准确地反映其需求的稀缺程度和贡献的大小，使初次分配体现经济公平，为税收调控个人收入分配创造良好的初次分配环境。而且政府还应完善宏观调控的相应政策，比如对行业垄断进行约束与管理的政策制定和实施的同时，配合税收调控手段，能够促进个人收入分配的公平合理。

其次，要整顿市场运行，规范市场竞争秩序，防止过度竞争或行政垄断，取消和规范不合理收入，积极引进竞争机制。对国家授权经营的垄断性行业的工资实行必要的干预，规定工资控制线和制约工资增长速度，缩小不同行业间的收入分配差距。同时，要完善市场运行秩序，整顿流通秩序，强化市场管理，加强对非法收入的整治力度。

最后，要规范和调整财政转移支付制度，完善宏观政策环境。由于税收侧重于调控高收入者的收入，并不直接增加低收入者的收入水平。因而，要完善政府的其他宏观调控政策，特别是要健全社会保障制度为低收入阶层提供适当的生活保障和更多的发展机会，规范财政转移支付制度，完善财政支出政策，加大对农村和中西部落后地区的财政支持力度，为缩小初次分配差距创造条件，为税收充分发挥调控功能提供良好的外部环境。

2. 加强税收调控的社会环境建设

所谓税收调控的社会环境是指社会居民自觉纳税氛围，核心是居民纳税观念与社会责任意识状况。纳税人的纳税意识的高低，是税收制度有效实施的社会基础，直接反映了税收与对社会各层面联系的紧密程度。纳税人的纳税意识的高低，构成强化税收征管外部环境的核心因素。我国现行税收社会环境状况与税制发展要求之间尚存在很大的距离，多数居民税收意识不强，特别是我国实行单位代扣代缴，许多纳税人因没有具体经历纳税程序，而税收意识淡化，一些纳税人具有避税倾向，少数个别人还恶意偷税、逃税甚至抗税。因此，完善我国税收征管外部环境建设的一项艰巨的任务是努力提高纳税人的纳税意识，特别是个人所得税纳税人的纳税意识。为此，应加强税收宣传，使其明确和认识纳税义务和权利，并增强纳税人的自觉纳税意识，提高纳税的主动性和自觉性，这将对我国税管征收效率的提高产生深远的影响，对税收调控收入分配效应改善起到推动作用。

3. 加强法制环境建设

所谓税收的法制环境建设是指强化法制，严格执法营造税收的法律氛围。在税收征收和管理中，严格执法也是实施对纳税人纳税意识的法制教育，税务机关在广泛开展税收宣传正面教育的同时，要在依法纳税，违法严惩上强化对纳税人纳税意识的法制教育或者说惩罚性教育。有法不依，执法不严，实际上是对违法行为一种鼓励，是对法制的一种负面宣传。在我国个人所得税的税收宣传中，正面宣传工作得到重视并坚持进行，但收效不明显。法制教育做的不多，应开展相关法制教育，使纳税人知晓法律的内容，懂得违法的后果。这样才能使纳税人懂法、守法，提高纳税人的纳税自觉性和维护税法的自觉性，减少纳税人因不知税法，不懂税法而触犯税法的情况。法制环境的建设要正面宣传和违法整治相结合，避免纳税人产生侥幸心理，通过严格执法体现法律尊严，营造严肃有序的税收法制环境。

（二）增强税收调控功能配套措施实施

税收作用发挥需要良好的外部环境，同时还需要建立和完善相关配套措施以促进税收制度的顺利实施。目前而言，需要完善税收征收的配套措施主要包括：个人收入的确认和登记制度；银行个人存款实名制度；税收中介代理体系等。

1. 建立个人收入的确认制度和登记制度

个人收入所得税的征收，首先要能确认个人收入所得的来源和数量。在我国社会主义市场经济发展过程中，个人收入呈现多渠道、多种类的特征，并已经成为一种发展趋势。税务机关如果不能全面地掌握每个渠道、每个种类的个人收入，就会很难按照税收法律法规的要求对个人收入所得税实现足额、及时地征收。建立个人的确认制度即要求减少现金交易量，同时任何一个单位和个人支付给他人劳务费用、工资、奖金后需出具法定的记录凭证，并将凭证传送税务机构，使纳税人的各种收入都纳入所得税范畴，并计入税务机关的个人所得税征收信息库，形成对个人所得税税源的全面、综合监控体系而防止税源流失，使个人所得税对个人收入分配的税收调控作用得以充分发挥。

2. 全面实施银行个人存款实名制

个人收入银行存款实名制是指个人到金融机构办理存款时，应出示个人法定身份，并使用身份证上的真实姓名，坚决杜绝使用化名、笔名，同时也不能不记名，银行要按照规定进行核对以及登记身份证和姓名，实行存款实名制是国际上普遍采用的金融监管制度。

我国现在已开始实施银行存款实名制度，但并不是完全意义上的银行存款实名制仍存在诸多漏洞，税务机构仍难以掌握个人收入的全部情况，税务部门仍难以弄清个人收入和财富的状况，这就为一些人的非法收入提供了"掩护"条件。同时，这种不完全的个人存款实名制难以对个人收入实施全面的税收调控。进一步而言，我国即将出台的遗产税和赠与税以及今后要实行的个人所得税综合申报，如果没有银行存款实名制作为基础，也是难以有效执行的。实行银行存款的实名制不仅是加强个人所得税征收的一个重要前提，而且是目前实行个人所得税制度的必要条件，也是提高税收调控效应的重要基础。

3. 发展税务代理中介机构

税务代理中介机构是服务于纳税人的一种社会中介代理机构，随着现代经济的高速发展，税收制度也日趋复杂，税收将涉及社会生活的各个方面。纳税人的范围广泛，而对税收的申报和缴纳程序的了解与熟识却远未普及，税务代理中介机构的建立可规范税收的征收与缴纳，增强税收的监督与管理，提高税收征管效率，减少税收流失数量，这是世界各国的发展趋势。我国随着税收制度的逐步发展和完善，税收法制更加规范，税收制度与社会经济关系也将更为密切。税务代理中介机构体系的发展和完善成为市场经济的重要因素和发展现代个人所得税制的重要基础。

第三节　增强财政支出调节收入分配效应的
制度完善与对策选择

一、提高财政转移性支出调节收入分配效应的制度完善与对策选择

财政转移性支出通过一定的途径和渠道形成居民转移性收入，并成为居民收入来源的组成部分。转移性收入对居民收入不平等的影响主要来自两个方面，一个就是由于省、市、自治区之间经济发展水平的差异性导致政府转移性收入的支付能力和致富水平产生差异，直接影响居民的转移性收入多与少以及该地区居民收入总水平与其他地区居民收入差距的大与小。另一个就是城乡分割的收入再分配制度导致了城乡转移性收入分配的不均等，也就是城镇居民能够享受到更多的政府转移性支付，而广大农民则基本上享受不到政府的转移性支付，在一定程度上固化或扩大了城乡居民收入差距。

（一）改革和创新我国财政转移支付制度，缓解居民收入区域差距

我国居民收入中来源于财政转移性支出的部分与地方的财政状况有关，经济较发达的地区，地方财政相对充裕，居民人均转移性收入就比较高，致使其居民收入水平相对较高，反之则相反。2001 年我国农村居民的人均转移性收入中，最高的是福建省，人均 270.07 元，最低的是新疆维吾尔自治区，人均 21.22 元，二者相差接近 12.7 倍。城镇居民的人均转移性收入中，最高的是上海市，人均 4791.53 元，最低的是山东省，人均 918.25 元，两者相差接近 5.2 倍。到 2007 年，在城镇居民的人均转移性收入中，最高的是北京市，人均 6427.54 元，最低的是

西藏自治区，人均 1046.13 元，前者是后者的 6.15 倍，农村居民人均转移性收入最高的是上海市，人均 1347.56 元，最低的是广西壮族自治区，人均 92.77 元，前者是后者 14.5 倍，到 2012 年我国农村居民的人均转移收入最高（上海市）与最低（云南省）相差 9.66 倍，比 2001 年、2007 年有所下降，而城镇居民人均转移性收入最高（北京市）与最低（西藏自治区）相差 7.03 倍，高于 2001 年的 5.2 倍及 2007 年的 6.15 倍。由此看出城镇居民财政转移性收入的地区差距在持续扩大，应引起财政及相关部门的高度重视，寻找有效途径，采取有效措缩小财政转移支出的地区差距。为此，应本着缩小地区差距，均衡区域发展的原则，改革和创新我国财政转移支付制度，加强政府转移支付的力度，尤其要加强中央财政对经济欠发达地区的转移支付，以此来不断缩小东西部地区的居民收入差异，发挥财政转移支付制度的缩小不同地区间居民收入差距的作用。

（二）调整财政转移支出重点，适当缩小城乡居民收入差距

我国由于城乡二元结构特征，城乡之间不仅存在经济发展水平差异而导致的居民收入差距，而且财政转移性支出向城镇居民的倾斜，加剧了城乡居民收入差距的扩大态势。城乡分割的，或者说歧视性的收入再分配制度使得财政转移性支出加剧农村—城镇区域间的收入不平等，这一点从城乡居民收入来源构成中转移性收入的数额差距以及增长速度的城乡差距得到反映和验证。农村居民通常享受不到像城镇居民一样在就业、教育、住房、医疗等方面的良好待遇，而且一部分农村居民收入是来自国家财政的转移支付，仅有极少数在国家或集体单位就业的职工才能享有由国家统一支付部分抚恤金、困难补助、救济金等，这种把户籍身份及所有制特征视作能否获得政府转移性支付的制度，便是加剧城乡居民收入不平等现象的重要障碍。

本研究的收入来源分析同样表明转移性收入对居民收入不平等的贡献率变化是导致 20 世纪 90 年代后期城乡居民收入不平等现象加剧的一个重要原因。农村居民和城镇居民人均转移性收入占人均纯收入的比重

的变化，表明政府对城镇居民转移支付力度的加强，有效地改变了城镇居民的收入结构。而农村居民的人均转移性收入比重基本上没有随着时间的变动而变动。因此，转移性收入不仅未能发挥缩小城乡差距的作用，反而成为城乡居民收入差距扩大的重要构成要素，并而导致对总区域范围内居民收入不平等的组成部分。因此，财政转移支出的重点向农村倾斜，逐渐消除城乡分割的收入再分配制度，调整国民收入的再分配结构，加大政府对农村居民收入的转移支付力度，进一步建立城乡一体化的最低生活保障制度，才能够使农村居民与城镇居民一样，享受相同的政府转移支付待遇，为缩小城乡居民收入差距发挥应有职能。

（三）扩大转移支出受众范围，促进居民享受财政转移支出的机会均等

财政转移支付在城市和农村内部不同收入群体的居民享受的财政转移支出的机会和水平也存在较大差异，一般而言具有稳定工作单位和稳定收入来源的居民能够享受到政府的财政转移支出，获得一定数量的转移性收入诸如住房公积金、医疗保险金等。而灵活就业人员以及下岗失业人员享受财政转移支付的机会和额度都受到极大限制，这样财政对城镇内部、农村内部居民收入分配也一定程度的存在扩大收入差距问题。因此，应更新财政转移性支出的政策思路，关注不同收入状态人群在享受财政转移性支出上的机会均等，发挥财政转移支出在收入分配公平方面的作用。

二、强化财政社会保障支出促进收入分配公平的制度构想与策略选择

（一）完善社会保障制度缩小收入分配差距的目标和基本思路

1. 加强社会保障制度总体目标的定位，强化其收入分配公平功能

一是完善我国社会保障制度的长期目标是按照建立社会主义市场经

济体制和建立社会主义和谐社会的总体要求，逐步建立起以养老、医疗、失业、低保等社会保障制度为主体，以企业补充保险和商业保险为补充，城乡一体、资金来源多样、保障项目齐全、保障待遇合理、公平与效率统一的社会保障体系，使之能够与其他收入分配手段协调配合，进而从根本上解决不合理的收入差距问题。二是考虑到我国正处于社会主义初级阶段，人口众多，二元经济和城乡差别存在，各地区经济发展不平衡等因素，全面实现这一目标尚需艰苦的努力和一个较长时期的过程。因此，近期目标应重点放在完善现行城镇养老、医疗和失业保险制度以及低保制度，推进国有企业下岗职工基本生活保障制度向失业保险的并轨，扩大社会保险覆盖范围，规范社会保障待遇水平，实施积极地就业政策，保障广大城市低收入群体的基本生活与基本医疗，在经济发展、社会繁荣的基础上，逐步改善和提高城镇低收入群体的生活水平。有条件的地方还应该积极稳妥地探索建立农村养老制度、医疗保险制度、最低生活保障制度。保障水平与社会经济发展相适应。我国是一个处于社会主义初级阶段、发展中的人口大国。三是建立健全我国的社会保障体系，既要考虑保证广大人民群众的基本生活和基本医疗需要，为经济社会发展创造和谐的环境，也要与我国现阶段的经济社会发展水平相适应，逐步扩大范围、提高水平、完善制度。统筹兼顾，综合协调。四是统筹考虑各项社会保障政策之间及其与收入分配政策的协调与衔接；统筹考虑社会保障政策和再就业政策的完美衔接；统筹考虑城乡差别和地区差别。

合理划分政府与市场以及中央政府与地方政府之间的社会责任。首先，要划清市场与政府的责任边界；其次，要按照中央统一领导、充分发挥地方主动性的原则，合理划分中央和地方的社会保障事权和支出责任。

2. 完善社会保障制度缩小收入分配差距的基本思路

一是根据完善社会主义市场经济体制的要求，明确地划分政府与市场之间、各级政府之间及政府各部门之间的社会保障相关责任。政府要根据"低水平、广覆盖、可持续"的原则提供基本生活、基本医疗的强制性保障，并且承担有限责任，还要通过制定相关国家政策来鼓励企业与个人参与到补充保险和商业保险中来，充分发挥市场作用以实现高层次的保障。目前，在政府与市场之间，我国政府提供的社会保障仍然占据主导地位，通过不断地完善社会保障制度，制定相关优惠政策，充分发挥市场机制的激励作用，逐步使得企业和个人参加补充保险、商业保险以承担更多的责任。另外，采取一系列措施保证中华民族互帮互助的优良传统，继续发挥在提供生活保障方面家庭及社会的重要作用，进而减轻政府的社会保障责任。而且在我国统一领导、分级管理体制不变的情况下，要在中央和地方之间实行分权管理，社会保障法律法规及相关政策由中央负责制定和落实，除了养老保险可逐步过渡到中央统筹以外，失业保险、医疗保险、工伤保险、最低生活保障、就业和再就业及其他社会福利项目的组织与实施均由地方政府负责，而且失业保险、医疗保险、工伤保险还需逐步过渡到省级进行统筹，最低生活保障等要明确由市县级政府进行承担。在中央与地方财政体制及支出责任既定的条件下，中央与地方政府应该按照其事权范围统筹安排相关项目的所需支出，对于超出地方政府承受能力的部分，中央政府可通过转移支付给予补助与帮助。

（二）强化财政社会保障支出促进收入分配公平的策略选择

1. 进一步完善养老、失业、医疗及低保等各项城镇社会保障制度

一是综合考虑国家基本保险、企业补充保险、个人储蓄性保险相结合产生的多层次养老保险体系得到全面的发展，稳步推进职工养老保险制度的改革。二是完善失业保险相关制度，依法扩大失业保险的覆盖面，逐步提高整体水平，增强失业保险的抗风险能力。将失业保险的待遇与促进再就业结合起来，提升失业保险基金的使用效率。三是完善基本医疗保险、补充医疗保险、城市医疗救助相结合的医疗保障制度，以保证解决困难群体的基本医疗，同时建立起科学、合理的费用控制体系，充分保证医疗保险基金的收支平衡。四是规范城市居民的最低生活保障制度，同时逐步健全社会救助的相关体系，建立起较完善的"最后一道防线"。并且研究制定比较科学的财产收入审核措施，确定合理的

低保标准及范围，使得低保制度不仅能够保证困难群体的基本生活，同时又有利于鼓励具备劳动能力的低保对象进行自力更生。

2. 按照统筹城乡发展的要求，加快农村社会保障事业的发展

首先，国家应积极地研究进城务工和失地农民的就业及社会保障问题，逐步地将在非农产业稳定就业的部分农民，随着工业化、城镇化过程中将他们纳入规范的社会保障体系。目前我们的重点是加快推进务工农民工伤保险的进一步落实，还要积极地探索把工作比较稳定的务工农民纳入城镇医疗保险体系之中。其次，我们要继续完善现有的相关政策，保障仍然从事农业生产的农民，他们的基本生活、基本医疗。一是不断推进新型农村合作医疗及医疗救助体系的建立，逐步提高合作医疗的筹资水平，保障基本医疗的资金水平。二是农村的养老保障仍然以家庭为主，并且连同社区保障、国家救济、计划生育奖励等相关制度结合起来。通过农村税费的改革，建立起比较稳定的筹资机制，以保障农村"五保户"的基本生活。三是经济发达并且财力充裕的少数地区不仅要完善原有的救济制度，还应积极探索农村居民的最低生活保障制度，中西部贫困地区则应健全扶贫机制和特困户的专门救助制度，加强贫困农民的基本生活保障。

3. 做好各项社会保障政策之间及其与就业政策的衔接，进一步完善和落实积极的就业政策

一是对于最低工资的标准、失业保险金的标准、最低生活保障的标准均要依次进行递减，拉开档次，避免产生逆向调节作用；二是低保待遇的相关标准应统筹考虑到城镇居民从其他社会保障制度所取得的收入；三是下岗、失业、低保等待遇标准的确定与支取要与积极的就业政策衔接，建立四项政策执行之间的联动机制，以促进下岗失业人员和低保对象尽快再就业；四是在认真分析总结最近几年的再就业政策的执行情况，大力创新相应制度，通过对劳动力市场的微观运行机制进行改善、打破行业内的垄断、促进人力资本的投资、强化制度基础以推动经济增长，建立完善与社会主义市场经济体制相适应的长效机制以促进就业。而且，要做好对相关人员的就业培训工作，如城市下岗失业人员、

进城务工农民及有劳动能力的失地农民等。

（三）强化我国社会保障建设中政府的职能和财政社保支出作用

我国居民收入分配差距不断扩大有许多方面的原因，而社会保障制度的不完善、体系的不健全，制度设计和待遇标准的确定及衔接存在缺陷等是造成收入分配差距扩大的重要因素。要进一步完善现行社会保障体系，使之为居民提供基本的生活保障和就业保障并逐步改善收入分配差距扩大的状况。因此，我国应在以下几方面强化社会保障建设中政府的一系列职能和相应社保支出的作用。

1. 明确划分政府与市场之间、各级政府之间以及部门之间的社会保障责任

政府与市场之间，要通过完善社会保障制度的模式，制定相应优惠政策，发挥市场的激励作用，针对目前我国政府所提供的社会保障仍占主体的现状，逐步使得企业和个人参加补充保险、商业保险等以承担更多的责任。另外，采取相关措施以弘扬互帮互助的优良传统，不断发挥家庭、社会提供生活保障的重要作用，以此来减轻政府的社会保障负担与责任。

在我国统一领导、分级管理体制的情况下，中央和地方政府间进行职权的划分，社会保障的相关法律法规及重要政策由中央政府负责制定实施，除了养老保险可逐步过渡到中央统筹以外，失业保险、医疗保险、工伤保险、最低生活保障、就业和再就业及其他社会福利项目的组织与实施均由地方政府负责，而且失业保险、医疗保险、工伤保险还需逐步过渡到省级进行统筹，最低生活保障等要明确由市县级政府进行承担，对各级政府间及政府各部门间的社会保障责任进行明确划分，不仅有利于社保资金收支稳定，还有利于推进财政社会保障制度中收入分配调节作用的有效发挥。

2. 按照公共财政框架建立复式预算体系，增强社会保障资金的硬约束

政府预算就是政府的财政收支计划，它反映政府预计的财政收支状

况。从形式上来说，政府预算也就是按照一定的标准把财政收支分门别类地列入专属的表格，是反映政府对财政收支活动的一个重要载体。而从内容上来讲，政府预算是政府财政收支计划的一种统筹安排，政府预算的执行则是财政资金筹集和使用的过程，政府预算能够反映政府活动的具体范围、方向、政策，体现着国家权力机构对政府活动的制约与监督。

从预算的技术组织形式看，政府预算分为单式预算、复式预算，单式预算是传统的预算，做法是将预算年度内的全部财政收支编入单一的总预算内，而不区分各项或各种收支的经济性质。随着经济和社会活动规模扩展和种类增多，多数国家都采用复式预算，即在预算年度内，把全部的财政收支按经济性质编入两个或两个以上的收支对照表，从而编成两个或两个以上的预算，各个预算的内容既相对独立、自成体系，又相互补充、相互关联，共同形成一个完整的复式预算体系。复式预算的优点就在于它在一定程度上能够避免各种财政支出相互挤占的情况。

我国政府复式预算体系由经常性预算、公共建设预算、社会保障预算、国有资产经营预算和国家债务管理预算等组成。社会保障预算是复式预算体系的重要组成部分之一，有着专款专用的特点，我国社保资金预算有着收支困难和预算软约束的问题，不仅不利于社保资金的良性收支，而且事关社会的和谐与稳定，因此我国社会保障预算应按照公共财政的原则和要求，增强社会保障预算硬约束，政府不能将其随意挪用于行政管理费和基本建设支出，避免对社会保障资金的滥用，从而为发挥社会保障制度促进居民收入分配公平的作用提供条件和保证。

3. 按照统筹城乡发展的要求，加快农村社会保障事业的发展

由前面的分析得知，我国社会保障对收入分配调节作用弱化的根源主要在于社保资金对农村居民的"缺位"与薄弱，这也是我国社会保障健康运行的重大制度"瓶颈"。加快推进农村社会保障制度的建立与完善，能够从根本上起到社会"安全网"的作用。因此，我们不仅要积极解决进城务工农民、失地农民的就业与社会保障问题，而且要在工业化、城镇化的过程中逐渐将在非农产业稳定就业的农民纳入城镇社

体系，推动进城务工农民拥有工伤保险，积极探索将部分工作关系稳定的进城务工农民纳入城镇的医疗保险体系。而且我们还要继续完善现有的政策办法，保障仍然从事农业生产的农民基本生活、基本医疗。首先要加快推进新型农村合作医疗以及农村医疗救助制度的完善，提高合作医疗的筹资水平。另外是农村养老保障依然要以家庭为主，同社区保障制度、国家救济制度、计划生育奖励扶助制度结合起来。进行农村税费改革，建立持续良好的筹资机制，保障农村"五保户"的基本生活。最后还要在经济较为发达、财力较为充裕的地方完善定期定量救济制度的基础上，积极探索农村居民最低生活保障制度的建立，以保障贫困农民的基本生活。

4. 多渠道筹集社会保障资金，确保城镇居民的基本生活需要

我国社保资金供求矛盾较大，再加上我国老龄化问题突出，今后的社保基金供给压力仍然十分巨大，而社保资金的正常运转又关系到整个社会秩序的正常与稳定。因此要尽快开发新的筹资渠道，加强对社会保障资金的投入力度。一是要对现有的社会保险基金筹集办法进行改革，继续推进社会保险费的征收，并在此基础上开征社会保障税，建立社会保险基金的自动平衡机制；二是要与公共财政的改革相结合，不断调整财政支出的结构，增大对社会保障财政投入；三是开辟资金来源的新渠道，比如通过划拨一些国有资产、扩大彩票的发行等，为社会保障制度的可持续发展建立后备基金。总而言之，要加快建立起以社会保险费（税）为主体、财政补助及其他多渠道筹资为辅的社会保障筹资体系。

三、增强财政教育支出调节收入分配效应的制度完善与对策选择

（一）加大教育的投入力度，促进教育横向和纵向的平衡发展

财政教育经费的足额投入是教育公平实现的物质保障。我国财政教

育支出规模常年处于世界落后的地位，这与我国的 GDP 排位完全不相符，也与我国多年的经济高速增长及财政收入超经济增长形成反差。因此，应通过法律法规形式制定教育投入的绝对规模和相对规模随经济总量增长而增长的相应制度和机制，切实保障财政教育投资，特别是对义务教育投资占据主体地位，提高政府财政支出中对教育经费支持的比重，并且继续争取包括联合国教科文组织、世界银行等国际组织的积极支持，为我国教育经费的有效提高和足额提供，奠定法律基础和有效机制。为此加强中央财政转移支付的力度和科学性，使中央财政转移支付切实发挥作用，建议国家制定义务教育最低财政标准和最高财政标准。对于那些低于最低财政标准的县、乡，由中央、省级政府通过建立较为规范的财政转移支付制度或进行专项补助给予一定的支持，由此来强化中央及省级政府对义务教育宏观调控能力，提高中央和省级政府对义务教育的财政支持水平，使中央和省级政府在义务教育投资中发挥重要作用。

（二）提高国家财政对义务教育的投入比重，提高财政教育支出公平效应

政府对教育投入力度的增加对公平收入分配有积极作用。基于此，中国作为世界上最大的发展中国家，在经济高速发展过程中，政府始终作为教育投资的重要主体，财政性资金始终是教育经费的主要来源，不仅如此，政府还通过不断加大对教育的投资力度和投入规模来实现教育规模扩展，这种规模扩展是指整个教育体系的，当然这种扩展必须伴随教育机会的均等化，如果要想减少贫富两极分化的差距，公平收入分配程度，就要充分保证弱势阶层子女的受教育机会，减少贫困家庭的子女失学与文盲半文盲率上升。实践证明，在义务教育经费得不到满足的情况下，高学历人员的增多反而会加剧收入差距的扩大，甚至造成贫困阶层固化等问题，同样的经费用在初等教育上比用在中等以上教育上能解决更多人受教育的问题，因此财政应加大对义务教育特别是初等教育的支出力度，这样才能逐渐实现受教育公

平的机会均等，体现收入分配的起点公平，并促进收入分配的结果公平和社会和谐稳定。

（三）提高义务教育支出的管理级次，履行财政缩小地区差距的公共职能义务

教育具有公共品特征，特别是义务教育是纯公共产品，纯公共品需要财政履行其公共职能，即财政完全提供保证义务教育的经费，并且应由中央财政在全国范围内提供这种公共产品。改革我国目前实行的"分级办学，分级管理"的教育体制，将教育支出的财政管理级次由县、区、乡转到省级或完全纳入中央财政管理，以切实缩小地区之间、城乡之间差距履行财政职能。

同时，教育增量的部分应首先向较为薄弱的地区进行倾斜，增加教育的机会。比如，在沿海发达地区不再设立新的公立高等学校；高校扩招的部分，应向人口大省及贫困地区进行倾斜，以保证不同群体获得基本接近的教育机会，以便进行公平的竞争，并且加强财政通过对教育的管理、调控缩小地区差距。

另外，合理调整城乡及地区间教育资源结构，使公共教育资源进一步向基础教育、农村过渡，并向欠发达地区倾斜。并且应增加农村及中西部地区相应教育资金的投入，可用于建设一些基础设施，改善办学条件，提高教师队伍的质量，以缩小城乡之间的差距。

（四）完善高等教育收费体系，理顺高等教育经费供求机制

目前在国家财政教育经费有限的条件下，改变目前重高等教育投入，轻初等教育投入的做法，资金投入适度向初等教育倾斜的同时，要慎重考虑高等教育经费的供给问题，对于准公共品的高等教育，除国家适当的投入外，还应逐步提高收费标准，建立个人教育成本与终生收入水平的联系。对高等教育要扩大其融资渠道，如建立企业和社会为投入激励机制，以拓展高等教育资金提供供给渠道。

第四节　强化财政对城乡居民福利效应的提高和改善

一、强化财政对城镇居民福利效应的提高和改善

（一）增强福利意识，提升收入分配改革目标

长期以来，我国在收入分配领域，收入差距扩大成为焦点问题，缩小收入差距备受关注，进而成为各级政府的政策目标与任务。但收入分配的最终目标是实现其社会福利最大化，不应是收入差距最小化，收入差距的调节控制是重要，但不是终极目标。所以，要改变关注收入差距有余而对收入水平提高的福利效应认可不足的状况，坚定市场经济改革方向发展经济，以提高收入和调节差距并举的双路径策略解决收入分配的矛盾与问题，这不仅有利于防控中等收入陷阱困扰，而且是履行政府责任，提高政策效率的有效途径。

（二）认清差异性发展现实，提高政策优化水平

通过对我国城乡居民收入分配中福利优势的排序、测度与比较，不同年份乃至不同阶段，我国城镇居民收入分配格局是各具特点的。因此，在未来收入分配制度改革方案制定与实施时，要结合实际，各有侧重。结合我国区域经济和行业发展的特征和走势，注重收入分配政策的结构性优化和阶段性调整，使我国城镇居民收入格局的改善有规划、分步骤地有序推进。

（三）关注城镇化进程，探寻收入分配政策关键路径与多赢节点

长期以来，虽然我国城镇居民收入水平远远高于农村居民。但是由

于农村居民的生活成本相对较低，我国农村居民福利指数与城镇居民相差要相对小于理论计算值，但如何确保在城镇化进程中，农村居民变城市市民过程中其福利水平不断提升，未来的任务迫切而艰巨，为此要在农村劳动力转移中充分发挥劳动力市场的中介与辐射功能，扶持促进小微企业发展，扩大城市劳动就业容量，为农村居民收入水平的提升创造条件和奠定基础。进而立足长远，从多角度、深层次探寻优化城镇居民收入分配格局，提高居民福利的关键路径和多赢节点。

（四）推出财税新政，回归财政税收应有的调节功能

财政税收作为收入分配调节的制动器和缓解器，对收入分配具有其内在职能，发达市场经济体的经济社会运行实践无一例外地给予证明。市场经济体制下的收入分配差距的扩大，也被诸多经济学者的规律总结所验证，如库兹涅茨倒"U"曲线等，足以证明财政税收是熨平收入差距不可或缺的重要手段。而我国财政体制改革滞后，相关财税政策（如财产税、个人所得税、资源税）调节功能弱化、缺失甚至错位，成为我国收入分配调节的诟病。现有财税体制对经济与社会发展的桎梏对其形成倒逼机制，为更好地适应经济、社会发展的需要，我国财政税收的制度改革与政策出新，已势在必行。

二、强化财政对农村居民福利效应的提高和改善

"三农"作为经济社会发展的根基，其稳定发展是新时期建设现代化中国的必然要求。政府在促进农业发展、建设现代化农村、保障农民生活的改革措施中，应将提高农民福利水平放在首位，将福利标准作为测度政府绩效的首要标准。我国农村居民收入分配差距不断扩大的现实值得关注，但考虑居民收入水平提高对社会福利的正面带动，对我国农村居民收入分配改革的认知与评价形成全新视野，对未来收入分配改革的取向和路径也将产生全新启示。如何看待与权衡经济发展中的收入水平与分配差距，怎样以福利理念评价与测度政府绩效，对此提出以下思

路与对策：

（一）以提高农民福利水平作为收入分配改革的最终目标

缩小收入差距是较长时期以来收入分配领域的焦点问题，进而成为各级政府维护农村稳定的目标与任务。但缩小收入差距是改善民生、提高居民福利水平的一个阶段，而不是主体，收入分配的最终目标是实现其社会福利最大化，不应是收入差距最小化。所以，要改变关注收入差距有余而对收入水平提高的福利效应认识不足的状况，坚定市场经济改革方向发展经济，以提高收入和调节差距并举的双路径策略解决收入分配的矛盾与问题，这不仅有利于防控中等收入陷阱困扰，而且是履行政府责任，提高政策效率的有效途径。

（二）推出财税新政，回归财政税收应有的调节功能

财政税收作为收入分配调节的制动器和缓解器，对收入分配具有其内在职能。以提高农村居民福利水平为理念的财税新政应注重两个关键点：一是加强财产税、个人所得税以及资源税对农民特别是高收入农民的调节功能，随着经济社会的高速发展，农村不应成为财税改革的"盲区"。二是要加大政府转移支出力度，切实改善低收入人群生活福利水平，积极探寻转移支付由纵向调节向横向调节发展新途径，二者结合以满足社会发展进程需要，使农民更多地分享经济发展果实，更好地体现社会公平正义。

（三）关注城镇化进程，立足提高农村居民收入水平

在城镇化进程中，如何保障居民福利水平的不断提高，收入差距调控与居民收入分配福利优势并进，任务迫切而艰巨。工资性收入、财产性等收入的提高是改善农民福利水平的基础，一方面要在农村劳动力转移中充分发挥劳动力市场的自我调节功能，扶持促进小微企业发展，扩大城市劳动就业容量，拓宽农村投资渠道。另一方面要继续出台利农惠农的产业政策，提高农村居民经营性收入，立足长远，从多角度、深层

次探寻优化农村居民收入分配格局。

第五节　提高我国居民中等收入群体比重

中等收入群体问题越来越成为影响中国发展全局的大问题，促进中等收入群体发育，提高中等收入群体比重，不仅有利于改善居民收入状况，实现共享发展理念，而且更是一个事关中国能否避免陷入"中等收入陷阱"的重要因素，财政理应通过税收制度完善和保障制度的完善提高中等收入群体比重。

一、完善税收体系优化税收结构

（一）扩大个人所得税税额在税收总额中所占比重

税收作为我国财政政策的重要组成部分，不仅是国家财政收入的主要来源渠道，同时也是调节居民收入分配、缩小收入分配差距的重要手段。1994 年，我国进行了财税体制改革，中国的税收体系随之改变。其中个人所得税与居民收入分配关系最为密切，个人所得税直接以居民的各项收入为依据进行征收，进而实现对居民收入的直接调节。然而我国个人所得税税额在税收总额中占比低于 10%，而西方发达国家个人所得税为主体税，所占比重较高，如美国 2009 年个人所得税税额占比接近 50%。个人所得税税额占比过低直接导致我国税收政策在调节收入分配，特别是提高我国城镇中等收入群体比重方面的作用不明显。

为此，应该结合我国经济社会发展实际，扩大个人所得税的征税范围，适度增加个人所得税的税源，扩大税基。进而逐渐扩大个人所得税税额在税收总额中的比重，增强国家税收政策调节收入分配的职能，扩大我国中等收入群体比重。

（二）完善个人所得税制度，降低工薪阶层税负

个人所得税是我国税收体系的重要组成部分，是国家调控收入分配的重要手段。我国个人所得税以 3500 元为起征点，采用超额累进税率，以工资薪金、劳务报酬、稿酬所得等 11 项为税目。现阶段我国个人所得税制度存在不合理因素，导致工薪阶层税负偏重，阻碍了我国城镇中等收入群体比重的进一步扩大，因而完善个人所得税制度迫在眉睫。个人所得税制度的完善，需要重点从以下两个方面进行：

第一，个人所得税实现综合与分类相结合的手段，合并部分税目，降低税目数量。高收入群体的收入来源种类较多，过多的税目给了高收入群体进行税收筹划和恶意避税的空间。相反，工资薪金作为中等收入群体的主要收入来源，税收筹划的空间较小，通过合并税目的手段能够使这种现象得到有效处理；

第二，扩大费用扣除范围，尝试以家庭为单位进行申报纳税。将子女教育支出、赡养父母的支出、房贷的支出等基础性支出按照相应的比例计入扣除范围，这些支出是满足居民基本生活的保障，将这些支出从税前扣除可以切实减轻居民的生活负担，提升居民的抗风险能力。此外，以家庭为单位进行申报，将包括家庭人口数量、等因素纳入评价指标，切实维护工薪阶层的基本利益，降低其税收负担。

（三）健全财产税体系，适时开征遗产税和赠与税

税收作为我国政府调节收入的重要手段，在收入的取得、使用环节发挥着重要的作用，然而在收入的积累和转让方面却存在着很大的缺陷，特别是对于高收入群体的收入缺乏相应的税收制度来进行调节，进而导致高收入群体的税收负担较低，富者恒富、穷者恒穷的现象严重。近年来，我国居民收入差距不断加大，社会矛盾不断凸显，适时开征遗产税和赠与税无疑会在缩小收入分配差距，扩大我国城镇中等收入群体比重方面发挥积极的作用。目前，我国高收入群体的财富积累已经达到一定的规模，开征遗产税和赠与税的时机基本成熟。

此外，建设全国一体的个人信息系统和征信系统，实现全国信息共享，杜绝私自转移、隐匿财产来逃避纳税的现象发生。这在某种程度上可以作为开征遗产税和赠与税的配套措施，亦可以作为完善个人所得税制度的辅助措施。实现个人信息与银行、企业信息的进一步融合，全面掌握高收入群体的财富状况，真正实现收入多者多征，收入少者少征，与我国在收入分配方面"提低、扩中、降高"的目标不谋而合。

二、提高财政科技支出比重促进创新发展

（一）扩大财政科技支出，提高支出效率

首先要对市场和政府的职能有明确的区分，对财政的支出范围有合理的界定。在日常的经济活动中，政府所扮演的角色应当是在"市场失灵"领域，通过财政政策手段来进行调节，进而实现维护社会稳定和经济发展的目的，通过市场的内在机制能够解决的问题则应该交由市场去调节，避免财政支出大包大揽的现象发生。政府应该当逐渐减少对于竞争性领域的财政支出，让市场在资源配置中起到决定性的作用，同时保证重点领域的财政资金充足。逐步取消国有企业亏损补贴制度，除了军工企业、公益性企业等对我国经济社会有着重要意义的国有企业外，实现国有企业的自负盈亏，现阶段我国正经历经济结构调整期，李克强总理特别指出要有壮士断腕的决心和勇气，让一些落后的产能和效益差的国有企业通过市场的法则实现优胜劣汰。

建立与事权相匹配的财政支出体系，明确中央和地方在财政支出方面的责任。在我国，财政支出很多情况下与事权不相吻合，在一定程度上影响了我国财政支出政策的落实。因而，需要在全国范围内推进改革，实现事权和财权的统一，特别是在素质教育、医疗卫生等基础服务领域更要划清中央与地方的责任。此外，支出责任的划分应当充分考虑地方经济发展水平，不可"一视同仁"。同时，加快"省直管县"财政体制建设，较少预算层级，提高财政支出效率。

（二）提高科技支出在财政支出中的比重

科技创新在国家发展中扮演着日益重要的角色，自主创新能力的高低已经成为判断一个国家综合国力的重要标志。过去我国的经济增长主要依靠生产要素的高投入、高消耗，这样的发展方式效率很低并伴随着自然资源的日益消耗，我国必须加快转变发展方式，从过去依赖要素投入转变为依赖科技创新的轨道上来，全面提高国家创新水平和劳动者素质，到 2020 年实现跻身创新型国家行列的目标。科技创新具有高投入、长周期、高风险的特点，高额的成本和风险使得很多企业和研究机构望而却步。加快科技创新步伐，需要政府发挥重要的财政支持作用。

1986 年以来，我国科技支出占财政支出的比重很低，不足 5%，并且还有进一步下滑的趋势。因而需要加大科技投入，提高科技支出在财政支出中的比重，为国家创新水平的提高提供坚强后盾。提高面向创新型企业的财政补贴主要从以下三个方面入手：首先，加大财政补贴对企业创新的覆盖范围，使其渗透到企业创新的各个环节，提高企业创新的积极性。其次，制定面向金融机构的财政补贴政策，鼓励以银行为代表的金融机构向创新型企业发放贷款，为其提供资金支持，保证企业的资金投入。最后，加大政府对于企业创新产品的政府购买，促进科研成果的市场化转化，进而产生拉动效应，促进创新型企业的健康快速发展。

（三）支持企业创新服务体系建设

加快企业创新服务体系建设，为企业创新提供场所和软硬件支持。首先，加快创新技术示范园区建设，为企业创新提供场所。举世闻名的美国硅谷，是美国的高新技术研发中心，大批的创新示范园区齐聚于此，投资总额占美国风险投资总额的 1/3。其次，划拨财政资金，支持创新服务机构的发展，构建完善的创新服务体系。创新服务机构在市场调研、市场可行性调查、技术合作、销售渠道方面可以为企业创新成果的市场化提供很大的帮助，为企业创新提供支持性服务，在一定程度上降低了企业创新的风险。最后，规范科研人员薪酬制度，提升科研人员收入，使得科研人员能够分享到企业的创新成果，建立健全股权激励计划，保障科研人员的权利，全面提升科研人员收入水平。

三、完善社会保障体系，增强居民抗风险能力

国家的社会保障水平是国家维护社会稳定，维护社会公平的重要手段，在保障居民基本生活方面发挥着巨大的作用。一国的社会保障水平较高，居民会选择减少储蓄同时增加消费。相反，如果一国的社会保障水平处于较低的水平，那么居民会选择增加储蓄同时较少消费以应对潜在的风险，国家的整体消费水平也会大幅下降。现阶段，我国正在进行经济结构调整，居民消费对经济的拉动作用愈发重要，完善社会保障体系，提高中等收入群体的抗风险能力，促进城镇中等收入群体比重的不断扩大。

（一）科学确定社会保障的内容和水平

传统的社会保障系统包括保险、救济、福利、优抚四个方面的内容，在保险方面，我国推行"五险一金"制度，在维护社会稳定和保障人民基本生活方面取得了一定的效果，但是社会保障的内容不够细化，缺乏侧重点的问题依然存在。科学确定社会保障的内容应当从以下两个方面入手：首先，对养老等重点领域的社会保障予以细化，增强社会保障的针对性，实现"精准保障"。现阶段，我国逐步步入老龄化社会，老年人口比重不断攀升，养老问题愈发凸显，养老方面的社会保障内容应当从经济、服务、精神三个方面进行细化，在保障老年人的基本物质需求的同时，应当提高社会在养老方面的服务水平，丰富老年人的精神生活，实现对于老龄人口的全面保障。

其次，伴随着我国经济的快速发展，人民生活水平的提高，社会保障水平也应该进行不断的适应性改变。一方面，社会保障水平应该与经济发展水平相适应。紧跟经济发展步伐，经济水平不断攀升的同时，社

会保障水平也应当不断提高，不能滞后于经济发展。另一方面，社会保障水平应当与地区发展水平相适应，在我国，东部沿海地区、中部地区、西部地区的经济发展水平有较大差异，各地区需要结合地区财力和社会承受力来确定社会保障的水平，杜绝"揠苗助长"的现象发生，实现地区社会保障事业健康发展。

（二）建立和完善多层次的社会保障体系

建立和完善多层次社会保障体系有利于中等收入群体比重的提高，为此主要需从以下两个层面出发：

第一，从经济上满足居民的基本生活需求，是我国社会保障体系保障人民生活的主要手段。对于城镇中等收入群体而言，经济层面的社会保障主要包括养老保险、医疗保险、生育保险、工伤保险、失业保险和住房公积金，这些社会保险通过直接或者间接的方式在经济层面上对城镇中等收入群体予以支持，减轻中等收入群体的生活负担，提升城镇中等收入群体的抗风险能力。

第二，建设和健全社会保障的服务体系，提升社会保障的服务性功能。对失业人员进行再就业培训服务，聘请专家传授专业的知识，提升失业人员的素质水平，同时对其提供专业的就业指导，为失业人员的再就业奠定坚实的基础；对残疾人等特殊群体进行技能培训，使得残疾人群能够有一技之长，使得他们能够自食其力，通过自己的劳动取得收入，同时减轻了残疾人家庭的负担；现阶段我国推行"二胎政策"，社会保障部门应当在二胎的教育等方面提供相应的服务，做好该政策的配套工作，保障儿童的健康成长。建立针对空巢老人和留守儿童的心理服务体系，对他们的心理问题及时进行疏导和排解，避免他们因长期的孤独感引发各种心理上的问题。

（三）建立稳定和多元化的社保资金筹措机制

建立稳定和多元化的社保资金筹措机制。首先要扩大财政资金对于社会保障的扶持力度，各地区应当根据当地的经济实力、财政收入水平，同时结合当地的社会保障需求，优化财政支出结构，逐步提高财政对于社会保障资金的划拨力度。其次，加快建设和健全社会保障税制度。现阶段，我国的税收制度主要集中在收入的来源、分配和使用环节，对于收入的整体调节，特别是在社会保障方面缺乏支持，社会保障税的征收还存在一定的空白。在许多发达资本主义国家，社会保障税是社会保障资金的重要来源，在社会保障体系中扮演着重要的角色。早在1996 年，国内关于征收社会保障税的提案就已经出现，然而20 年来却一直没有得到落实，因而建设社会保障税的制度刻不容缓。最后，在社会保障资金的运营环节，加强资金的监督和管理。全面推行社会保障基金预决算制度和信息公开制度，规范社保基金收支行为，切实管好、用好人民的"救命钱"。同时，加快社会保障资金配套的法律制度建设，运用法律手段杜绝社会保障资金的混乱使用，全面提升社会保障资金的使用效率，保障社会保障资金的有效使用。

参 考 文 献

［1］贾康、程瑜：《财政助力共享发展理念的实现》，载于《中国财经报》2016 年 3 月 29 日。

［2］李实、张平等：《中国居民收入分配实证分析》，社会科学文献出版社 2000 年版。

［3］上海财经大学公共政策研究中心：《2000 年中国财政发展报告》，上海财经大学出版社 2000 年版。

［4］欧阳植、于维生：《收入分配不均等性的数量分析》，吉林大学出版社 1995 年版。

［5］国家统计局城市社会经济调查总队：《中国价格及城镇居民家庭收支调查统计年鉴 2000》，中国统计出版社 2000 年版。

［6］世界银行：《2000 年/2001 年世界发展报告——与贫困作斗争》，中国财政经济出版社 2001 年版。

［7］［美］阿塔纳修斯·阿西马科普洛斯：《收入分配理论》，商务印书馆 1995 年版。

［8］张道根：《经济发展与收入分配——相关机制的系统分析》，上海社会科学院出版社 1993 年版。

［9］［美］戴维·罗默：《高级宏观经济学》，上海财经大学出版社 2003 年版。

［10］［澳］克莱门德·蒂斯坦尔：《中国的经济发展》，中国发展出版社 1995 年版。

［11］［乌克兰］威尼·瑟斯克：《发展中国家的税制改革》，中国人民大学出版社 2000 年版。

［12］王道臣、朱慧：《市场经济条件下的收入分配》，辽宁人民出版社 1998 年版。

［13］张向达：《中国收入分配与经济运行》，东北财经大学出版社 1996 年版。

［14］杨灿明：《转型经济中的宏观收入分配》，中国劳动社会保障出版社 2002 年版。

［15］张作云、陆燕春：《社会主义市场经济中的收入分配体制研究》，商务印书馆 2004 年版。

［16］韩保江：《西方世界的拯救——现代西方收入分配制度变迁与贡献》，山东人民出版社 1998 年版。

［17］邓子基：《税种结构研究》，中国税务出版社 2000 年版。

［18］张馨等：《当代财政与财政学主流》，东北财经大学出版社 2000 年版。

［19］陈宗胜：《经济发展中的收入分配》，上海三联书店 1994 年版。

［20］周文兴：《中国：收入分配不平等与经济增长——公共经济与公共管理的制度创新基础》，北京大学出版社 2005 年版。

［21］李军等：《度量收入分配的均等指数方法及其应用》，载于《数量经济技术经济研究》2005 年第 6 期。

［22］赵人伟等：《中国居民收入分配再研究》，中国财经出版社 1999 年版。

［23］马国强：《转轨时期的税收理论研究》，东北财经大学出版社 2004 年版。

［24］贺蕊莉：《财政分配调节贫富差距的局限性分析》，载于《财政研究》2005 年第 7 期。

［25］周宏斌：《我国居民收入分配中的政府影响及对策》，载于《财政与税务》2002 年第 5 期。

［26］周长才：《宏观调控以来的中国经济分析》，中国时代经济出版社 2004 年版。

［27］孙开：《多级财政体制比较分析》，中国经济出版社1999年版。

［28］王保安：《转型经济与财政政策选择》，经济科学出版社2005年版。

［29］李华：《国民经济管理学》，高等教育出版社2001年版。

［30］谢自强：《政府干预理论与政府经济职能》，湖南大学出版社2004年版。

［31］郝如玉：《税收理论研究》，经济科学出版社2002年版。

［32］陈穗红：《中国税收政策理论与实践》，中国财政经济出版社2002年版。

［33］安体富：《当前中国税收政策研究》，中国财政经济出版社2000年版。

［34］许建国：《中国经济发展中的税收政策》，中国财政经济出版社1998年版。

［35］吴云飞：《我国个人收入分配税收调控研究》，复旦大学出版社2001年版。

［36］郭庆旺：《当代西方税收学》，东北财经大学出版社1994年版。

［37］郭庆旺：《税收与经济发展》，中国财政经济出版社1995年版。

［38］安福仁：《政府职能与税收问题研究》，东北财经大学出版社2002年版。

［39］国家税务学会学术研究委员会：《税收政策与宏观经济调控》2003年版。

［40］袁振宇：《税收经济学》，中国人民大学出版社1997年版。

［41］付广军：《中国税收统计与计量分析》，中国市场出版社2005年版。

［42］马树才：《宏观经济管理模型与方法》，辽宁大学出版社2000年版。

[43] 高青:《经济增长与税收增长几个问题的思考》,载于《税务研究》2000 年第 5 期。

[44] 贾康、白景明:《中国政府收入来源及完善对策研究》,载于《经济研究》1998 年第 6 期。

[45] 高莉:《税收制度的内涵构成及变迁理论》,载于《税务研究》2000 年第 9 期。

[46] 黄泰岩:《我国个人收入差距的变动特征及调节政策》,载于《当代经济研究》2001 年第 4 期。

[47] 黄泰岩:《在经济增长框架中审视个人收入分配》,载于《中国人民大学学报》2002 年第 2 期。

[48] 徐舜尧:《个人收入分配的税收调控》,载于《江南论坛》2005 年第 3 期。

[49] 李海飞、谢颖:《建立有效的收入分配税收调控体系》,载于《宏观经济研究》2002 年第 1 期。

[50] 杜建、曾山:《从居民收入分配差距谈税收调控政策》,载于《绵阳师院学报》2004 年第 6 期。

[51] 高培勇:《规范政府行为,解决中国当前收入分配问题的关键》,载于《财贸经济》2002 年第 1 期。

[52] 蒋晓光:《我国居民收入分配不合理透视》,载于《华东师大学报》2001 年第 6 期。

[53] 樊丽明:《论我国税收调控收入分配》,载于《山东大学学报》2000 年第 1 期。

[54] 中国税务学会课题组:《税收如何调节个人收入分配》,载于《税务研究》2003 年第 10 期。

[55] 李绍荣、耿莹:《中国的税收结构、经济增长与收入分配》,载于《经济研究》2005 年第 5 期。

[56] 国家计委社会发展组:《"十五"时期收入分配调控的政策建议》,载于《经济问题探索》2005 年第 5 期。

[57] 潘明星等:《实现收入公平分配的税制研究》,载于《山东社

会科学》2004 年第 3 期。

[58] 杨云善：《政府调控居民收入分配制度的改革与创新》，载于《经济体制改革》2000 年第 4 期。

[59] 万广华：《经济发展与收入不均等：方法和论据》，上海人民出版社 2006 年版。

[60] 金双华：《财政收入水平与社会公平关系的实证分析》，载于《经济学动态》2002 年第 4 期。

[61] 文才：《我国教育经费投入和管理面临的主要问题与对策》，载于《教育与经济》1999 年第 1 期。

[62] 荀燕楠：《我国财政中教育支出的理论、实证分析和对策研究》，载于《财经研究》1997 年第 6 期。

[63] 侯明喜：《防范社会保障体制对收入分配的逆向转移》，载于《经济体制改革》2007 年第 4 期。

[64] 陆解芬等：《促进收入分配公平的社会保障制度对策》，载于《经济体制改革》2003 年第 5 期。

[65] 傅光明：《农村居民转移性收入过低加剧城乡收入差距》，载于《中国改革报》2007 年 9 月 21 日。

[66] 李荣山：《中美两国居民转移性收入格局变动比较分析》，载于《山东师范大学学报》2008 年第 9 期。

[67] 杜鹏：《转移性收入对收入差距影响》，载于《中国软科学》2004 年第 10 期。

[68] 黄祖辉：《城乡收入差距问题研究——基于收入来源角度的分析》，载于《浙江大学学报》2005 年第 7 期。

[69] 冯星光等：《基于广义熵指数的地区差距测度与分解：1978～2003 年》，载于《统计与信息论坛》2005 年第 7 期。

[70] 冉募娟：《城乡教育不平等与收入差距关系研究》，载于《山西财经大学学报》2006 年第 3 期。

[71] 筱欣等：《教育投资与西部收入分配差距》，载于《经济问题探索》2001 年第 5 期。

［72］张丽：《我国高等教育公平对低收入家庭的影响》东北师范大学 2006 年硕士论文。

［73］孙佰才：《30 年来教育拓展与收入分配研究综述》，载于《西北师范大学学报》2006 年第 1 期。

［74］魏陆：《从公共教育支出的国际比较谈我国教育改革》，载于《理论与改革》2000 年第 3 期。

［75］倪志良：《公共教育分配效应的实证研究》，载于《中央财经大学学报》2004 年第 9 期。

［76］毛慧红等：《减少收入不平等：来自教育和人力资本的理论、经验和启示》，载于《市场与人口分析》2004 年第 10 期。

［77］张海峰：《教育不平等的收入分配效应：理论与实证分析》，浙江大学 2004 年硕士论文。

［78］蓝建：《教育分化对收入不公平的影响——拉丁美洲研究》，载于《外国教育研究》2004 年第 4 期。

［79］支晓芳：《教育公平与居民收入分配公平研究》，苏州大学 2006 年硕士论文。

［80］郭丛斌等：《教育规模及教育机会公平对收入分配的影响》，载于《教育科学》2005 年第 4 期。

［81］吕世斌：《教育和收入不平等》，吉林大学 2005 年硕士论文。

［82］赖德胜：《教育扩展与收入不平等》，载于《经济研究》1997 年第 10 期。

［83］白雪梅：《教育与收入不平等——中国的经验研究》，载于《管理世界》2004 年第 6 期。

［84］陈钊等：《收入差距扩大视察透析——国际比较启示》，载于《世界经济研究》1999 年第 3 期。

［85］骆勤：《我国教育支出的财政分析与对策选择》，载于《财经论丛》2004 年第 9 期。

［86］常卓：《我国教育支出的政策分析与政策选择》，载于《中国经贸导刊》2003 年第 17 期。

［87］财政部财政科学研究所课题组：《宏观经济形势与财政调控：从短期到中长期的分析认识》，载于《经济研究参考》2012年第61期。

［88］藏旭恒、张继海：《收入分配对中国城镇居民消费需求影响的实证分析》，载于《经济理论与经济管理》2005年第6期。

［89］王亚芬、肖晓飞、高铁梅：《我国收入分配差距及个人所得税调节作用的实证分析》，载于《财贸经济》2007年第4期。

［90］周文兴：《中国城镇居民收入分配与经济增长关系实证分析》，载于《经济科学》2002年第1期。

［91］孙德超、阎宇：《论财政调控与转移支付体系的完善》，载于《经济问题》2009年第7期。

［92］夏若江：《从收入分配看我国经济增长》，载于《经济评论》2000年第4期。

［93］岳希明、张斌、徐静：《中国税制的收入分配效应测度》，载于《中国社会科学》2014年第6期。

［94］史晋川、黄良浩：《总需求结构调整与经济发展方式转变》，载于《经济理论与经济管理》2011年第1期。

［95］郑尚植：《中国式财政分权、公共支出结构与收入分配》，载于《财经问题研究》2016年第4期。

［96］金双华：《财政转移支付制度对收入分配公平作用的研究》，载于《经济社会体制比较》2013年第9期。

［97］高亚军、王丹：《我国居民收入分配差距的财政政策因素实证分析》，载于《税收经济研究》2011年第2期。

［98］唐秋兰：《我国财政支出结构对城乡收入差距的影响分析》，2014年第3期。

［99］龙玉其：《中国社会保障财政支出成效与问题》，载于《学术论坛》2011年第5期。

［100］周克清、毛锐：《税制结构对收入分配的影响机制研究》，载于《税务研究》2014年第7期。

［101］王秀云：《借鉴国际经验缩小我国收入分配差距的思考》，

载于《中央财经大学学报》2010 年第 8 期。

[102] 熊艳:《中国收入分配差距的税收调节研究——基于基尼系数的计量模型分析》,载于《武汉理工大学学报》2012 年第 8 期。

[103] 李吉雄:《强化我国财政的收入再分配职能作用问题研究》,2010 年第 12 期。

[104] 苏明:《中国包容性发展与财政政策选择》,载于《当代经济管理》2013 年第 5 期。

[105] 闫坤、程瑜:《促进我国收入分配关系调整的财税政策研究》,载于《税务研究》2010 年第 3 期。

[106] 李婷、李实:《中国收入分配改革:难题、挑战与出路》,载于《经济社会体制比较》2013 年第 9 期。

[107] 茂路:《收入分配差距研究》,财政部财政科学研究所 2014 年博士论文。

[108] 龙玉其:《中国收入分配制度的演变、收入差距与改革思考》,载于《东南学术》2011 年第 1 期。

[109] 刘海涛、汪晓琪:《国际视野下调节城乡居民收入分配差距的财税政策研究》,载于《大连干部学刊》2016 年第 5 期。

[110] 陈雪峰、于哲:《美国收入分配机制运行经验及对中国的启示》,载于《河南大学学报(社会科学版)》2015 年第 2 期。

[111] 崔景华、李浩研:《促进居民收入倍增的税收政策——中韩日比较及效应分析》,载于《东北亚论坛》2014 年第 4 期。

[112] 孙敬水、黄秋虹:《日本调节收入分配差距的基本经验及启示》,载于《国际经贸探索》2013 年第 4 期。

[113] 李英伟、李松森:《个人所得税制调节居民收入分配问题的思考——基于美国经验的视角》,载于《湖北经济学院学报》2013 年第 1 期。

[114] 葛乃旭、宋静:《德国转移支付制度改革及对我国的启示与借鉴》,载于《地方财政研究》2013 年第 1 期。

[115] 齐传钧:《拉美地区收入分配状况新趋势探析》,载于《拉

丁美洲研究》2012 年第 2 期。

[116] 张国华:《从美国收入分配调节看我国收入分配调节机制的完善》,载于《科学发展》2012 年第 4 期。

[117] 霍炳男:《中国城乡居民收入差距影响因素的实证检验》,载于《统计与决策》2017 年第 4 期。

[118] 陈工、朱峰:《经济"新常态"下地方债的风险管理——国际经验与借鉴》,载于《地方财政研究》2016 年第 11 期。

[119] 毛凌琳、邓丹、周晔:《我国城镇居民收入不平等对消费不平等影响研究》,载于《现代商贸工业》2016 年第 22 期。

[120] 蔡萌、岳希明:《我国居民收入不平等的主要原因:市场还是政府政策?》,载于《社会科学文摘》2016 年第 6 期。

[121] 黄朝阳:《财政性教育经费对收入差距的影响研究》,暨南大学 2015 年硕士论文。

[122] 康祎:《基于主体的微观模拟模型在收入分配问题中的应用》首都经济贸易大学 2015 年硕士论文。

[123] 付晓枫、李峰:《财政支出对我国城乡居民收入调节作用分析——基于收入弹性的视角》,载于《财政研究》2014 年第 10 期。

[124] 洪源、杨司键、秦玉奇:《民生财政能否有效缩小城乡居民收入差距?》,载于《数量经济技术经济研究》2014 年第 7 期。

[125] 林峰:《行政垄断型行业与竞争性行业收入分配差距与合理化问题研究》,山东大学 2014 年博士论文。

[126] 冯云:《中国教育不平等对居民收入差距影响研究》,东北财经大学 2014 年博士论文。

[127] 邵青:《资源配置视角下经济社会协调发展:政策绩效、仿真模拟及政策优化》,浙江大学 2014 年博士论文。

[128] 杨翠迎、冯广刚:《最低生活保障支出对缩小居民收入差距效果的实证研究》,载于《人口学刊》2014 年第 3 期。

[129] 刘穷志、吴晔:《收入不平等与财政再分配:富人俘获政府了吗》,载于《财贸经济》2014 年第 3 期。

[130] 地方债危局：《中国经济隐忧》，载于《企业家日报》2014年第1期。

[131] 岳希明、陈保同：《重新认识政府收入再分配职能，改善居民收入不平等》，载于《中国财政》2013年第24期。

[132] 王薇：《我国中等收入群体现状及其变动的测度与研究》，首都经济贸易大学2013年博士论文。

[133] 赵玉红：《财政转移支付调节居民收入差距的对策》，载于《经济纵横》2013年第9期。

[134] 张冰莹等：《养老保险"双轨制"的收入分配效应——基于微观模拟模型》，载于《第九届社会保障国际论坛摘要集》2013年第2期。

[135] 王永：《我国国有垄断行业收入分配机制研究》，山东大学2013年博士论文。

[136] 彭定赟、王磊：《财政调节、福利均等化与地区收入差距——基于泰尔指数的实证分析》，载于《经济学家》2013年第5期。

[137] 王丹：《最低工资的收入分配效应》，吉林大学2013年硕士论文。

[138] 文雯：《中国城市低保制度的减贫与再分配效应研究》，南开大学2013年博士论文。

[139] 徐煜珺：《缩小我国城乡居民收入差距的财税政策研究》，江西财经大学2012年硕士论文。

[140] 钱争鸣、方丽婷：《我国财政支出结构对城乡居民收入差距的影响——基于非参数可加模型的分析》，载于《厦门大学学报（哲学社会科学版)》2012年第5期。

[141] 刘建徽、张明、张芳芳、周志波：《财政支出缩小城乡居民收入差距的效率研究》，载于《农业技术经济》2012年第9期。

[142] 平新乔：《"做馅饼靠市场，分馅饼靠政府"辨》，载于《北京日报》2012年第7期。

[143] 闫琳琳：《基本养老保险统筹层次提升的收入再分配研究》，辽宁大学2012年博士论文。

[144] 吕珊珊：《中国居民收入差距的影响及改革对策研究》，东北财经大学 2012 年博士论文。

[145] 周丽丽：《个人所得税制度改革的收入分配效应》，吉林大学 2012 年硕士论文。

[146] 张涛、万相昱：《复杂适应系统下收入分配政策的动态评价：一个基于主体微观模拟模型》，载于《中国社会科学院研究生院学报》2012 年第 2 期。

[147] 贾洁蕊：《促进居民收入合理分配的财政支出政策选择》，载于《经济研究导刊》2011 年第 19 期。

[148] 万相昱：《个人所得税改革的灵敏度分析——基于微观模拟途径》，载于《世界经济》2011 年第 1 期。

[149] 李吉雄：《我国财政的收入再分配能力问题研究》，载于《江西社会科学》2010 年第 12 期。

[150] 李吉雄：《我国财政对居民收入再分配的绩效分析——基于贫困度和基尼系数的测度》，载于《经济问题》2010 年第 12 期。

[151] 徐舒：《中国劳动者收入不平等的演化》，西南财经大学 2010 年博士论文。

[152] 王杰：《劳动制度变迁的收入分配效应研究》，山东大学 2010 年博士论文。

[153] 万相昱：《我国城镇最低生活保障制度改革的微观模拟——基于劳动供给反应的政策效应研究》，载于《公共管理学报》2009 年第 4 期。

[154] 谢东梅：《农村最低生活保障制度分配效果与瞄准效率研究》，福建农林大学 2009 年博士论文。

[155] 张万强：《转移性收入视角下的政府转移支付对居民收入差距的影响——以辽宁为例》，载于《社会科学辑刊》2009 年第 5 期。

[156] 孟勇：《财政支出对居民收入差距形成的计量分析》，载于《财政研究》2009 年第 8 期。

[157] 张世伟、万相昱、曲洋：《公共政策的行为微观模拟模型及其应用》，载于《数量经济技术经济研究》2009 年第 8 期。

[158] 范财贞:《吉林省农村居民收入分配的影响因素分析》,吉林大学 2009 年硕士论文。

[159] 李海江、马金书:《云南省财政支出结构与城乡居民收入差距的实证研究》,载于《云南行政学院学报》2008 年第 4 期。

[160] 万相昱:《微观模拟模型与收入分配政策评价》,吉林大学 2008 年博士论文。

[161] 梁宁:《贫困救助政策的作用效果》,吉林大学 2008 年硕士论文。

[162] 刘小玄:《收入不平等的政府根源》,载于《中国改革》2007 年第 11 期。

[163] 韩晓毓:《个人所得税制度改革的分配效应和财政效应》,吉林大学 2007 年硕士论文。

[164] 邹伯平,刘乐山:《德国调节收入分配差距的财政措施及启示》,载于《湖南商学院学报》,2006 年第 4 期。

[165] 江时学:《拉美国家的收入分配为什么如此不公》,载于《拉丁美洲研究》,2005 年第 10 期。

[166] Aaron, Henry, and Michael J. Boskin. The economics of taxation [M]. Brookings Institution Press, 2011.

[167] Garrison C B, Lee F Y. Taxation, Aggregate Activity and Economic Growth: Further Cross – Country Evidence on Some Supply – Side Hypotheses [J]. Economic Inquiry, 1992, 30 (1): 172 – 176.

[168] James S, Nobes C. The Economics of Tax Incidence. Journal of Political Economy, 1967: 75.

[169] Ram R. Level of economic development and share of trade taxes in government revenue: some evidence from individual-country time-series data [J]. Public Finance = Finances publiques, 1994, 49 (3): 409 – 426.

[170] Balassa B. The purchasing – power parity doctrine: a reappraisal [J]. Journal of political Economy, 1964, 72 (6): 584 – 596.

[171] Persson T, Tabellini G. Is inequality harmful for growth? [J]. The American Economic Review, 1994: 600 –621.

[172] Gustafsson B, Shi L. The ethnic minority-majority income gap in rural China during transition [J]. Economic Development and Cultural Change, 2003, 51 (4): 805 –822.

[173] Archard D, Sen A. Inequality Re-examined [J]. 1995.

[174] Perotti R. Political equilibrium, income distribution, and growth [J]. The Review of Economic Studies, 1993, 60 (4): 755 –776.

[175] Jensen, H. Amartya Sen as a Smithesque Worldly Philosopher or: Who needs Sen when we have Smith? Paper prepared for the conference on *Justice and poverty*: *Examining Sen's capability approach.* von Hugel Institute, St. Edmund's College, 5 –7 June, 2001.

[176] Deininger, Klausand Lyn Squire. A New Dataset Measuring Income Inequality. Word Bank Economic Review. 1996, 10 (3).

[177] Li H, Squire L, Zou H. Explaining international and intertemporal variations in income inequality [J]. The Economic Journal, 1998, 108 (446): 26 –43.

[178] Schultz T P. Inequality in the Distribution of Personal Income in the World: How it is Changing and Why [J]. Journal of Population Economics, 1998, 11 (3): 307 –344.

[179] Seligson, Mitchell A, John T Passé – Smith, and Mitchell Allan Seligson. Development and underdevelopment: the political economy of global inequality [M]. Boulder, CO: Lynne Rienner Publishers, 1998.

[180] Levy A, Faria J Ă. Economic growth, inequality and migration [M]. Edward Elgar Publishing, 2002.

[181] Sattinger, Michael. Income distribution, Edward Elgar Pub. 2001.

[182] Black J K. Inequity in the global village: recycled rhetoric and disposable people [M]. 1999.

［183］ Creedy J. Modelling income distribution ［J］. Books, 2002.

［184］ Paul, Ellen Frankel. Should differences in income and wealth market? Cambridge University Press. 2002.

［185］ Microsimulation modelling of taxation and the labour market: the Melbourne Institute tax and transfer simulator ［M］. Edward Elgar Publishing, 2002.

［186］ Kuznets S. Economic growth and income inequality ［J］. The American economic review, 1955: 1 - 28.

［187］ Keynes J M. The general theory of employment, Interest and Money, Harcourt, Brach and Company. 1963.

［188］ Ravallion M, Chen S. What can new survey data tell us about recent changes in distribution and poverty? ［J］. The World Bank Economic Review, 1997, 11 (2): 357 - 382.

［189］ Pigou A C. Some aspects of welfare economics ［J］. The American Economic Review, 1951, 41 (3): 287 - 302.

［190］ Kleiber C, Kotz S. A characterization of income distributions in terms of generalized Gini coefficients ［J］. Social Choice and Welfare, 2002, 19 (4): 789 - 794.

［191］ Aaberge R. Characterizations of Lorenz curves and income distributions ［J］. Social Choice and Welfare, 2000, 17 (4): 639 - 653.

［192］ Schultz T P. Inequality in the Distribution of Personal Income in the World: How it is Changing and Why ［J］. Journal of Population Economics, 1998, 11 (3): 307 - 344.

［193］ Gupta S, Davoodi H, Alonso - Terme R. Does corruption affect income inequality and poverty? ［J］. Economics of governance, 2002, 3 (1): 23 - 45.

［194］ Sundrum R M. Income distribution in less developed countries ［M］. Psychology Press, 1992.

［195］ Khan A R, Riskin C. Income and inequality in China: composition, distribution and growth of household income, 1988 to 1995 [J]. The China Quarterly, 1998 (154): 221 –253.

[196] Cowell A. Measurement of Inequality in Handbook of Income Distribution, eds. by A. Atkinson and F. Bourguignon [J]. North Holland, 2000.

后　记

本书是在笔者博士后工作报告"中国财政调节居民收入分配差距研究"以及2013年度辽宁省社会科学规划基金重点项目"实现社会公平正义和共同富裕的政府责任研究——以收入分配不平等为视角"（项目批号 L13AZZ001）研究报告基础上修改、充实而最终完成的。

在市场经济条件下，缩小收入差距，防止两极分化，促进社会公平正义是政府的内在责任和职能。政府通过财政税收手段调节收入分配差距，实现收入分配公平公正是世界各国的普遍做法和成功经验。我国经过30多年的改革与发展，经济总量得以迅速提升，经济社会发展步入新时期，让居民充分享受改革发展成果成为我国经济发展的重要任务和最终目标，加强政府对收入分配调控，改善居民福利状况实现共同富裕的研究，具有深远意义。

本书以提高财政居民收入分配效应，促进收入分配公平、公正为主旨，依据市场经济条件下收入分配调控理论，在梳理现有研究文献的基础上对我国居民收入分配的财政调控效应进行理论分析和实证测度与比较，总结借鉴国际经验进而对新形势下改进我国居民收入分配格局提出相关对策体系。

本书的撰写是一个逐步深入和拓展的过程，研究内容从一开始仅仅关注收入差距的缩小到兼顾收入分配社会福利的改善，研究思路和方法上，从基尼系数的大小测度到洛伦兹曲线相交情况的论证与比较等。但我国收入分配调控问题深远博大，由于本人能力和水平有限，一定还存在一些不足之处，敬请批评指正。

本书的撰写与完成，得益于我博士后合作导师寇铁军教授的悉心指导，在此谨向寇老师表示深深的敬意和感谢！同时也借鉴国内外诸多位学者的研究思路和方法，另外我的研究生米娜、孙小芳分别参与本书第五章、第六章的数据收集和指标测算工作，李天舒、沈进芳分别参与本书第七章、第八章的数据收集和指标测算工作，在此也一并表示感谢！

赵桂芝

2017 年 5 月